高等职业教育铁道供电技术专业"十三五"规划教材

高速铁路接触网施工与检修

主　编　邹祥龙
副主编　徐富春　李　强　周　强
主　审　曹　阳

西南交通大学出版社
·成都·

图书在版编目（CIP）数据

高速铁路接触网施工与检修 / 邹祥龙主编. —成都：西南交通大学出版社，2018.2（2023.1 重印）
ISBN 978-7-5643-6079-5

Ⅰ.①高… Ⅱ.①邹… Ⅲ.①高速铁路－接触网－工程施工②高速铁路－接触网－检修 Ⅳ.①U238②U225

中国版本图书馆 CIP 数据核字（2018）第 031923 号

高速铁路接触网施工与检修

主　　编 / 邹祥龙

责任编辑 / 李芳芳
特邀编辑 / 翟莉莉
封面设计 / 何东琳设计工作室

西南交通大学出版社出版发行
（四川省成都市金牛区二环路北一段 111 号西南交通大学创新大厦 21 楼　610031）
发行部电话：028-87600564
网址：http://www.xnjdcbs.com
印刷：成都中永印务有限责任公司

成品尺寸　185 mm×260 mm
印张　15.25　　字数　370 千
版次　2018 年 2 月第 1 版　　印次　2023 年 1 月第 2 次

书号　ISBN 978-7-5643-6079-5
定价　38.00 元

课件咨询电话：028-81435775
图书如有印装质量问题　本社负责退换
版权所有　盗版必究　举报电话：028-87600562

前　言

目前，我国已成为世界上高速铁路营业里程最多、运营速度最高、在建高速铁路规模最大的国家。在建设和运营实践中，我国高速铁路积累了丰富的经验，取得了大量创新成果。作为高速铁路的重要组成部分，高速铁路接触网的新理论、新技术不断应用到接触网的施工和运营维护中，对接触网施工和运行维护人员在知识上、技能上提出了更高的要求。

本书根据教学实践和教学改革的需要，弥补了传统教材只注重施工而弱化检修，或者只注重检修而弱化施工的不足，从工学结合入手，探索"理论实践一体化"的教学模式，将高速铁路接触网的施工与检修相结合，使得本书的内容与现场工作实际更加贴近，内容更加丰富全面。

本书针对高速铁路接触网的特点，系统地介绍了高速铁路接触网的基本知识、高速铁路接触网零件及工具、高速铁路接触网的结构与设备、高速铁路接触网接口工程检查、高速铁路接触网施工、高速铁路接触网设备安装、高速铁路接触网检修和高速铁路接触网运营管理。

本书由辽宁铁道职业技术学院邹祥龙担任主编，辽宁铁道职业技术学院徐富春、李强及中国铁路沈阳局集团有限公司大连供电段周强担任副主编，辽宁铁道职业技术学院曹阳教授担任主审。具体编写分工为：第二章、第三章、第六章由邹祥龙编写，第一章、第七章由徐富春编写，第四章、第五章、附录由李强编写，第八章由周强编写。

由于近年来高速铁路技术发展较快，加之编者的学识水平及精力有限，本书难免有不妥之处，恳请读者批评指正。

在本书编写过程中我们参阅了大量的教材、手册等资料，在此向有关作者表示衷心感谢。

编　者
2018 年 1 月

目 录

第一章 高速铁路接触网的基本知识 ·· 1
第一节 高速铁路接触网的特点及要求 ·· 1
第二节 高速铁路牵引供电系统供电方式 ·· 4
第三节 高速铁路接触网悬挂类型 ·· 7
复习思考题 ·· 10

第二章 高速铁路接触网零件及工具 ·· 11
第一节 高速铁路接触网零件 ·· 11
第二节 高速铁路接触网常用工具 ·· 15
复习思考题 ·· 27

第三章 高速铁路接触网的结构与设备 ·· 28
第一节 支柱与基础 ·· 28
第二节 支持与定位装置 ·· 31
第三节 锚段和锚段关节 ·· 35
第四节 张力补偿装置 ·· 38
第五节 高速接触网线岔 ·· 40
第六节 高速接触网线索 ·· 44
复习思考题 ·· 47

第四章 接口工程检查 ·· 48
第一节 支柱及拉线基础预留检查 ·· 48
第二节 隧道预留槽道检查 ·· 51
第三节 其他预留预置接口检查 ·· 54
复习思考题 ·· 60

第五章 高速铁路接触网施工 ·· 61
第一节 支柱安装及整正 ·· 61
第二节 硬横梁安装 ·· 64
第三节 硬横梁吊柱安装 ·· 67
第四节 隧道内吊柱安装 ·· 70
第五节 腕臂预配 ·· 73
第六节 腕臂安装 ·· 76
第七节 棘轮安装 ·· 80

  第八节 承力索、接触线终端锚固线夹安装 ·················· 87
  第九节 承力索架设 ·················· 91
  第十节 接触线架设 ·················· 96
  第十一节 定位装置安装 ·················· 99
  第十二节 弹性吊索安装 ·················· 102
  第十三节 吊弦测量与预制 ·················· 105
  第十四节 吊弦安装 ·················· 109
  复习思考题 ·················· 113

第六章 高速铁路接触网设备安装 ·················· 114
  第一节 电连接安装 ·················· 114
  第二节 分段绝缘器安装 ·················· 122
  第三节 隔离开关安装 ·················· 126
  第四节 非绝缘锚段关节调整 ·················· 133
  第五节 电分相（含绝缘锚段关节）调整 ·················· 135
  第六节 无交叉线岔安装调整 ·················· 139
  复习思考题 ·················· 141

第七章 高速铁路接触网检修 ·················· 142
  第一节 支柱、基础及拉线检修 ·················· 142
  第二节 支持、定位装置检修 ·················· 146
  第三节 软横跨、硬横梁检修 ·················· 153
  第四节 棘轮补偿装置检修 ·················· 157
  第五节 滑轮补偿装置检修 ·················· 161
  第六节 附加导线检修 ·················· 165
  第七节 吊弦与弹性吊索检修 ·················· 169
  第八节 中心锚结检修 ·················· 173
  第九节 锚段关节检修 ·················· 176
  第十节 无交叉线岔检修 ·················· 182
  第十一节 交叉线岔检修 ·················· 185
  第十二节 分段绝缘器检修 ·················· 189
  第十三节 电连接检修 ·················· 193
  第十四节 隔离开关检修 ·················· 195
  第十五节 吸上线、接地线检修 ·················· 200
  第十六节 分相绝缘关节检修 ·················· 204
  第十七节 接触网标志牌检修 ·················· 209
  第十八节 限界门检修 ·················· 213
  复习思考题 ·················· 215

第八章 高速铁路接触网运营管理 ……………………………… 216
第一节 运营管理 …………………………………………………… 216
第二节 设备接管与技术管理 ……………………………………… 218
第三节 检测与检查 ………………………………………………… 221
第四节 接触网作业程序 …………………………………………… 225
复习思考题 …………………………………………………………… 228

参考文献 ……………………………………………………………… 229

附录1 高铁接触网零件紧固力矩列表 …………………………… 230

附录2 高铁接触网车间、工区应备有的技术资料列表 ………… 231

附录3 高铁接触网供电车间主要工机具配置表 ………………… 232

附录4 高铁接触网维修车间主要工机具配置表 ………………… 233

附录5 高铁接触网运行工区主要工机具配置表 ………………… 235

第一章　高速铁路接触网的基本知识

第一节　高速铁路接触网的特点及要求

【教学目标】

（1）了解高速接触网与普速接触网的异同；
（2）掌握高速铁路对接触网的要求；
（3）培养学生对高速铁路接触网的认知能力。

【相关知识】

一、我国高速铁路的发展

高速铁路简称"高铁"，是指通过改造原有线路（直线化、电气化），使最高营运速度达到每小时不小于 200 千米，或者专门修建新的"高速新线"，使营运速度达到每小时至少 250 千米的铁路系统。

我国高铁铁路发展大致可以分为两个阶段：第一阶段（1997—2007 年），期间全国铁路六次大提速，技术上对引进的德、日、法高速动车组进行了消化吸收；第二阶段（2008 年至今），形成了具有自主知识产权和世界先进水平的高速铁路技术体系。2008 年 8 月 1 日，我国第一条具有自主知识产权、国际一流水平的高速铁路京津城际铁路正式通车运营。随后，武广、郑西、沪宁、沪杭、京沪等高速铁路先后建成通车。截至 2017 年年底，中国高速铁路总里程已超过 2.5 万千米，位居世界之首，"四纵四横"高铁主骨架基本建成。到 2020 年，我国高铁营业里程将达到 3 万千米，覆盖 80% 以上大城市。

虽然我国高速铁路建设起步较晚，但在向世界上高速铁路技术发达国家学习的基础上，通过引进消化、吸收和再创造，目前在设计、装备制造、施工安装、联调联试、运营管理等技术方面，形成了拥有自主创新和自主知识产权的中国高速铁路技术系统，成为技术最全、集成能力最强、运营里程最长、运行速度最高、在建规模最大的国家。

二、高速接触网与普速接触网的比较

高速接触网在悬挂方式、线索材质、线索张力、电气强度、机械强度、结构稳定性、悬挂弹性及均匀性、悬挂抬升量、导线高度及其变化率、弓网振动特性等方面的技术要求均比普速接触网的技术要求高。（在接触网的设计、施工、运营工作中，普速接触网一般比较侧重于弓网关系中的几何关系，如拉出值、导高、定位器坡度、绝缘间隙、限界等。在高速接触网中，几何关系是弓网安全运行的基础，要想保证受流质量，弓网系统在高速运行下的动态特性、电气稳定性、机械稳定性是核心。）

1. 基础工程

在我国的普速铁路接触网中普遍采用预应力钢筋混凝土支柱,基础施工一般采用直埋方式。而高速铁路接触网支柱广泛采用钢柱,因此,高速铁路的接触网支柱基础、拉线基础、隧道固定及下锚基础均采用法兰连接,路基地段支柱及拉线基础由站前专业预留机械钻孔灌注桩基础;高架桥地段支柱及拉线基由站前专业预留法兰连接型基础;硬横跨及软横跨钢柱采用现浇混凝土基础。在隧道内固定零部件方面,区别于普速铁路的后植化学锚栓方式,高速铁路一般优先采用土建预埋基础方式(预埋槽道)。

2. 悬挂类型

简单链型悬挂结构简单、施工调整和运营维护较容易,在我国具有丰富的设计、施工和运营经验,能够满足普速铁路的弓网受流要求。但简单链型悬挂的静态弹性不均匀度较大,动态接触力标准偏差较大。高速铁路列车运行速度较快,为了在提高速度时保持弓网之间良好的受流质量,弓网接触网压力必须增加,就是说必须保持尽可能低的弹性以限制接触线的抬升。悬挂点处的弹性取决于接触网设备的结构,如果在悬挂点上的接触网没有弹性吊索,悬挂点处的弹性只能实现跨中值的 30% ~ 50%,而弹性链型悬挂增设了弹性吊索后,悬挂点处的弹性大约增加到跨中值的 90%。随着列车速度的提高,弹性的均匀性显得越来越重要。弹性链型悬挂是我国高速电气化铁路经常采用的一种接触网悬挂形式。

3. 线岔形式

目前,在我国的普通铁路上使用的是普通交叉线岔,而在武广、京沪、哈大等高速铁路接触网上,除部分交叉线岔外,与正线形成的道岔基本都采用高速无交叉线岔。无交叉线岔布置就是在道岔处,正线和侧线两组接触网悬挂没有相交点,不接触,也没有线岔设备,所以既不会产生刮弓事故,也不会因为有线岔设备而形成硬点,提高了接触悬挂的弹性均匀性,从而保证在高速行车时,消除打弓、钻弓及刮弓的安全隐患。

4. 补偿装置

接触网补偿装置是承力索和接触线在气温变化时保持工作张力恒定的重要装置,其性能好坏直接影响着接触网的悬挂弹性、接触线在空间几何位置的标准状态等,对减少弓网故障有重要的意义。在我国的普速电气化铁路中,广泛使用铝合金滑轮补偿装置,其特点是重量轻、强度高、耐腐蚀性能好,具有较高的机械强度和传动效率。随着我国高速铁路的发展,对接触网的可靠性要求越来越高,如何在接触网发生故障后缩小事故范围、如何防止坠砣下落侵入限界成为新的课题。同时,高速铁路的隧道较多,在隧道内安装的滑轮组补偿装置由于受净空等条件限制,从滑轮组到坠砣限制架经过多级转换,如果在转换过程中调整不到位或误差偏大的话,很容易造成卡滞而降低或影响传动效率。为解决这些问题,棘轮补偿装置应运而生,其主要优点是具有断线制动功能,而且安装空间比铝合金滑轮补偿装置小很多。

5. 承力索与接触线

高速铁路牵引网比普速铁路需要更大的载流量(一般为 800 ~ 1 200 A),要求承力索及接触线截面面积较大。承力索一般采用 120 mm^2 的铜镁合金绞线,接触线一般采用 150 mm^2 的铜锡或铜镁合金绞线。接触线的波动传播速度决定了机车的最高运行速度，要提高接触线的波动传播速度，就要加大接触线的张力，以保证接触线与受电弓接触时不晃动。因此，高速铁路接触网的承力索与接触线额定张力比普速铁路大很多。

三、高速铁路对接触网的基本要求

高速铁路对接触网的要求体现在设计、施工和运营维护等各方面，可归结为：几何空间要求（限界）、安全要求（绝缘、防雷、接地）、机电性能要求（载流量、稳定性）、动态要求（弓网匹配）、环境要求（电磁兼容、噪声、动物保护）、运营维护要求（维护成本、维护方便）几个方面。对接触网要求高主要是因为接触网无备用，还因其具有以下两种功能：一是作为一定距离的电源输电线；二是为各种条件下的受电弓提供滑行接触。

1. 机械要求

接触网的线索和其他部件所需的强度是对接触网设备的主要机械要求。在任何工作条件下，接触网线索和其他部件所受的力必须在允许范围以内。

为使受电弓滑板和接触线匹配和降低弓、线间的磨损，接触线的布置必须横向偏移于线路中心线，定位点处接触线偏离受电弓滑板中心的距离称为拉出值。所有作用于接触网上的机械荷载必须由支柱和基础承担，并将其荷载传送给大地。接触网部件的变形，如支柱弯曲或发生的共振应不影响供电。

高速铁路接触网应具备良好的波动和振动特性，满足高速集电对其动态特性，如波传播速度、多普勒因数、反射因数、动态抬升的基本要求。弓网静态接触力和动态接触力及其标准偏差均在许可范围内。

2. 电气性能要求

衡量电气化铁路性能的一个重要标准就是对接触网系统载流量的限制，与一般电力架空配电线路相比，接触网系统发生短路的情况较为频繁，其短路载流量也是一个决定因素。

在高密度运输系统中，接触网网络电压在任何工作环境下都应保持在额定范围内，电压损耗必须保持在允许范围内，馈线上网点电压不大于 29 kV，供电臂末端电压不低于 20 kV。为了将相对频繁发生的故障对铁路运行的影响降到最低程度，必须将接触网设备分成独立的供电臂。接触网对铁路附近的电子设备产生的电磁影响在可接受范围内，不影响其功能的正常发挥。高速铁路接触网带电体与非带电体之间具有必要且充分的电气安全距离，在选择相关绝缘材料和考虑空气绝缘间隙时应考虑所需的绝缘要求，应采取适当保护措施避免人员触电。

3. 环境要求

高速铁路接触网是露天高压电气设备，在设计气象条件下，接触网应能全天候不间断供电，且供电质量符合电力牵引的运营要求，阳光、辐射、风、冰、雷电等对接触网机电性能的影响不会影响到高速铁路的正常运营，在设计条件和使用期限内，不会因温度、湿度、雨雪、风霜、冰雾、雷电造成接触网设备的损坏，也不会因这些因素影响接触网机电性能的正常发挥。

4. 具备稳定的空间几何参数

高速铁路接触网的空间几何参数是以轨道线路中心线和轨道平面为基准测量的，轨道线路的位置、曲线半径、外轨超高、竖曲线半径、线路坡度及其变化率、钢轨不平顺度等参数的变化会直接造成接触网空间姿态和几何参数的被动变化。线路参数和接触网参数必须协调一致，同步调整；高速铁路接触网所有设备的安装均应满足铁路限界和绝缘安全要求，并应与四周环境协调，对动物、植物以及自然环境和文化环境应有必要且合理的防护和保护措施。

5. 具有灵活合理的电气分段

高速铁路接触网应具有合理的电气分段，供电灵活、安全，事故影响范围小，便于检修和抢修，便于运营管理。

四、高速铁路接触网的施工特点和原则

高速铁路接触网的施工具有"六化"特征，即：施工人员专业化、施工作业标准化、施工机具专用化、施工计算电脑化、施工检测精准化、施工组织科学化。

由于高速铁路接触网的技术要求较高，为保证施工精度，必须在施工前对相关的施工参数进行准确测量和计算，对装配结构进行预装配，做到施工作业标准化和工厂化，简化现场作业内容，缩短现场作业时间。

高速铁路接触网工程与路基、桥梁、隧道等专业间的配合度很高，下部工程大多与站前工程同期进行，应做好协调和相互配合工作，在任何情况下，线路设备的变动或新设备的建立都不得侵入建筑基本限界。

高速铁路接触网工程的关键项目实行专业化、实名制安装制度，建立腕臂、吊弦（含吊索）、电连接、棘轮、线岔等安装和调整的专业班组；实行接触网腕臂安装、吊弦（吊索）安装的程序化和数据化，建立专门的腕臂和吊弦安装测量、计算、预配班组，确保接触悬挂安装的精度；建立接触网零部件物流及预配中心，严格执行零部件入库检验管理规定，实行零部件使用可追溯管理制度；严格按相关使用规范的要求使用安装工具，接触网上部安装施工严禁使用活口扳手，网配件中所有螺栓必须采用力矩扳手紧固，紧固力矩应符合工具相关使用规范的要求；上部安装及悬挂调整不应给接触线施加外力，任何情况下严禁踩踏接触线。

高速铁路接触网工程实行螺栓安装紧固、防松终检制度，接触网精调完成后必须由专门班组对所有接触网零部件的螺栓实行防松措施和紧固力矩的全面检查。

第二节　高速铁路牵引供电系统供电方式

【教学目标】

（1）了解各种牵引供电方式的特点；

（2）掌握 AT 供电方式的原理及特点；

（3）培养学生高速铁路供电方式的认知能力。

【相关知识】

一、牵引供电系统的供电方式

高速铁路供电系统的供电质量是影响高速铁路发展的重要因素之一，电压质量直接关系到列车功率的发挥和列车运行速度。为保证高速列车的正常运行，接触网必须保证一定的最低电压水平，但高速铁路列车负荷大并且行车密度大，因此，牵引网中负荷电流大，牵引网电压损耗比普速铁路严重。所以选择合适的供电方式非常重要。

目前我国的牵引供电方式主要有下列两种：

1. 直供加回流线供电方式

直供加回流线的供电方式工作原理如图 1.2.1 所示。在接触网支柱田野侧架设一条回流线，每隔一定距离，通过吸上线将回流线与轨道扼流变压器中性点相连。扼流变压器起到平衡两条钢轨间电压、降低对信号轨道电路影响的作用。

直供加回流供电方式，其回流线不仅仅提供牵引电流通道，而且也起到了防干扰的作用，即回流线中的电流与接触网中的牵引电流大小相等、方向相反，空间电磁场相互抵消。不用吸流变压器减小了牵引网阻抗，更减少了投资和维修工作量。

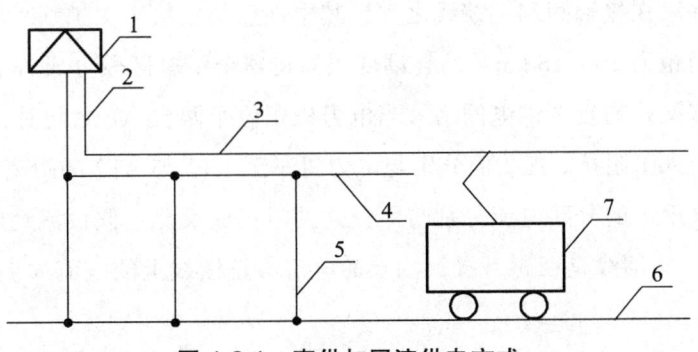

图 1.2.1 直供加回流供电方式

1—牵引变电所；2—馈电线；3—接触网；4—回流线；
5—吸上线；6—钢轨；7—电力机车

2. AT 供电方式

AT 是自耦变压器的简称。AT 供电方式是指在牵引网中安装了自耦变压器和正馈线后，向机车供电的一种方式。AT 供电方式的电路包括牵引变电所、接触网（T）、轨道I、保护线（PW）、自耦变压器（AT）、正馈线（AF）、电力机车等，其工作原理如图 1.2.2 所示。自耦变压器绕组的两端，分别与接触网和正馈线相连接，其中性点与钢轨及沿接触网线路同杆架设的保护线（PW 线）相连接。

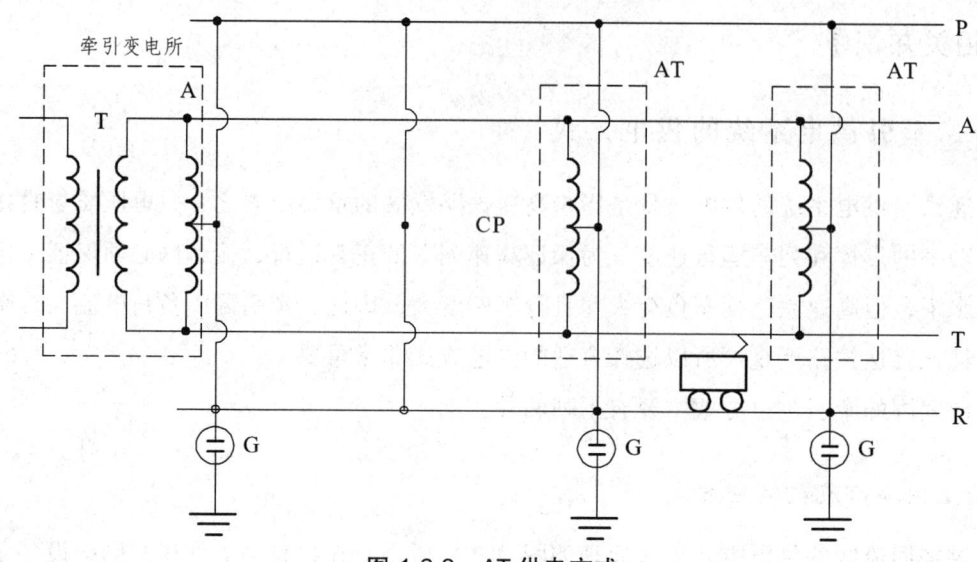

图 1.2.2 AT 供电方式

AT—单相自耦变压器；PW—保护线；AF—正馈线；T—接触网；
R—钢轨；CPW—横向连接线；G—放电器

牵引变电所作为电源向牵引网输送的电压为 55 kV，接触网与轨道之间的电压仍为 27.5 kV，正馈线与轨道之间的电压也为 27.5 kV，如图 1.2.3 所示。因此，AT 供电方式在无须提高牵引网设备绝缘水平的情况下，即可将供电电压提高 1 倍。

自耦变压器并联在接触网和正馈线之间，其中性点与钢轨（保护线）相连接。彼此相隔一定距离（一般间距为 10～16 km）的自耦变压器将整个供电区段分成若干个小的 AT 区段，从而形成了一个多网孔的复杂供电网络。当电力机车位于两台 AT 之间时，由于 AT1 和 AT2 的副边回流中都引入了阻抗，其数值分别与电力机车至 AT1 与 AT2 的距离成正比，而电力机车电流在轨道、大地中的分路电流分别与两分路的阻抗成反比。假设流经电力机车的电流为 I，接触网是去路，正馈线是回路，接触网上的电流与正馈线上的电流大小相等，均为 $I/2$，方向相反。

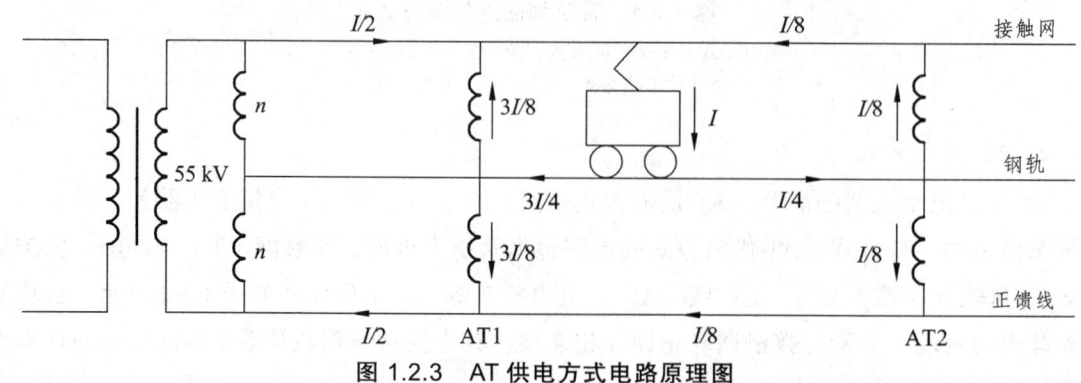

图 1.2.3 AT 供电方式电路原理图

二、AT 供电方式的优点

（1）防干扰效果好。AT 供电方式接触悬挂上的电流与正馈线上的电流大小相等、方向相反，其电磁感应相互抵消，可以有效减弱对邻近通信线路的影响。

（2）供电电压高，电能损耗小。AT 供电方式牵引变电所的输出电压为 55 kV，将牵引网的电压提高一倍，线路电流降为负载电流的一半，所以线路上的电能损失大大减小。

（3）牵引变电所间距大、数量小。由于 AT 供电方式的输送电压高、线路电流小、电能损耗小，因此输送功率大，牵引变电所的间距可以大大增加，牵引变电所的数量减少，建设投资和运营管理费用都会减少。

（4）电分相的数量减少，有利于列车的高速运行。

（5）适应高速大功率电力机车运行。因为 AT 供电方式的供电电压高、线路电流小、阻抗小、输出功率大，使接触网有较好的电压水平，能适应高速大功率电力机车运行的要求。

AT 供电方式具有牵引功率大、电能损耗小、供电臂长、防护效果好等特点，在高速铁路建设运行的实践中取得了良好的效果，是目前高速铁路发展中主要的供电方式。

三、我国高速铁路供电方式

在我国《高速铁路设计规范》（TB 10621—2009）中已经明确规定高速铁路正线牵引网应采用 2×25 kV 的 AT 供电方式，这是因为我国高速铁路的目标值在 250~350 km/h 的铁路，具有高密度、长编组等特点，采用 2×25 kV 的 AT 供电方式有利于高电能的传输和接触悬挂的轻型化和系统匹配设计，有利于减少外部电源的投资和减少电分相数量。因此，规定正线牵引网应采用 2×25 kV 的 AT 供电方式。我国目前已经开通的武广、郑西、石太、京石、石武、京津、京沪、合武等客运专线、高速铁路均采用 2×25 kV 的 AT 供电方式。

第三节 高速铁路接触网悬挂类型

【教学目标】

1. 了解各种接触网悬挂形式的特点；
2. 掌握高速铁路接触网悬挂形式；
3. 培养学生对高速铁路接触网悬挂的认知能力。

【相关知识】

一、接触网悬挂形式

接触网悬挂形式是指接触网的基本结构形式，它反映了接触网的空间结构和几何尺寸。不同的悬挂形式，在工程造价、受流性能、安全性能上均有差别。另外，对接触网的设计、施工和运营维护也有不同的要求。对高速接触网悬挂形式的要求是：受流性能满足高速铁路的运营要求，安全可靠、结构简单、维修方便、工程造价低。国外高速铁路接触网悬挂类型基本可以归为3类：以日本为代表的复链型悬挂、以法国为代表的简单链型悬挂和以德国为代表的弹性链型悬挂。

1. 简单链型悬挂

简单链型悬挂结构简单，弹性均匀度较好，接触悬挂稳定性好，施工及运营管理方便，是世界上使用最多的一种悬挂类型。我国绝大部分电气化铁路都采用这种悬挂方式。简单链型悬挂结构形式如图 1.3.1 所示。

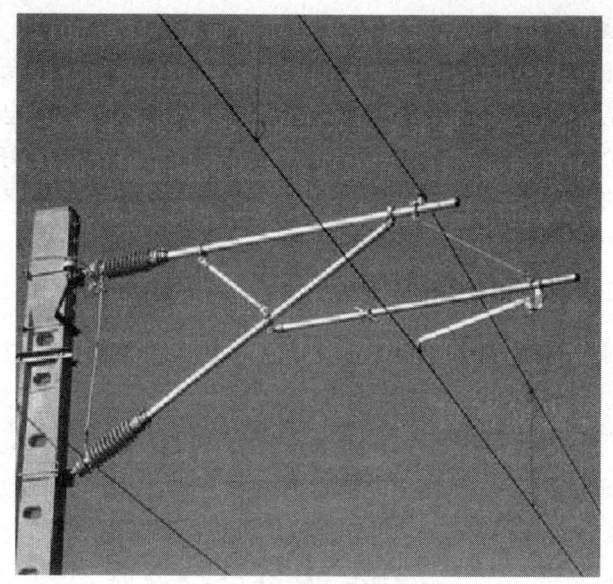

图 1.3.1 简单链型悬挂

性能特点：结构简单，安全可靠，安装调整维修方便，适应于高速受流；定位点处弹性小，跨中弹性大，造成受电弓在跨中抬升量大，跨中采用预留弛度，受电弓在跨中的抬升量可降低；定位点处易形成相对硬点，磨耗大。如果选择结构形式合理、性能优良的定位器，则可消除这方面的不足。

2. 弹性链型悬挂

弹性链型悬挂在简单链型悬挂基础上增加了一根弹性吊索，改善了接触网的弹性不均匀度；但结构比较复杂，弹性吊索安装、调整工作量大。在跨距较小时，弹性链型悬挂和简单链型悬挂弹性均匀性差别不大。其结构形式如图 1.3.2 所示。

在结构上，相对于简单链型悬挂在定位点处装设弹性吊索，主要有两种形式：π形和Y形。弹性吊索的材质一般与承力索相同，其线胀系数与承力索相匹配。性能特点：结构比较简单，改善了定位点处的弹性，使得定位点处的弹性与跨中的弹性趋于一致，整个接触网的弹性均匀，受流性能好。其缺点是弹性吊索调整维修比较复杂，定位点处导线抬升量大，对定位器的安装坡度要求也较严格。

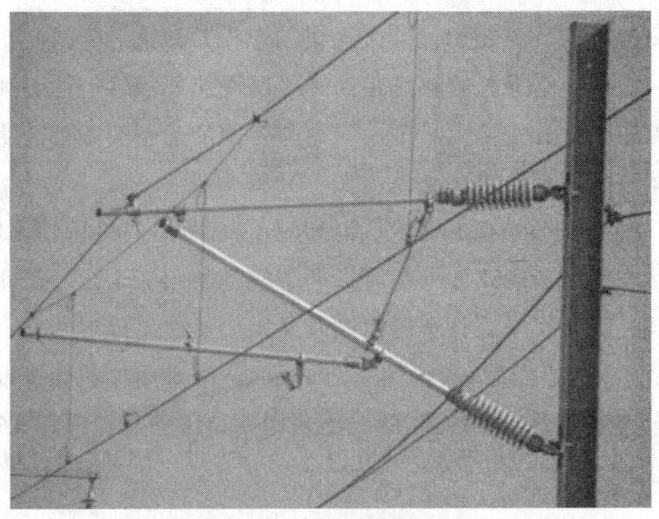

图 1.3.2 弹性链型悬挂

3. 复链型悬挂

复链型悬挂在简单链型悬挂的基础上增加了一根辅助承力索,使接触网弹性更加均匀;但结构太复杂,施工及运营维护不方便,事故抢修难度大,目前只在日本使用。其结构形式如图 1.3.3 所示。

图 1.3.3 复链型悬挂

复链型悬挂在结构上,承力索和接触导线之间加了一根辅助承力索。性能特点:接触网的张力大,弹性均匀,安装调整复杂,抗风能力强。

二、高铁接触网悬挂形式

总之,三种悬挂类型在结构和技术性能方面存在着一定的差异,复链型悬挂的动态品质最为优越,最适合于高速运行,但其结构过于复杂,施工及运营维护不方便,投资偏大;弹性链型悬挂能满足高速弓网受流要求,但接触线动态抬升量大,容易产生疲劳,技术关键在于弹性吊索的安装;简单链型悬挂能够满足高速弓网受流要求,但静态弹性不均匀度较大,动态接触力标准偏差较弹链和复链大。理论研究与各国的运营实践都表明,三种悬挂类型均可满足客运专线列车高速运行要求。

世界各国对这三种悬挂形式有不同的认识和侧重,根据各自的国情发展自己的悬挂形式,如表 1.3.1 所示。日本的高速线路如:东海道新干线、山阳新干线、东北新干线、上越新干线均采用复链型悬挂,近几年来,日本高速铁路又采用了简单链形悬挂;法国的巴黎—里昂的东南线采用弹性链型悬挂,巴黎—勒芒/图尔的大西洋线采用接触导线带预留弛度的简单链型悬挂;德国在行车速度低于 160 km/h 的线路采用简单链型悬挂,在 160 km/h 及以上的线路采用弹性链型悬挂。

表 1.3.1 各国接触网悬挂类型案例

国 别	日 本		法 国		德 国		意大利
悬挂类型	复链型	简单链型	弹性链型	简单链型	弹性链型	弹性链型	简单链型
建设年代	60 年代	90 年代	80 年代初	90 年代	80 年代末	90 年代	80 年代末
运营速度(km/h)	270	270~300	270	300	250	300~400	250
接触线	Cu170	CS110	CdCu120	SnCu150	AgCu120	MgCu120	2×Cu150
接触线张力(kN)	15	20	14	20	15	27	2×15
波动速度(km/h)	414	525	412	441	426	569	382

在我国《高速铁路设计规范》(TB 10621—2009)规定高速铁路接触网悬挂类型采用全补偿简单链型悬挂或全补偿弹性链型悬挂。

复习思考题

1. 普速铁路与高速铁路接触网主要结构有哪些区别?
2. 高速铁路对接触网的基本要求有哪些?
3. 高速铁路接触网的施工特点和原则是什么?
4. 我国高速铁路供电方式一般采用哪种?其优点是什么?
5. 高速铁路接触网的悬挂类型有哪些?各有哪些特点?

第二章　高速铁路接触网零件及工具

第一节　高速铁路接触网零件

【教学目标】

（1）了解高速铁路接触网零件的要求；
（2）掌握高速铁路接触网零件的名称、用途；
（3）培养学生对高速铁路接触网零件的认知能力。

【相关知识】

随着高速铁路的发展，供电系统越来越受到重视，其中接触网零部件方面的问题备受关注，其结构、材质及成型工艺与普速铁路接触网零件都有很大差别。高速铁路接触网零部件采用的高强度和韧性好的材料，在结构上具有质量轻、耐振动的特点。铜合金、铝合金、不锈钢等材料在接触网零部件中大规模应用。

一、高速铁路接触网零件要求

（1）零部件的选型（包括结构、材质、加工工艺等）应满足结构合理、配合得当、安全可靠、类型相对较少、满足景观要求、标准化成熟的要求。

（2）处于振动较强的网上悬挂零件结构、材质应考虑耐疲劳特性，相应的紧固件应考虑必要的冗余或防松措施。与接触线连接的网上金具应采用质量轻、强度高、耐腐蚀、导电好的材料制造。

（3）在允许条件下尽量采用铜合金、铝合金等有色金属（如接触网绝缘子带电侧零部件）零部件。对于黑色金属（碳钢、铸钢等）零部件应结合运行环境，采用可靠的表面热浸镀锌防腐措施。

二、高速铁路接触网常见零件

高速铁路接触网常见的零件名称、用途及实物图见表 2.1.1。

表 2.1.1　高速铁路接触网常见的零件名称、用途及实物图

序号	零件名称	用　途	实物图
1	铝合金承力索座	用于平腕臂上悬挂、固定双支或单支承力索	
2	铝合金套管座	用于平腕臂和斜腕臂之间的连接	
3	铝合金腕臂支撑	用在平腕臂与斜腕臂之间，以增加腕臂的负荷能力，或用在斜腕臂与定位管之间防止定位管向上旋转	
4	铝合金套管单耳	用于安装在 $\phi 55$ mm 和 $\phi 70$ mm 圆管上与其他适配的双耳零件构成连接	
5	定位线夹	用于在接触线定位处固定接触线	
6	矩形铝合金定位器	通过矩形定位器连接的定位线夹固定接触线	
7	铝合金定位管	通过定位器固定接触线	

续表

序号	零件名称	用　　途	实物图
8	铝合金定位环	安装在斜腕臂上,用于连接定位管	
9	拉线定位钩	安装在定位管上,用于固定拉线	
10	防风拉线定位环	安装在定位管上,用于固定定位器	
11	承力索吊弦线夹	用于吊弦与承力索的连接	
12	接触线吊弦线夹	用于吊弦与接触线的连接	
13	锚支定位卡子	用于固定非工作支接触线	

续表

序号	零件名称	用途	实物图
14	定位支座	用于连接定位器，并对其抬升进行限位	
15	接触线中心锚结线夹	用于接触线与接触线中心锚接绳之间的固定和连接	
16	承力索中心锚结线夹	用于承力索与接触线中心锚接绳之间的固定和连接	
17	弹性吊索线夹	用于弹性吊索与承力索之间的固定和连接	
18	承力索电连接线夹	用于电连接线与承力索的连接	

续表

序号	零件名称	用　途	实物图
19	接触线电连接线夹	用于电连接线与接触线的连接	
20	承力索终端锚固线夹	用于承力索终端锚固处	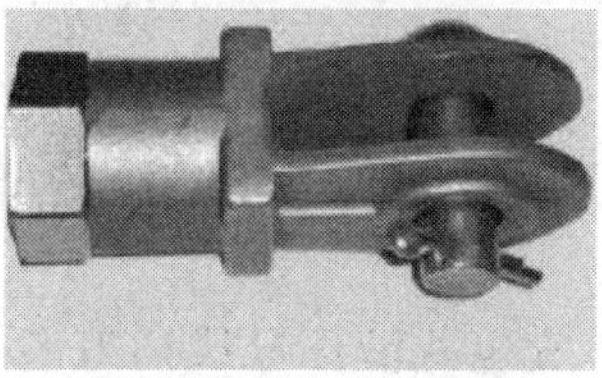
21	接触线终端锚固线夹	用于接触线终端锚固处	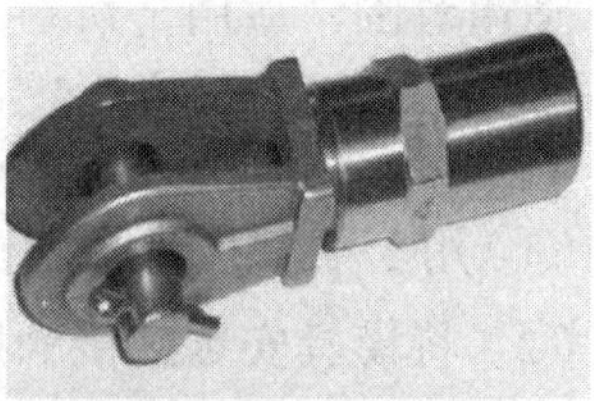
22	棘轮补偿装置	用于接触网下锚处调整导线张力	

第二节　高速铁路接触网常用工具

【教学目标】

（1）了解高速铁路接触网工具的名称、用途；
（2）掌握高速铁路接触网工具的使用方法；
（3）培养学生对高速铁路接触网工具的认知能力。

【相关知识】

一、充电式液压导线切刀

充电式液压导线切刀结构如图 2.2.1 所示。

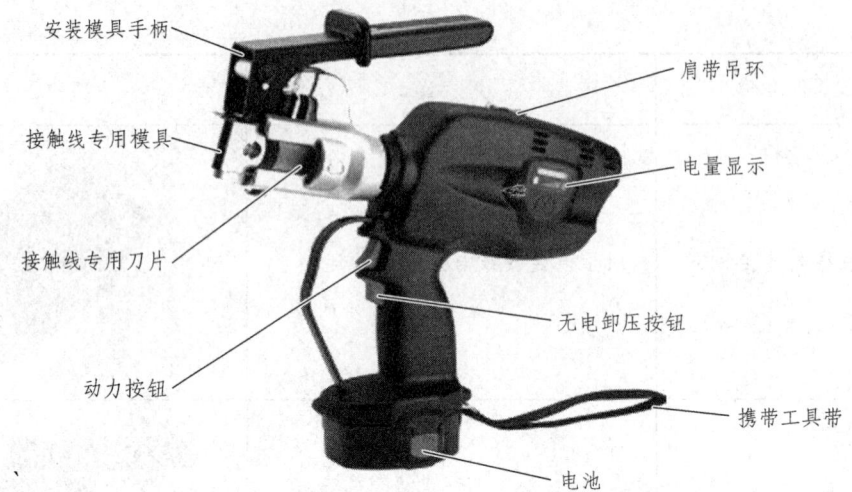

图 2.2.1 充电式液压导线切刀

充电式液压导线切刀型号：B-TFC2。

适用范围：适用于切割 85~150 mm² 接触线，保证切割后切面平整。

1. 使用方法

（1）用于切割接触线的模具：选择适合接触线的模具，模具截面与接触电线截面相匹配。

（2）将模具安装到接触线端部。将接触线放入模具，使刀片对齐所要切割的点。通过卡销锁死模具，扳动锁定手柄关闭模具，直到自动"锁定"位置并将接触线完全夹住。

（3）切割。

操作打压按钮，逐渐移动刀片，直到切断接触线。如图 2.2.2 所示。

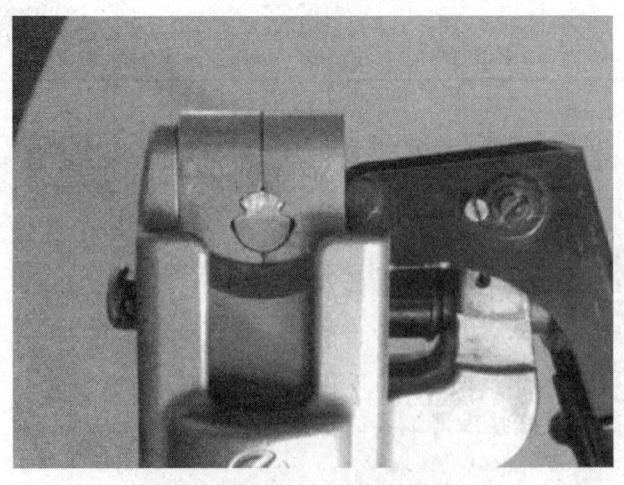

图 2.2.2 切 割

切断后应停止打压按钮，操作回油按钮。如果继续打压按钮，电动机还会继续运转，但不产生额外的压力，液压油通过旁路回到油囊。

（4）拆卸模具和接触线。

操作压力释放按钮，使活塞迅速回位。释放锁定手柄，打开卡销和模具并取出接触线。

2. 使用注意事项

（1）在进行切割操作之前，确保卡销完全插入工具头部、锁定手柄，还要在锁定位置固定。

（2）检查刀刃是否对齐在切割点上，如果不在，释放锁定手柄打开模具，重新定位。

（3）不可用于切割硬质物体。

（4）随工具配的电池组都是未充满电的；在使用时要把电池里的余电用完，再用提供的充电器将电池充满电。再继续使用，反复三次左右。

（5）切断接触线后，刀片必须完全复位。

（6）建议不要在工具增压时旋转头部。

3. 工具保养方法

（1）灰尘、沙子和脏物对于任何液压工具都是很危险的。每天在使用之后，工具必须用一块干净的布清理干净，仔细清除残余的物质，特别是靠近枢轴和刀头部位。

（2）当不用工具时，应把它放在塑料工具箱内储存和运输，以防止工具的损坏。

二、接触线紧固夹具套装

型号：AD-GW + HC-GW 接触线紧固夹具。

1. 工具用途

接触线紧固夹具用来阻止导线的旋转，形成稳定的操作空间，便于安装接触线连接头。适用范围：适用于 85～150 mm² 接触线。接触线紧固夹具整体安装结构如图 2.2.3 所示。

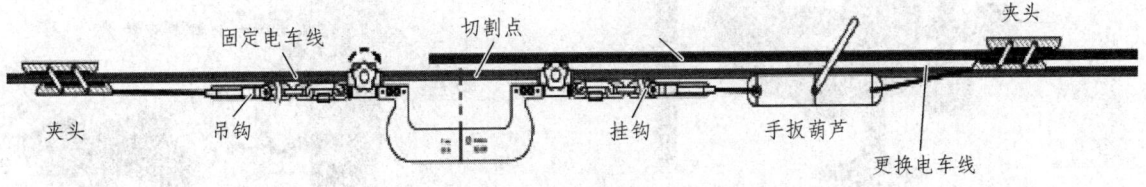

图 2.2.3 接触线紧固夹具整体安装

2. 使用方法

如图 2.2.4 所示，接触线在紧固的同时进入导向槽，为线夹的安装提供操作空间，利用拧面器调整接触线线面后安装接触线线夹。

紧固夹具的导向轮为接触线连接时，有效地保证了两侧接触线对接面的一致，减少调整对接面的时间。

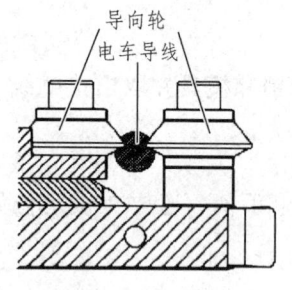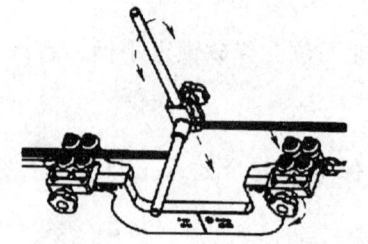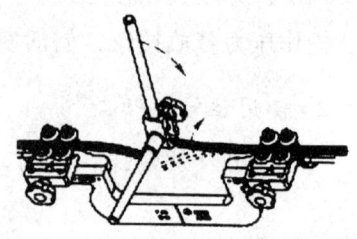

图 2.2.4　接触线进入导线槽

3. 使用注意事项

（1）使用工具前，应仔细检查所有部件状况，包括链条、钩子及连接零件。当工具严重磨损或有断裂现象时，严禁使用。

（2）AD-GW 设备中包含 HC-GW 调节装置。使用过程中拧面器配合 AD-GW 同时使用才能达到最佳效果。

（3）使用前确认接触线的张力，选择合适的紧固夹具套装。

4. 工具保养方法

（1）每天在使用之后，工具必须用一块干净的布清理干净，仔细清除残余的物质。防止使用中的导线轮被卡死。

（2）工具不应放在潮湿的地方，应注意通风效果。要经常检查导链，生锈后注意擦拭。

（3）当不用工具时，应把它放在包装箱内储存和运输，防止工具损坏。

三、接触线校直器

接触线校直器如图 2.2.5 所示。

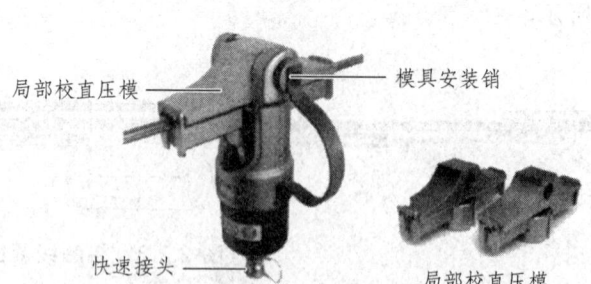

（a）接触线五轮校直器　　　　（b）接触线局部校直器

图 2.2.5　接触线校直器

1. 工具用途

用于接触线的校直，不伤及导线，校直后无硬点。对于局部硬弯五轮校直器无法校直的情况，可使用局部校直器进行校直。适用范围：适用于 85~150 mm^2 接触线。

2. 使用方法

（1）转动手轮打开校直器，把三个轮子靠近弯曲接触线。

（2）转动手轮加紧下面两个轮子直到将接触线推到校直器，只需将接触线推到可以使轮子方便移动即可。

（3）握住手柄沿着弯曲的接触线部位来回移动。

（4）几次操作后，如果还有弯曲部位，拧紧手轮重复操作，继续操作直到接触线完全校直为止。

（5）操作完成后，打开手轮，从接触线上取下工具。

3. 使用注意事项

（1）不可以校直钢筋或类似的坚硬物体，只能用于铜合金接触线。

（2）使用完工具后，用清洁布擦掉脏物。

（3）定期对手轮和滑槽销用润滑油进行擦拭，注意防锈。

四、高铁吊弦专用液压钳

高铁吊弦专用液压钳见图 2.2.6，型号：B62。

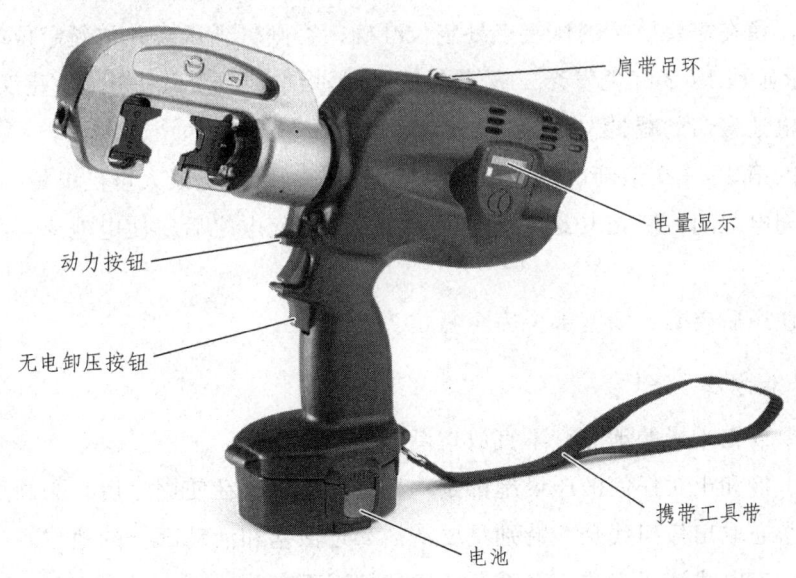

图 2.2.6　高铁吊弦专用液压钳

1. 工具用途

用于吊弦压接管压接和斜拉线压接管压接。

2. 使用方法

（1）准备。将电池正确地装入机体，将手带或肩带挂在机体环上，可以方便携带。根据不同的端子规格来选择对应的模具。

（2）压接。按下操作按钮，激活电机，使压模前行。直到两个压模相互接触，在压接中可以随时停止，当听到机体"哒"一声达到压力应停止工作。

（3）压模的释放。当压接完成后，通过按压力释放按钮，完全复位。

（4）工具头的旋转。为了操作方便，工具头可以旋转180°，方便操作者找到最佳操作位置。压接成品如图2.2.7所示。

图 2.2.7 液压钳压接成品

3. 使用注意事项

（1）液压钳没有装模具情况下请勿工作，这样会导致机头和活塞的损坏。

（2）确保压模在需要压接的压接点处定位准确，否则打开压模并重新定位端子。

（3）当电量显示1~3红色发光二极管点亮时，是指电池电量几乎用完，建议要及时充电，这时不会造成电池寿命的减少。

（4）最初的第2、3次给新电池充电时要特别小心，以确定最大可供电量。

（5）连续充电之间，使充电器休息至少15 min。在充电之后，使电池凉至与周围环境相同的温度。

（6）每次使用后要确保活塞部位完全复位。

4. 工具保养方法

（1）电池要放在干燥的地方，不宜放在潮湿的地方保存。

（2）灰尘、沙和土对任何液压设施都是一种危险。每天在使用之后，必须用干净的布将工具擦干净，小心取出任何残余，特别是要清洁靠近活塞和活动部分的地方。

（3）要保证充电式液压钳在不受系统压力的情况下存放。

（4）不用时，工具应放在金属箱中进行储存和运输，以防止损坏。

五、电连接压接套装

电连接压接套装如图2.2.8所示，型号：B85M-P24。

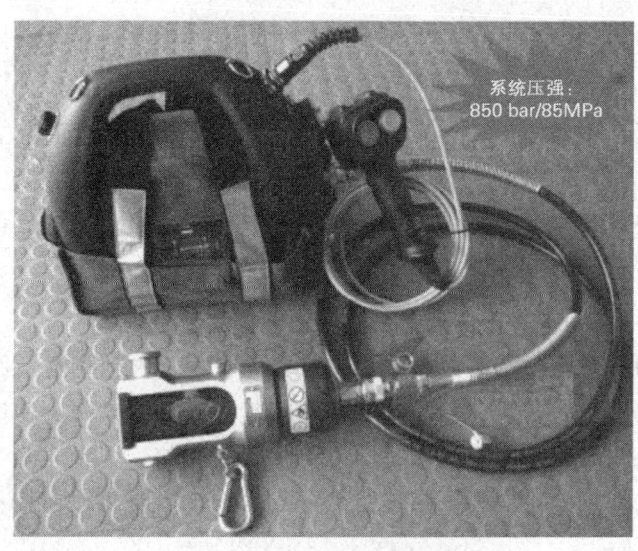

图 2.2.8　电连接压接套装

1. 工具用途

用于电连接线夹的压接和破除。

适用范围：95～150 mm² 电连接。

2. 使用方法

将组配好的线夹置于压接钳的模具中间，放好上模，穿上销钉固定上模。确认线夹组成、位置正确后，启动电动液压泵，开始加压压接，直至模具闭合，此时压力达到最大（压力表指示约 73 MPa），保压 5 s，然后卸压松开模具。如图 2.2.9 所示。

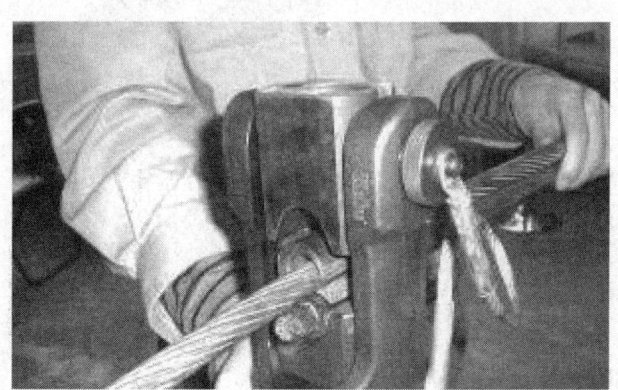

图 2.2.9　电连接线夹压接

3. 使用注意事项

（1）液压钳头和液压泵根据公母接头进行相连接，连接时一定要卡死、牢固。

（2）压接完成后一定要使液压钳头的模具完全复位后再将油管和线控手柄收好装入工具包内。

（3）安装前应区分模具的上下模，将下模安装到位，保证上模与下模安装方向统一（模具标识方向相同）。

（4）压接时首先判断压接模是否按要求上、下模具合模，然后使液压泵到达压力后终止此次压接，将液压泵安全回油。

（5）使用切断模时注意切割线夹应以线夹切断为止，线夹切断后应立即回油，避免继续上压。

（6）拆除液压油管前应检查液压油管中是否存在压强，避免无法进行再次连接。

4．工具保养方法

（1）电池要放在干燥的地方，不宜放在潮湿的地方保存。

（2）灰尘、沙和土对任何液压设施都是一种危险。每天在使用之后，必须用干净的布将工具擦干净，小心取出任何残余，特别是要清洁靠近活塞和活动部分的地方。

（3）要保证充电式液压钳在不受系统压力的情况下存放。

（4）不用时，工具应放在金属箱中进行储存和运输，以防止损坏。

六、整体式手动液压钳

整体式手动液压钳如图 2.2.10 所示，型号：HT131LN-C。

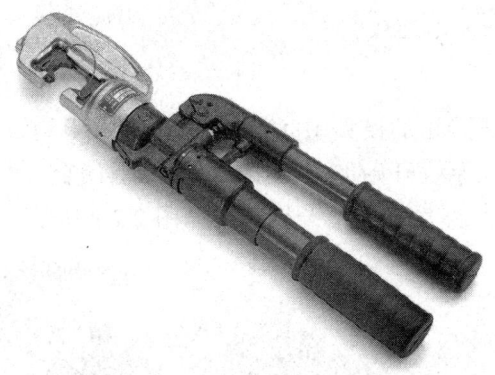

图 2.2.10　整体式手动液压钳

1．工具用途

用于铜铝端子及中间接续管的压接作业。

2．工具特点

（1）C 型大开口设计，方便取放压接管或端子。

（2）头部可以旋转，满足不同角度的压接。

（3）机具装配液压系统高压安全阀，当压力达到最大时自动泄压，防止使用者及机具在使用中造成意外损害。

（4）外设手动泄压阀，可随时泄压。

（5）手柄采用自锁设计，保证工具使用完毕后处于完全卸压状态，保障压钳使用寿命。

（6）液压阀体采用特种钢材制造，坚固、耐用。

（7）成套的双速液压机构，有效保证机具的工作效率及工作质量。

3. 使用方法

（1）首先确认被压铜铝端子或接续管的型号。

（2）选择与被压件型号对应的模具。

（3）将模具装入压接钳的头座中。

（4）反复启动操作把手，注视模具，当上、下模两者相碰时就表示压接完毕，当压力达到最大时液压钳自动泄压。

七、卡线器

卡线器如图 2.2.11 所示。

1. 型号及用途

（1）型号：30GL0822。

工具用途：用于接触线、承力索、坠砣补偿绳调整的抓紧。安全负荷：3 t，适用线径：$\phi 8 \sim 22$ mm。

（2）型号：20GL0822。

工具用途：用于接触线、承力索、坠砣补偿绳调整的抓紧，安全负荷：2 t，适用线径：$\phi 4 \sim 22$ mm。

（3）型号：40A0822。

工具用途：用于接触线、承力索、坠砣补偿绳调整的抓紧，安全负荷：4 t，适用线径：$\phi 20 \sim 35$ mm。

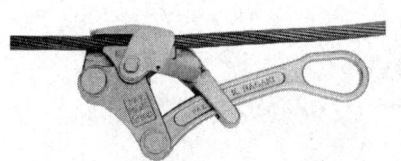  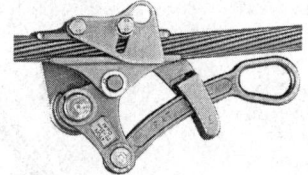

（a）卡线器型号：30GL0822　　（b）卡线器型号：20GL0822　　（c）卡线器型号：40A0822

图 2.2.11　卡线器

2. 使用方法

（1）打开挡板，将导线放入钳口中。

（2）将钳口的上齿和下齿卡紧导线，用手拉动腕臂使卡线器受力。

（3）闭合挡板使卡线器在导线上不滑、不脱为准。

3. 注意事项

（1）不同的导线和导线的张力选择不同的卡线器，确保卡线器在其使用范围内使用。

（2）当卡线器主体部分有断裂、严重破损或变形时勿使用。

（3）不要把卡线器与超出安全工作载荷的紧线器连在一起工作。

（4）当导线的最大使用负载比卡线器的最大使用负载小的情况下，勿施加大于导线的最大使用负载的力量。

（5）卡线器勿进行分解、改造或将其用于施工目的以外的场合。

（6）在紧线操作时应检查导线是否已经被卡线器主体部分和钳口部分卡住。

4. 保养方法

（1）当长期卡硬质材料和软质材质对上齿口和下齿口造成磨损或堵塞时，应使用钢刷清除污垢，齿1∶3已严重磨损或无法清除污垢，请更换新的上齿和下齿。

（2）要放在干燥的地方，不宜放在潮湿的地方保存。

八、铝合金链条紧线器

铝合金链条紧线器如图 2.2.12 所示。

（a）型号：RICKY-3 型链条紧线器

（b）型号：RICKY-30 型链条紧线器

（c）型号：P4000 型链条紧线器

图 2.2.12　链条紧线器

1. 型号及用途

（1）型号：RICKY-3。

用于接触线、承力索、坠砣补偿绳调整的紧线；工作能力：1.5 t，链条直径：5 mm；操作杆长度：230 mm。

（2）型号：RICKY-30。

用于接触线、承力索、坠砣补偿绳调整的紧线；工作能力：3 t，链条直径：5 mm；操作杆长度：430 mm。

（3）型号：P4000。

用于接触线、承力索、坠砣补偿绳调整的紧线；工作能力 4 t，链条直径：5 mm；操作杆长度：430 mm。

2. 使用方法

（1）自由档。将切换棘爪放置于 N 位置（见设备本体标识）上，并放开制动爪，同时手指按住防逆棘爪，然后链条可来回自由拉动。

（2）牵引。将切换棘爪放置到 U 位置（见设备本体标识）上，并将制动爪置到棘轮齿轮处，用手柄进行操作。

（3）卸载。将切换棘爪放置于 D 位置（见设备本体标识）上，并使用手柄进行操作。

3. 注意事项

（1）不要使载重超过紧线器的最大工作负荷。禁止使用加长手柄。

（2）紧线器不可提举及装卸货物之用。

（3）紧线器安装在对象物上之后，请在施加负荷以前在紧线器主体的出口处锁链上安装安全挡块。

（4）使用前应将链条展开，避免打结现象。

（5）制动部分不可润滑，润滑后会导致制动滑移，并引起事故。

（6）链条的五个链节全长应在 77.7 mm 以下，如果有拉长现象或链条变形时应禁止使用或更换链条。

（7）如果紧线器有严重磨损或变形应禁止使用。

4. 保养方法

（1）要放在干燥的地方，不宜放在潮湿的地方保存。

（2）链条要经常擦拭，不易生锈。

（3）紧线器不可用力抛丢或以暴力刻意损坏。

九、弹性吊索安装工具

弹性吊索安装工具如图 2.2.13 所示。

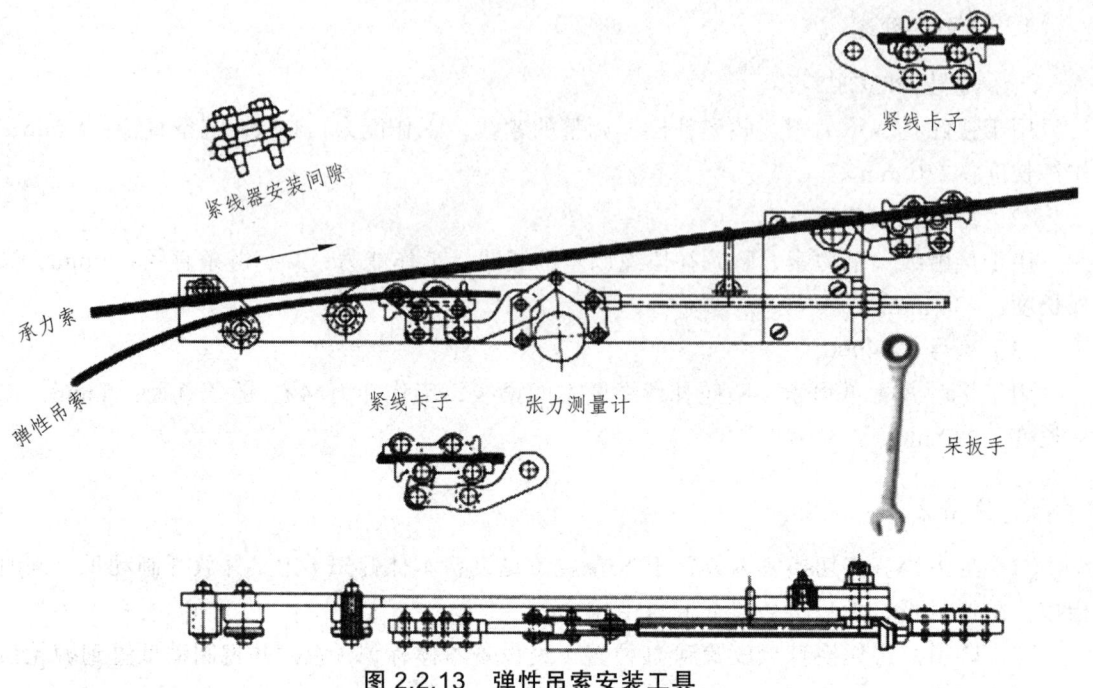

图 2.2.13　弹性吊索安装工具

1. 工具用途

用于接触网弹性吊索的安装及检修，工作张力：3 kN，最大张力：5 kN。

2. 使用方法

承力索和弹性吊索按图 2.2.13 所示位置放置，用扳手拧安装工具尾部的螺母，从而调节弹性吊索的张力，观察张力测量计的读数，当达到要求的数值后停止调节，在安装间隙处安装弹性吊索线夹。

3. 注意事项

（1）线夹与线的夹持应牢固可靠，无滑动现象。

（2）螺栓紧固时应注意受力均衡，紧固过程中不能咬扣、发热。

（3）交替紧固螺栓，并使螺栓的紧固力矩均达到 23 N·m。

（4）弹性吊索的张力为 3.5 kN。

十、力矩扳手

力矩扳手如图 2.2.14 所示

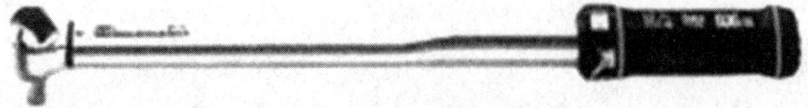

图 2.2.14　力矩扳手

1. 工具用途

用于螺帽的紧固。扭矩范围：20~100 N·m。

2. 使用方法

（1）根据工件所需扭矩值要求，确定预设扭矩值。

（2）预设扭矩值时，将扳手手柄上的锁定环下拉，同时转动手柄，调节标尺主刻度线和微分刻度线数值至所需扭矩值。调节好后，松开锁定环并锁定。

（3）在扳手方榫上装上相应规格套筒，并套住紧固件，在手柄上缓慢用力。施加外力时必须按标明的箭头方向。当拧紧到发出信号"咔哒"声响后（已达到预设扭矩值），停止加力。一次作业完毕。

（4）大规格扭矩扳手使用时，可外加接长套杆以便操作省力。

（5）如长期不用，调节标尺刻线退至扭矩最小数值处。

3. 注意事项

（1）拆卸紧固的螺栓或螺母时，扭力扳手的尾端禁止加接套管。

（2）达到预置扭力时当听到"咔哒"声响后立即停止施力以保证精度，延长使用寿命。

（3）力矩扳手施力时不应调节正反转。

（4）力矩扳手须专人保管及操作，每年进行校准以保证其精度。

4. 保养方法

（1）要放在干燥的地方，不宜放在潮湿的地方保存。

（2）扳手应避免接触水或尘土，切勿将力矩扳手置于液体中，以免损坏其他部件。

复习思考题

1. 高速铁路接触网零件要求有哪些？
2. 高速铁路接触网常见零件有哪些？
3. 高速铁路接触网常用工具有哪些？

第三章　高速铁路接触网的结构与设备

第一节　支柱与基础

【教学目标】

（1）了解接触网支柱的功能、要求；

（2）掌握接触网基础的功能、要求；

（3）培养学生对高速铁路接触网支柱和基础的认知能力。

【相关知识】

支柱与基础用以承受接触悬挂、支持和定位装置的全部负荷，并将接触悬挂固定在规定的位置和高度上。接触网支柱与基础的选型和设置不但要考虑支柱及基础的承载能力，还要综合考虑路基、桥梁、隧道、大型高架候车室、跨线桥、干线通信电缆等专业的协调与配合。

一、H型钢柱

随着高速铁路的发展，对接触网支柱的要求也日益严格，支柱的选型应综合考虑安全、可靠、经济和美观等因素。我国高速铁路接触网施工中大规模地使用H型钢柱。

1. H型钢柱的优点

（1）强度高。目前我国用于200 km/h的定型混凝土等径圆杆、圆钢管柱的额定弯矩比较小，其承载能力只能用作高速铁路一般地区的中间柱。对于高架桥或大风地段、有附加泄漏电缆地段、关节和道岔区、中心锚结区等受力稍大的支柱则要求其强度更高。H型钢柱能够满足高速铁路接触网支柱对强度、稳定性和挠度的要求。

（2）结构简单、安装方便。H型钢柱直接采用型钢材料，加工和质量控制容易，采用法兰连接，安装方便，材料选择范围较大。

（3）外形尺寸小。高速铁路接触网支柱外侧设置了电缆沟，因土建的路基宽度限制，留给接触网支柱基础的宽度最大为700 mm，意味着接触网支柱下部宽度必须足够小。H型钢柱法兰横线路方向宽度只有580 mm，满足了高速铁路接触网支柱占地小的要求。

（4）安全可靠。高速铁路的短路电流达到17~20 kA，如果采用预应力钢筋混凝土支柱，会对内部钢筋结构造成有害的影响，采用双重绝缘会使接触网结构更加复杂。H型钢柱与保护线（PW线）直接相连，使接触网结构简单，也更加安全可靠。

（5）美观。从美学的角度考虑，高速铁路接触网 H 型钢柱与周围环境更加协调，外形美观。

2. H 型钢柱的规格

2008 年 4 月由原铁道部经济规划研究院颁布的通用参考图《客运专线铁路接触网 H 形钢柱》（通化〔2008〕1301）进一步规范了接触网 H 形钢柱的使用及规格。

（1）截面相关参数：

截面示意图及相关参数如图 3.1.1 所示。

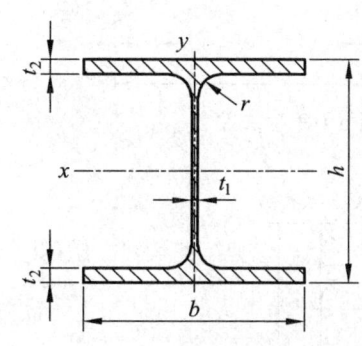

截面形式	h（mm）	b（mm）	t_1（mm）	t_2（mm）	r（mm）	kg/m
GH240	240	240	10	17	21	83.2
GH260	260	260	10	17.5	24	93
GH280	280	280	10.5	18	24	103
GH300	300	300	11	19	27	117
GHT240	270	248	18	32	21	157

图 3.1.1　H 型钢柱截面参数

（2）规格结构：

H 型钢柱的规格结构如图 3.1.2 所示。

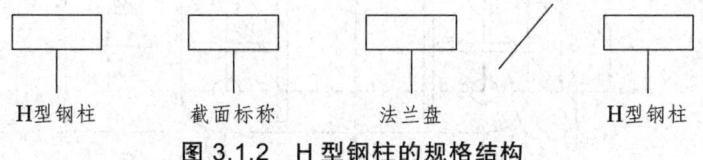

图 3.1.2　H 型钢柱的规格结构

（3）符号意义：

H 型钢柱代号：符合标准 DIN 1025-2 的 H 型钢柱用 GH 表示；符合标准 DIN 1025-4 的 H 型钢柱用 GHT 表示。

截面标称高度：表示 H 型钢柱截面标称高度，单位：毫米（mm）。

柱低法兰盘代号：表示 H 型钢柱柱低法兰盘代号，分为 A、B、C 三种型号，A 型法兰适用于柱底弯矩≤150 kN·m；B 型法兰适用于 150 kN·m<柱底弯矩≤200 kN·m；C 型法兰适用于 200 kN·m<柱底弯矩≤240 kN·m。三种法兰型式如图 3.1.3 所示。

（4）规格示例：

GH240A/9.5 表示符合 DIN1025-2 的 H 型钢柱，其标称截面高度为 240 mm，法兰盘型号为 A 型，柱高为 9.5 m。

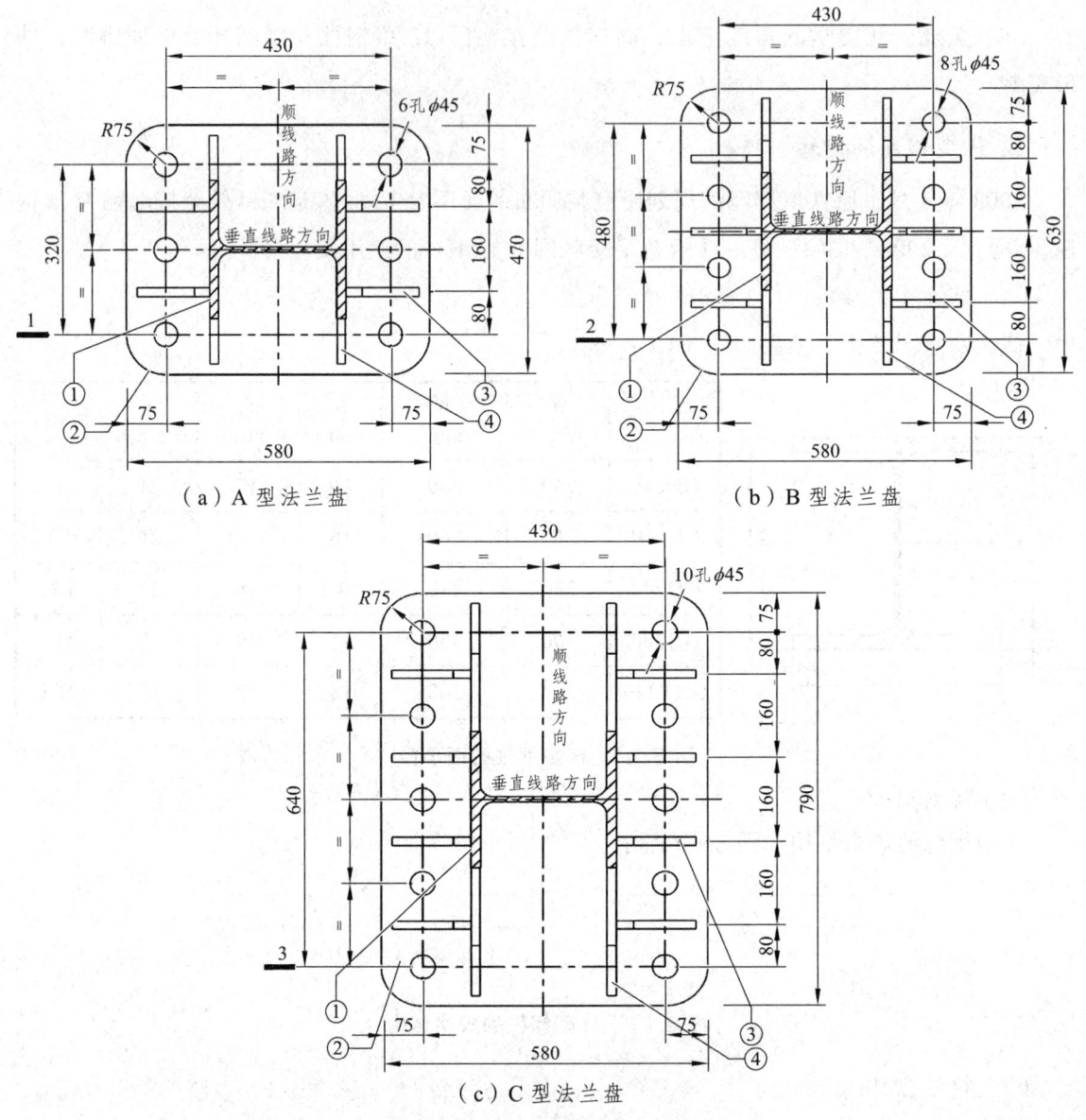

图 3.1.2 H 型钢柱法兰盘

二、高速接触网支柱基础

钢支柱是立在以钢筋混凝土浇成的基础之上的,基础用于稳定钢柱不倾斜及下沉。配合不同支柱类型及土壤性质,有不同基础类型以适应不同悬挂受力的要求。钢支柱基础内预埋地脚螺栓,安装时将钢柱紧固于地脚螺栓上。钢柱安装后,在基础顶部做混凝土基础帽,以保护连接螺栓、螺母不致锈蚀。基础帽只起防水作用。

按常规施工方案,我国接触网的架设属于站后工程,即在完成线路、桥、隧等站前工程后再开始接触网施工。因此,线路条件的任何变动都会导致接触网的调整。尤其是桥隧施工时,要重新安装定位吊柱的基础,如此施工往往会破坏桥隧本身的结构。在高速接触网中,一般将接触网支柱的基础工程划归到桥隧工程中,使支柱基础和桥隧同步施工,使桥隧工程和接触网支柱工程成为一个整体。站前工程隧道施工时,根据接触网施工图预留定位支柱的基础,这样提高了施工的精度和效率。

路基上接触网支柱基础和拉线基础都由站前土建施工单位同步预留,目前高速铁路上基础预留的形式基本上都是钻孔桩形式,都是按机械钻孔进行设计的,部分钻孔困难区段也可采用人工挖孔。高速铁路桥梁大部分都是采用箱梁设计,支柱基础设置在梁面上,由桥梁施工单位在制梁时完成预留施工。32 m 梁一般设置在 1/4 或 3/4 处,24 m 梁一般设置在 1/3 或 2/3 处,拉线基础设置在距支柱基础中心 7 m 的位置,基础锚栓和钢筋与贯通地线可靠连接。如图 3.1.4 所示。隧道固定一般优先采用土建预埋基础方式(预埋槽道),也可采用后植化学锚栓方式。

(a)路基段预留基础

(b)桥梁段预留基础

图 3.1.3　路基及桥梁段预留基础

第二节　支持与定位装置

【教学目标】

(1)了解高速铁路接触网支持装置的类型;
(2)掌握高速铁路接触网定位装置的类型;
(3)培养学生对高速铁路接触网支持与定位装置的认知能力。

【相关知识】

一、高速接触网支持装置

1. 腕臂式支持装置

高速铁路上采用的腕臂支持装置一般都是绝缘旋转腕臂结构,如图 3.2.1 所示。从结构上主要可分为平腕臂结构（德国、法国方式）和整体腕臂结构（日本方式），如图3.2.2所示。从使用的材质上可分为钢腕臂和铝合金腕臂。

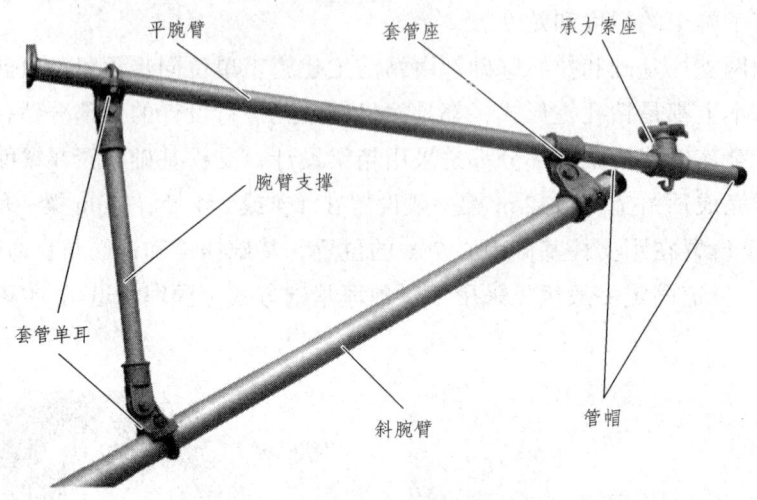

图3.2.1　铝合金腕臂结构

（a）平腕臂（限位）德国方式

（b）平腕臂（非限位）法国方式

（c）整体腕臂日本方式

图3.2.2　定位装置

目前开通或正在施工的高速铁路上除了海南东环铁路和广深港铁路上采用日本的整体腕臂外,大部分线路上都采用的是平腕臂结构(限位的德国方式)。整体腕臂结构的稳定性和抗风性能较高,但由于定位管和腕臂间整体连接,对计算、加工、安装的精度均要求较高,后期的运营维护也比较困难,而平腕臂结构对加工和安装有一定调整的灵活性。整体腕臂结构比较适用于沿海地区和西北高风沙地区。

由于铝合金腕臂质量轻、强度高,目前开通的时速 350 km 线路上基本采用的都是铝合金腕臂。铝合金腕臂平、斜腕臂之间采用双套管连接,腕臂受材质的限制反复安装的次数一般为 2~3 次,超过次数后会大大降低腕臂的性能;钢腕臂平、斜腕臂之间采用合页型套管双耳连接,安装及调整基本不受限制。秦沈客专、厦深线、甬台温线等线路都采用的是钢腕臂结构,哈大客运专线、盘营客运专线、武广客运专线等线路都是采用铝合金腕臂结构。

2. 硬横梁式支持装置

硬横梁具有结构简单、机械独立性强、股道之间不产生影响、事故范围小,支柱所受横向力矩小、结构稳定、抗振性强、可有效降低弓网磨耗和离线、有利于弓网受流的优点,因此,广泛应用于高速接触网电气化铁路车站、城市轨道交通的车辆段和地面咽喉地区。高速接触网电气化铁路的硬横梁结构一般由支柱、横梁、倒立柱、腕臂式支持定位装置组成,如图 3.2.3 所示。硬横梁与软横跨相比较,具有结构简单稳定、机械独立性强、各股道悬挂不相互影响、站场悬挂形式可与区间悬挂形式保持一致、站场更加整洁美观等优点,在高速接触网中应用较多。另外,硬横梁在高速铁路的渡线上更具有优越性,因为它可以装配单支柱不能承载的架空接触网支持装置,克服软横跨结构中相邻股道之间接触悬挂振动的相互影响,更好地实现了架空接触网的机械分割。

图 3.2.3 高速接触网硬横梁

二、高速接触网定位装置

定位装置系统是指由定位管、定位器、定位线夹、定位环、定位支座等零部件组成的定位结构,其主要作用是将接触线定位在受电弓取流所必需的空间位置。如图 3.2.4 所示。

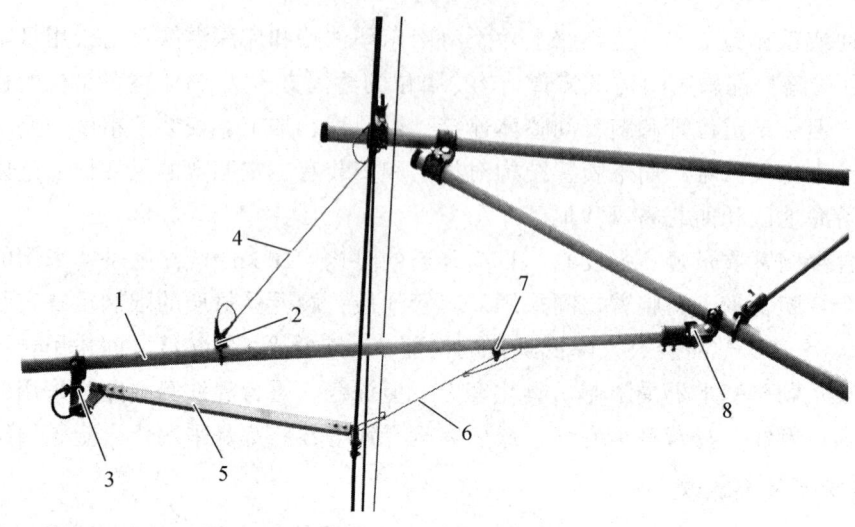

图 3.2.4 定位装置

1—铝合金定位管；2—拉线定位钩；3—铝合金定位支座；4—定位管斜拉线；5—矩形铝合金定位器；
6—防风拉线；7—防风拉线定位环；8—铝合金定位环

定位器是列车运行中与受电弓最接近的部件，不妨碍受电弓顺利通过时对定位器最基本的要求。高速铁路接触网的定位器一般采用限位定位器，限位定位器的功能之一是防止因定位器的过度抬升造成打弓。定位间隙过大，会造成定位器坡度偏大，使定位点成为硬点，导致该处接触线磨损加剧；限位间隙过小，则在标准允许的正常范围内，限位功能也会起作用，限制受电弓抬升，使定位点成为硬点，导致该处接触线磨损加剧。限位间隙的允许偏差为±1 mm。

高速铁路接触网的定位装置是保证良好弓网关系的重要因素，而定位装置的定位器坡度是接触网重要参数之一。定位装置安装完成，接触线的张力、拉出值、距离轨面的高度调整到位后，此时定位器与水平线的夹角称为定位器的坡度。电力机车在高速运行时，受电弓的最大抬升量和左右最大晃动量必须满足动态包络线限界的安全要求。如图 3.2.5 所示，A 为受电弓在最大抬升 b 和左侧最大晃动 s 时的位置，B 为受电弓在最大抬升 b 和右侧最大晃动 s 时的位置，C 为定位器与受电弓容易相碰的点。

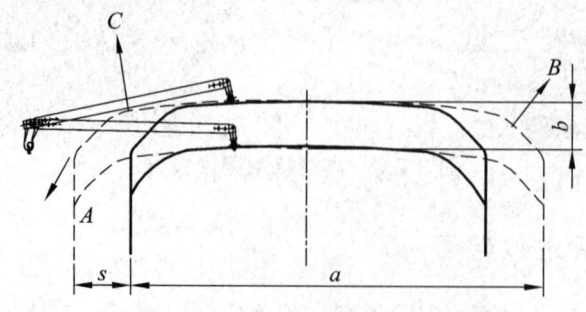

图 3.2.5 接触网定位器安装模型图

在我国《高速铁路设计规范》(TB 10621—2009)中规定：速度 300 km/h 的高速铁路受电弓动态最大抬升量不应小于 150 mm，限位定位装置安装按不小于 1.5 倍动态抬升量（即 225 mm）进行安全校验；横向最大晃动量在直线区段为 250 mm，在曲线区段为 350 mm。定位器坡度主要取决于接触网的设计参数和现场线路的参数，包含线索张力、支柱跨距、拉出值大小、钢轨半径和外轨超高。因此，定位器坡度计算也应采用先进、成熟的计算软件。安排专业的预配人员进行集中预制，防止定位装置尺寸及零件位置误差对定位器坡度产生影响。

第三节　锚段和锚段关节

【教学目标】

（1）了解锚段关节的作用、标准；
（2）掌握电力机车自动过分相运行原理；
（3）培养学生对高速铁路接触网锚段关节的认知能力。

【相关知识】

锚段关节是指锚段与锚段之间的衔接部分。根据锚段关节所用跨距数，锚段关节可分为四、五、六、七、八跨锚段关节等；根据锚段与锚段之间是否电气绝缘，锚段关节可分为绝缘锚段关节和非绝缘锚段关节。过去我国接触网应用最多的是三跨锚段关节，新建高速以后，绝缘锚段关节与非绝缘锚段关节普遍采用四跨或五跨的形式。

一、四跨绝缘锚段关节

四跨绝缘锚段关节的平面布置如图 3.3.1 所示。

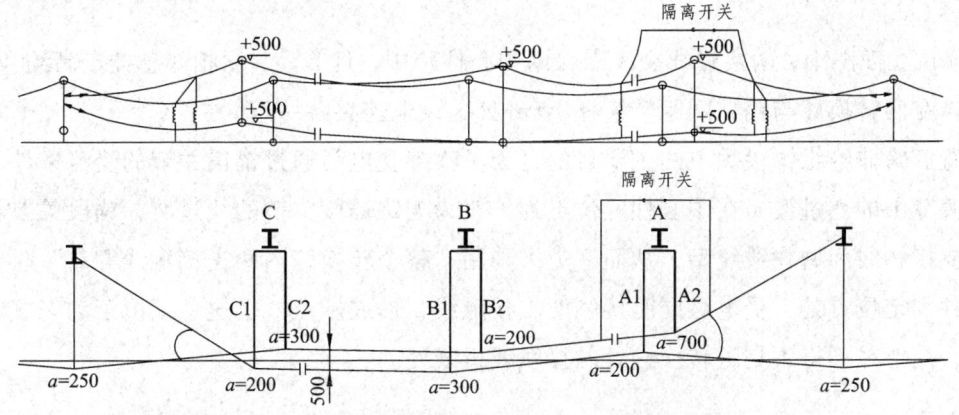

图 3.3.1　四跨绝缘锚段关节立面、平面布置图

高速铁路接触网绝缘关节一般采用四跨绝缘锚段关节，其技术要求如下：

（1）在两转换柱间，两接触线的投影应保持平行，线间距离为（500±50）mm。

（2）在转换柱处，非工作支接触线比工作支接触线抬高（500±50）mm。

（3）在中心柱处，两接触线距轨面等高，允许误差±10 mm。

（4）非工作支接触线和下锚支承力索在转换柱靠中心柱处加装一串（4片）悬式绝缘子。

（5）在两转换柱与锚柱间距转换柱10 m处，设电连接各一组。

（6）两个锚段的电路连通或断开由隔离开关控制。

二、五跨非绝缘锚段关节

五跨非绝缘锚段关节的平面布置如图3.3.2所示。

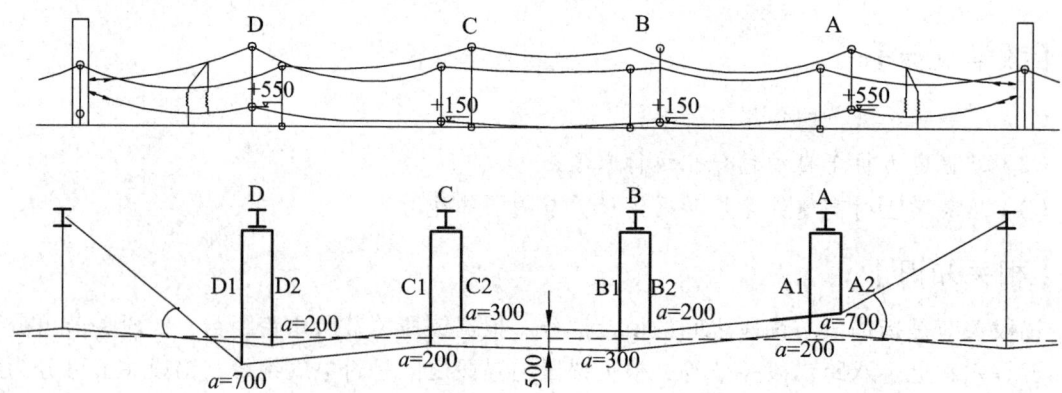

图 3.3.2　五跨非绝缘锚段关节立面、平面布置图

高速铁路接触网非绝缘关节一般采用五跨非绝缘锚段关节，其技术要求如下：

（1）转换柱—中心柱之间水平面上投影平行，线间距500 mm。

（2）中心柱处，非工作支比工作支抬高150 mm，转换柱处，非工作支比工作支抬高550 mm。

（3）在立面图中，两接触线交叉点在两中心柱跨中，且等高，比相邻悬挂点高约40 mm。

（4）在两转换柱与锚柱间距转换柱10 m处，设电连接各一组。

设置五跨非绝缘锚段关节的主要目的是为了改善受电弓通过锚段关节的受流条件，将四跨锚段关节中的点过渡（在中心柱定位点处）改为五跨锚段关节的线过渡，锚段关节转换跨内的两支接触线为抛物线线型，从而避免了采用"整个转换跨内两支接触线等高"时，在两根转换柱的定位点处，受电弓同时接触两支接触线，形成硬点，也避免了由于动态接触压力的作用，受电弓不得不划过转换柱处的接触线折线处。

三、六跨分相绝缘锚段关节

1. 六跨分相接触网布置

国内最早的普速铁路分相大多采用的是器件式分相，从秦沈线开始，国内无论普速和高速在条件允许的情况下均采用了带空气间隙的锚段关节式电分相。我国高速铁路接触网关节式电分相目前一般采用由 2 个四跨绝缘锚段关节构成的六跨形式，其立面图和平面图如图 3.3.3 所示。

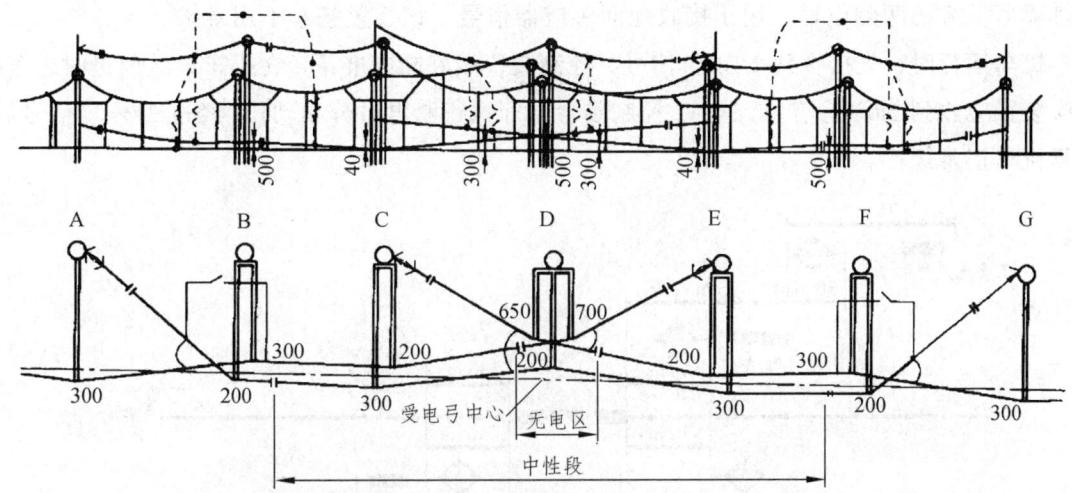

图 3.3.3 六跨分相绝缘锚段关节立面、平面布置图

六跨分相绝缘锚段关节由两个四跨绝缘锚段关节构成，电力机车运行时禁止双弓运行，在中性区和列车行进方向的锚段间设有隔离开关，在机车停于无电区且和来车方向锚段间满足绝缘条件时，通过闭合隔离开关，可使机车恢复供电，开出无电区。中性锚段无电力机车运行时不带电，也不接地，列车通过时起过渡作用。通过对支柱跨距的严格控制为安装电力机车自动过分相系统配套；通过承导线拉出值及非支抬高量的精确控制，保证电分相的绝缘性能。在支柱 A 起锚，G 处落锚的一段接触悬挂，被称为中性线。电分相中性线的长度有严格的要求，中性线在 B、F 两个转换柱前设置绝缘子，在两绝缘子之内的该段接触悬挂我们成为电分相的中性段（一般设计长度 190 m 左右），中性段的长度应配合动车双弓通过时，不至于发生相间短路而设置。正常工作状态下该区段是无电的。在分相的中心柱 D 两侧，距中心柱 10.5 m 处各设置一组绝缘子，保证相邻两锚段的电气绝缘。

2. 电力机车自动过分相运行原理

随着高速铁路的发展，列车通过电分相的时间越来越短，乘务人员手动操作一方面影响行车速度，另一方面不仅耗费司机精力，增加劳动强度，而且过多地分散了司机行车的注意力，行车安全完全依赖于机车司机的注意力和技术水平，没有技术设备保障，对行车安全极为不利，稍有疏忽操作不当，或瞭望不及就会引起拉电弧烧损分相锚段关节甚至造成断线，直接危及设备及行车安全。因此，越来越多的线路采用自动过分相技术来保证弓网系统的安全运行。

目前自动过分相技术的实现方法主要分为：地面自动转换电分相装置、柱上断载自动转换电分相装置和车载断电自动转换电分相装置。其中，我国采用的是车载断电自动转换分相装置。车载断电自动转换电分相装置包括四种设备，分别是地面感应装置（地感器）、车载感应接收装置、主电路设备、控制设备。

车载断电自动过分相如图3.3.4所示，四个地面感应器为钕铁硼永磁体，磁铁一般预制在枕木内部或封装在工程塑料内，然后骑跨式固定在枕木端部，车载感应接收器装在机车两端排障器下方的两侧位置，用于接收地面感应器信号，该装置基本不用维护。

机车运行时，先接收到1#预告信号，控制装置做好断电准备，在机车继续前进时，车载感应装置应收到2#强迫信号，这时，控制装置立即执行断电过分相动作，经过3#恢复信号后，恢复机车正常运行。

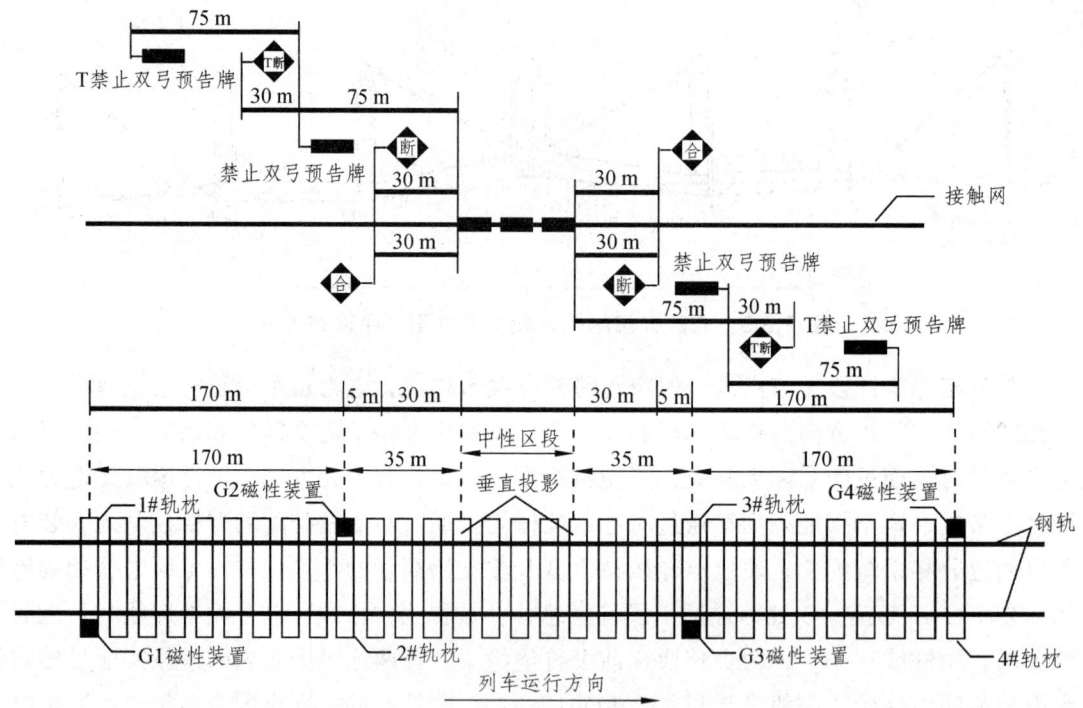

图 3.3.4　自动过分相地面磁感应装置示意图

第四节　张力补偿装置

【教学目标】

（1）了解接触网张力补偿装置的种类、原理；
（2）掌握高速铁路接触网补偿装置的形式；
（3）培养学生对高速铁路接触网张力补偿装置的认知能力。

【相关知识】

张力自动补偿装置安装在锚段的两端,它的作用是补偿线索内的张力变化,使张力保持恒定。补偿装置有滑轮补偿、棘轮补偿、鼓轮补偿、弹簧补偿、液压补偿、气压补偿等几种类型。我国高速接触网采用的主要有滑轮组补偿装置和棘轮补偿装置,在此只介绍滑轮组补偿装置、棘轮补偿装置。

一、铝合金滑轮组自动补偿装置

我国研制的滑轮组补偿装置,大轮直径 300 mm,小轮直径 195 mm,采用三个不同直径的圆轮组成不同变比的滑轮组,适用变比范围大。采用高强度耐腐蚀的铝合金金属模铸造,补偿绳采用不锈钢钢丝绳,连接零件双耳楔形线夹采用铸铝青铜,防腐性能好。基本可达到无维修或少维修,该装置传动效率高,转动灵活(传动效率达 97%以上)。其结构如图 3.4.1 所示。不考虑断线,因而没有断线制动装置,该装置在大秦、京郑线引进采用,反映良好。后在时速 200~250 km 的客运线上广泛采用,我国已经开通的甬台温客运专线就采用了滑轮组补偿装置,效果良好。图 3.4.1 所示为 1∶3 转动比铝合金滑轮自动补偿装置。

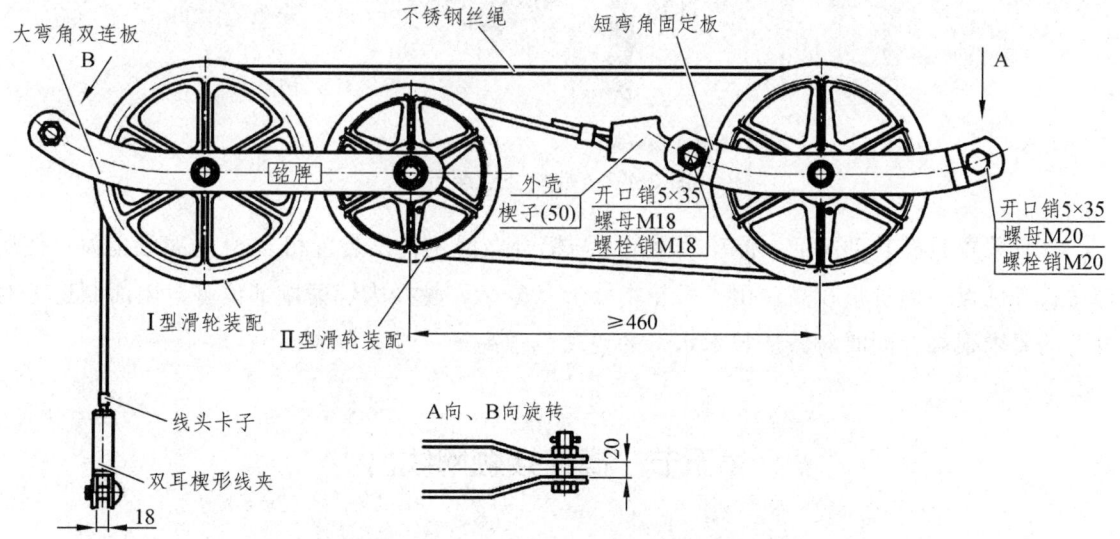

图 3.4.1 1∶3 转动比铝合金滑轮自动补偿装置

二、棘轮补偿装置

随着铁路运行速度的不断提高,对接触网的可靠性要求越来越高,如何在接触网发生故障后缩小事故范围、防止坠砣下落侵入限界、丢失成为新的课题。同时,在隧道内、城市轨道交通地下、车站等处由于受空间限制,无法安装铝合金滑轮补偿装置。为解决这个问题,棘轮装置应运而生。

棘轮补偿装置由棘轮本体、棘轮支架、长螺栓销、制动卡板、补偿绳、平衡轮等组成,如图 3.4.2 所示。棘轮补偿装置工作时，小轮上缠绕的补偿绳连接到平衡轮，并通过绝缘子和接触线或承力索相连；大轮上缠绕的补偿绳连接至坠砣。大轮带有棘齿，棘轮通过长螺栓销安装在棘轮支架上。正常工作状态下，棘齿与制动卡块之间有一定间隙，棘轮可以自由转动；当线索断裂后，棘轮和坠砣在重力作用下下落，棘齿卡在制动卡块上，从而可以有效地缩小事故范围、防止坠砣下落侵入限界、丢失。棘轮装置的最大特点是棘轮与其他工作轮共为一体，棘轮本体大轮直径为 566 mm，小轮直径为 170 mm，传动比为 1∶3，补偿绳为柔性不锈钢丝绳，比普通不锈钢丝绳性能更好，主要优点：一是具有断线制动功能，二是安装空间比铝合金滑轮补偿装置小很多，在时速 300～350 km 的客运线上广泛采用，我国已经开通的京津城际、京沪高铁、武广客专、沪宁城际等高速铁路全部采用棘轮补偿装置。

图 3.4.2　棘轮补偿装置

棘轮装置具有转动灵活、传动效率高（与铝合金滑轮补偿装置相当）、防腐性能好、使用寿命长等优点，但价格较高。由于棘轮本体形状复杂、轮径大、薄壁部位多，因而制造上对设备的要求很高，同时对铸造技术水平的要求也很高。

第五节　高速接触网线岔

【教学目标】

（1）了解高速接触网无交叉线岔的主要特点；
（2）掌握高速接触网无交叉线岔的工作原理；
（3）培养学生对高速接触网无交叉线岔的认知能力。

【相关知识】

接触网的线岔是关系行车安全的关键设备之一，国内外运营经验表明：弓网事故多发生于此。接触网在道岔区的平面布置是否合理直接影响到受电弓的取流安全和质量，如何实现高可靠性的接触网道岔区设计,是提速改造和高速客运专线设计工程实施中应重点研究的内容之一。我国的普通线路上使用的是普通交叉线岔,而在已经开通的武广、京沪、哈大等高速铁路接触网上,与正线形成的道岔上方,大多数都采用高速无交叉线岔,如图3.5.1 所示。

图 3.5.1　高速铁路无交叉线岔

一、无交叉线岔的主要特点

在道岔处,两支悬挂在空间是分开的,不像普通线岔那样有交叉点。相对于交叉式线岔,无交叉线岔的安装调整更困难,安装精度要求更高,但它能够满足高速行车的要求,机车经过线岔时能平稳通过,并有良好的受流特性,硬点不明显,这是交叉式线岔所无法替代的。这种道岔定位由于结构上的特点,能适应多种形状的受电弓。无交叉式线岔理论上可以适应高达 400 km/h 的速度要求,在原理上接近三跨式锚段关节的过渡原理,在平面布置时,充分考虑始触区无线夹的要求,并使两支接触线在始触区范围内尽量位于受电弓中心线的同侧,避免引发钻弓事故。但是无交叉线岔过渡的下锚支在定位点处的转角较大(道岔角),导线水平力偏大,不利于精确定位,尤其是针对 12 号以下的道岔难度较大,因此,无交叉线岔一般用于 18 号以上道岔。下面以 18 号道岔上方的无交叉线岔为例,讲解无交叉线岔的布置及工作原理。

二、无交叉线岔平面及立面布置

1. 平面布置

无交叉线岔平面布置如图 3.5.2 所示。道岔柱 C 在道岔开口方向距离理论岔心不小于 25 m 的位置,现场一般是在线间距 1 320 mm 处。道岔柱 B 设置在靠近岔尖方向距离理论岔心 10~15 m 位置,现场一般位于线间距 120 mm 处。转换柱 A 满足相邻跨距差的要求。在线间距 1 320 mm

定位处两线都往正线方向拉，正线拉出值 150 mm，侧线拉出值 150 mm。在线间距 120 mm 定位处，两线对拉，侧线往正线拉 1 100 mm（对侧线），正线往侧线拉 400 mm（对正线）。

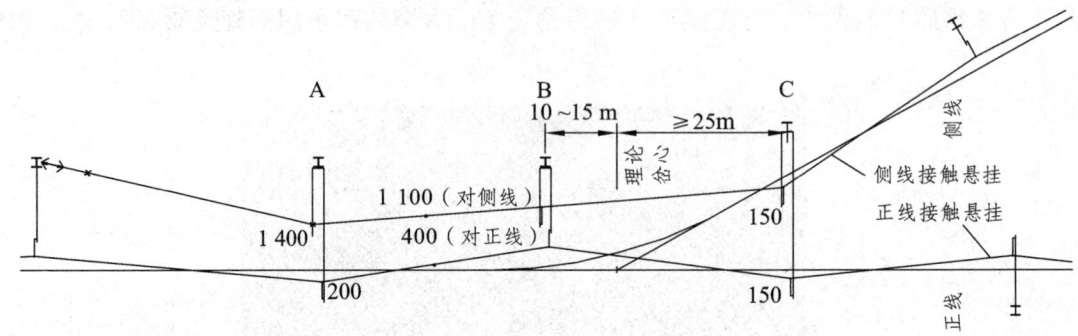

图 3.5.2　无交叉线岔平面布置图

2. 立面布置

A、B、C 三个腕臂均采用双腕臂的悬挂形式，如图 3.5.3 所示。即两个锚段的接触悬挂相互独立，当温度变化时，两支悬挂可独立纵向移动。正线永远是正常导高为 5 300 mm，不设置坡度变化，保障了电力机车以时速 350 km/h 通过道岔的设计目标。侧线在线间距 1 320 mm（支柱 C）处抬高 20 mm，在线间距 120 mm（支柱 B）处定位点抬高 120 mm，在线间距 0（支柱 A）处定位点抬高 500 mm，在支柱 A 至支柱 B，支柱 B 至支柱 C 之间侧线由高到低以抛物线的形式过渡。

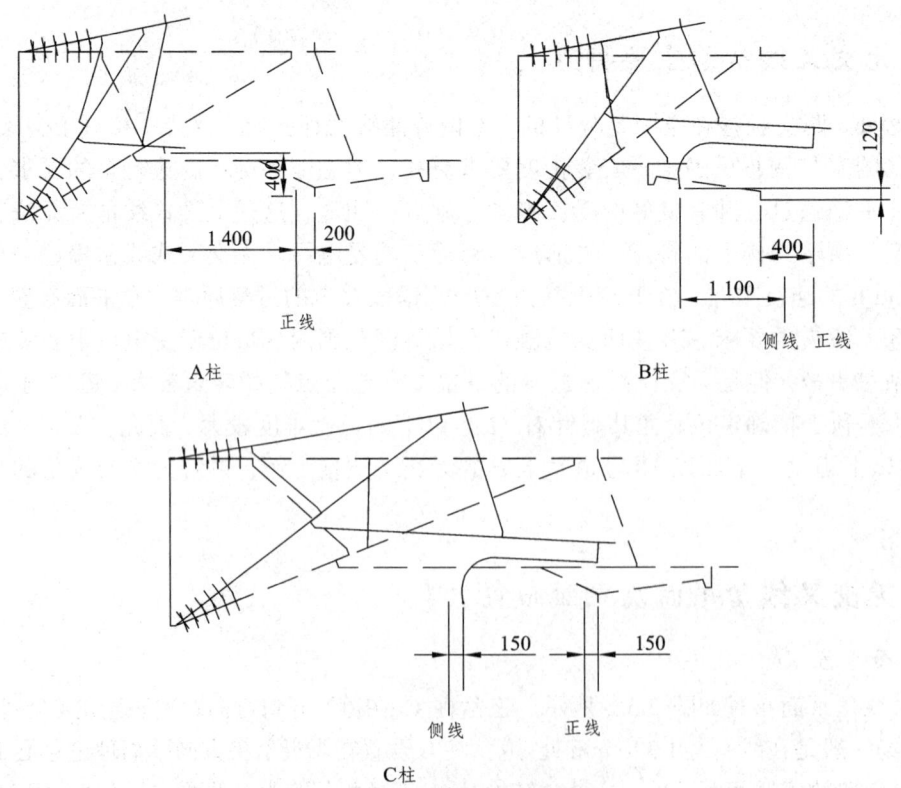

图 3.5.3　无交叉线岔腕臂装配形式

三、交叉吊弦

交叉吊弦指正线承力索在此处悬挂侧线接触线，侧线承力索交叉悬吊正线接触线。交叉吊弦使受电弓在经过线岔时，在两支接触悬挂之间转换更加平滑、顺利，极大地降低了发生钻弓、打弓的可能性。始触区前安装交叉吊弦一组，安装在 550～600 mm 处，正线与侧线上的两根吊弦间距一般为 2 m。其他吊弦与交叉吊弦的间距仍按正常取值，即 6～10 m。交叉吊弦的安装顺序应保证在受电弓从道岔开口方向进入时先接触到的吊弦为侧线承力索和正线接触线之间的吊弦。

现场施工时，各道岔柱的拉出值调整到位后，将接触网激光测量仪放到侧线钢轨上，测量正线接触线对侧线钢轨的拉出值，在拉出值为 580 mm 的位置安装正线承力索和侧线接触线之间的交叉吊弦。距离此吊弦道岔开口方向 2 m 处安装侧线承力索和正线接触线之间的交叉吊弦。为防止接触悬挂受温度影响产生偏移，交叉吊弦采用滑动吊弦。为防止接触线侧载流环发生刮弓事故，将载流环安装在线夹倾斜的反侧。

四、工作原理

1. 受电弓从正线通过

受电弓最外端尺寸的半宽为 625 mm，考虑机车高速运行时受电弓横向摆动量 250 mm，升高后的加宽为 120 mm，所以受电弓在侧线侧最外端可触及的尺寸限界为 625 mm + 250 mm + 120 mm = 995 mm。受电弓在 A 柱处时，侧线接触线距离受电弓中心距离 1 320 mm − 150 mm = 1 170 mm > 995 mm。受电弓在 B 柱处时，侧线接触线距离受电弓中心距离 1 100 mm + 120 mm = 1 220 mm > 995 mm。所以机车从正线高速通过时，由于侧线接触线距离受电弓中心的距离大于受电弓动态包络线范围，因此受电弓永远不接触侧线。

2. 受电弓由侧线进入正线

受电弓由 C 柱向 B 柱方向滑行，正线接触线距离受电弓中心的距离逐渐减小，当减小至 1 050 mm 时开始进入始触区，始触区内侧线比正线接触线抬高，并且受电弓对侧线接触线还有向上的抬升力，所以正线接触线是从受电弓侧面倒角偏下的某一点过渡到受电弓上表面的。随着机车的继续前进，侧线接触线与正线接触线间距增大，当机车驶入正线受电弓够不到侧线接触线时在某一点脱弓，这样，受电弓就顺利地过渡到正线。为保证受电弓爬上正线接触网的安全性，对正线接触线与受电弓的始触点有严格的要求，一般不能低于受电弓侧面高度差的 1/3，考虑为 80 mm 左右。

3. 受电弓由正线进入侧线

受电弓由 B 柱向 C 柱方向滑行，侧线接触线抬高由 120 mm 呈抛物线状逐渐下降，在侧线接触线距离受电弓中心 1 050 mm 时开始进入始触区，但受电弓外侧倒角并未触及接触线，之后随着导高的下降，侧线接触线接触到受电弓的滑板。通过始触区后，随着机车的继续前进，正线接触线与侧线接触线间距增大，当机车受电弓够不到正线接触线时在某一点脱弓，这样，受电弓就顺利地过渡到侧线。

第六节　高速接触网线索

【教学目标】

（1）了解高速接触网接触线、承力索的作用及要求；
（2）掌握高速接触网附加线的类型及作用；
（3）培养学生对高速接触网线索的认知能力。

【相关知识】

一、接触线

接触线是接触网中重要的组成部分，一般制成两侧带沟槽的圆柱状，如图 3.6.1 所示。沟槽是为了便于安装线夹并悬吊固定接触线而又不影响受电弓滑板的滑行取流。接触线下面与受电弓滑板接触的部分呈圆弧状，称为接触线的工作面。接触线通过与电力机车上的受电弓滑板滑动摩擦直接向电力机车输送电流，其性能直接影响高速列车的受流质量和高速列车的安全运行。

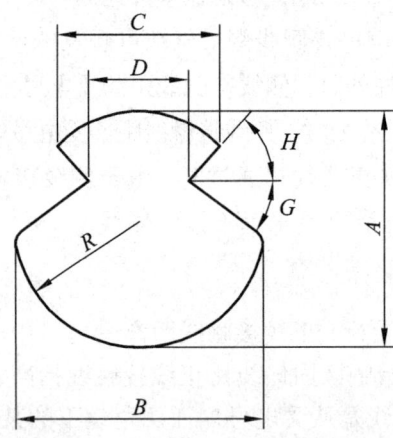

图 3.6.1　接触线截面形状示意图

A—截面高度；B—截面宽度；C—头部宽度；D—沟槽间距；R—圆角半径；H—上斜角；G—下斜角

1. 高速接触网对接触线的要求

（1）力学性能（抗拉强度）高，综合拉断力不小于 40 kN。

接触线的波动传播速度决定了机车的最高运行速度。接触线波动传播速度越高，机车的运行速度也可以越高。接触线的波动传播速度 C 为

$$C=\sqrt{\frac{T}{P}}$$

式中　C——接触线波动传播速度，m/s；
　　　T——接触线张力，N；

P——接触线单位质量,kg/m。

由式中可见,要提高接触线的波动传播速度,就要加大接触线的张力,以保证接触线与受电弓接触时不晃动。为了获得较大的张力,就要求接触线有足够的抗拉强度。

（2）高导电率,良好的受流性,以减少电能损耗。

（3）耐磨性好,接触线的使用寿命不短于20年。

电气化铁路接触线不同于一般的架空输电线,它要在长期承受较大悬挂张力条件下经受机车受电弓滑板的磨耗向机车供电。因此,必须具有良好的耐磨性。

（4）耐热性好,抗软化温度高。

接触线与受电弓高速摩擦产生的火花或大电流都会使接触线局部产生瞬间高温,为了防止过高的温度导致金属接触线软化甚至被拉断造成重大事故,接触线必须具有良好的耐热性。

（5）抗大气腐蚀性能好,这在空气污染严重、温暖潮湿的沿海及工业区尤为重要。

（6）线膨胀系数小,以提高接触网的稳定性。

2. 接触导线型号

根据《电气化铁道用铜及铜合金接触线》（TB/T 2809—2005）中的规定"接触线产品按铜及不同种铜合金材料分类、各类中按截面面积分又有不同的规格。产品型号如图3.6.2表示：

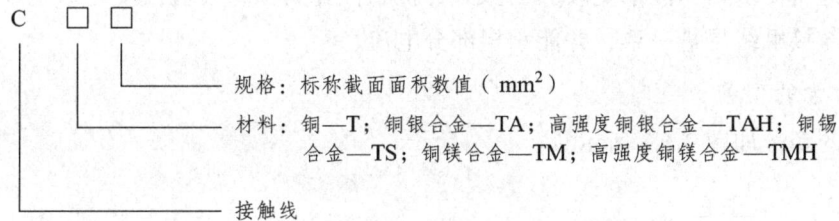

图 3.6.2　接触导线型号表示

示例1：110 mm² 铜接触线为CT110。

示例2：120 mm² 铜银合金接触线为CTA120。

示例3：120 mm² 高强度铜银合金接触线为CTAH120。

示例4：120 mm² 铜镁合金接触线为CTM120。

示例5：150 mm² 高强度铜镁合金接触线为CTMH150。

示例6：150 mm² 铜锡合金接触线为CTS150。

目前国内外有成熟应用经验的接触线主要有铜镁合金接触线和铜锡合金接触线。高速铁路牵引网需要的载流量较大（一般为800～1 200 A）,要求接触线截面面积较大,一般截面面积采用150 mm²。

（1）铜镁合金（CuMg0.5）接触线。

含镁量为0.5%的铜镁合金接触线强度性能、耐磨性能在各种线材中是最好的,在满足波动传播速度达500 km/h 条件下磨耗20%后的安全系数为2.02（按 EN 50119 及 EN 50149 标准计算）,满足《电力牵引架空线路》（IEC 60913）标准。导电性也能满足大部分高速铁路载流要求,不足的是其硬度太高,施工放线过程中易产生难以校直的硬弯,影响弓网受流质量,但是从国外应用情况来看，此缺点在正确的施工工艺指导下也是可以克服的。

（2）铜锡合金（CuSn0.2、CuSn0.4）接触线、铜镁合金（CuMg0.2）接触线。

铜锡合金线（CuSn0.2、CuSn0.4）、铜镁合金（CuMg0.2）接触线两者的硬度、机械性能和电气性能相当，耐磨性能及导电性能都能满足本线高速受流要求，总体性能均较好，不足的是在满足波动传播速度达 500 km/h 条件下磨耗 20%后，的安全系数均仅为 1.79，不能满足《电力牵引架空线路》（IEC60913）标准要求。

为满足牵引网持续载流量要求以及时速在 200 km/h 的速度目标值，采用 150 mm² 当量截面的铜镁合金材质（CuMg0.5）的接触线是合适的。如果维护运营中采用磨耗一定程度时降低接触线张力的方法（比照法国 TGV-A 的使用经验），铜锡合金接触线强度不足的缺点也是可以克服的。经检算磨耗后降低张力，接触线的弛度、拉出值、风偏及抬升量仍在标准控制范围内。因此，在采用铜镁合金接触线有难度时，采用铜锡合金接触线也是可取的。

二、承力索

1. 高速接触网对承力索的要求

承力索通过吊弦将接触线悬吊起来，承力索还可传导部分牵引电流，起着供电的作用。对承力索的选用要求为：能承受较大的张力，抗腐蚀能力强，在温度变化时弛度变化较小，线胀系数应与接触线尽量一致，并能承担部分电流。

2. 承力索的型号

承力索的型号如图 3.6.3 所示。

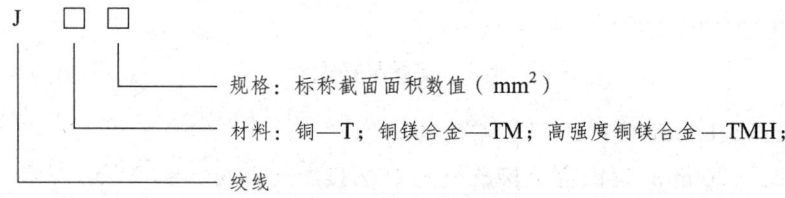

图 3.6.3　承力索的型号表示

示例：标称截面面积为 150 mm² 的铜镁合金绞线表示为 JTMH150；目前国内外有成熟应用经验的承力索主要有：铜镁合金（CuMg0.2）、高强度铜镁合金（CuMg0.5）承力索，截面面积为 120 mm²。

三、接触网附加线索

高速铁路接触网的附加线索主要包括供电线、保护线、正馈线、架空地线等。

1. 供电线（F 线）

供电线又称馈电线（F 线），它是牵引变电所、分区亭、开闭所与接触网连接的线路。其作用是将牵引变电所的电能输送到接触网上，一般送至接触网电分相两侧。

2. 保护线（PW 线）

保护线（PW 线）用于 AT 供电区段，保护线经保护跳线与接触网各绝缘子接地端相连，在各个 AT 自耦变压器的中点处和钢轨连在一起。因此，当绝缘子发生闪络或击穿时，保护线会给短路电流提供一个良好的电气通路，使变电所继电保护装置迅速动作，达到及时反映和排除故障的目的。PW 线的作用非常重要，当正馈线绝缘击穿或闪络时，如果没有 PW 线的存在，支持装置的绝缘子两端将承受 55 kV 电压，可能造成绝缘闪络，最终致使牵引变压器 55 kV 侧短路。

保护线的电压一般为 200～300 V，短路故障时可达 3 000 V 左右。由于保护线不流过牵引电流，只有在发生短路故障时，才有短路电流流过保护线，所以保护线一般采用钢芯铝绞线即可。

在 AT 供电区段，保护线与正馈线、接触网同杆架设，保护线经保护跳线与接触网接地端连接，所以在安装保护跳线时要充分考虑与正馈线之间的距离，防止因跳线与正馈线之间的空气绝缘间距不够，造成放电，烧断正馈线。根据《铁路技术管理规程》规定：接触网带电部分至固定接地物的距离不小于 300 mm，再考虑风造成的线索偏移，保护跳线与正馈线的间距为 360 mm。

3. 正馈线（AF 线）

正馈线用于 AT 供电区段，AT 供电方式的一个特点是有一根与接触网电压相同但反相的正馈线（简称 AF 线），AF 线与 PW 线同时悬挂在支柱田野侧，其线肩架上 PW 线靠支柱侧、AF 线靠田野侧，在停电作业时，AF 线和接触线的地线同时接钢轨，而 PW 线经接地柱接大地。

4. 架空地线（GW 线）

在基本站台或中间站台上，为了人身安全，除设了保护线外，还在支柱顶部架设了一段架空地线（GW 线），架空地线直接固定在支架上，并与钢柱相连。架空地线在站的两侧下锚，在每端各打一个接地极，所以 GW 线的设置可以保证站台上的人身安全，使站台钢柱上有双重保护。架空地线一般用 GJ-50。

复习思考题

1. 对接触网支柱的要求有哪些？
2. H 型钢柱有哪些特点？
3. 高速接触网支持装置有哪些形式？
4. 高速接触网定位装置的组成是什么？
5. 什么是锚段关节？
6. 棘轮补偿装置的组成及特点是什么？
7. 无交叉线岔的主要特点是什么？
8. 说明接触线和承力索型号的表示方法及含义。

第四章 接口工程检查

站前施工为站后预留、预埋附属构筑物，两个以上相关单位所发生的限界就是接口。高速铁路工程建设是一项复杂的系统工程，项目的设计、施工、安装、调试运营，需多方参与协调、多方位推进。接口是前道工序与后道工序的衔接，接口管理是一项多专业、多工种、站前、站后、线上、线下多个方面工程综合在一起按施工先后顺序、不同时机施工作业的系统集成。

接口工程是本体工程自身的需要，接口管理是保障接口工程质量的必要手段。尤其是接触网专业的接口施工，是高速铁路运行可靠保证的关键工程之一，应严格控制各项的施工精度。

第一节 支柱及拉线基础预留检查

【教学目标】

（1）了解高速接触网支柱基础的检查标准；
（2）掌握高速接触网拉线基础的检查标准；
（3）培养学生高速接触网支柱及拉线基础的检查能力。

【相关知识】

为了保证运营时接触网传递电流的质量，接触网必须具备良好的稳定性、理想的弹性及弹性均匀性。因此，接触网距离轨面高度、导线坡度以及弓网动态参数等都对接触网悬挂的质量好坏至关重要，也决定了接触网和受电弓的使用寿命，而这些必须通过精确的施工安装来保证，所以对接触网的施工误差控制是保证接触网工程质量的唯一途径。

高速铁路接触网支柱及基础的受力条件与常规铁路有很大的差别，而且客运专线对车站、站场、线路和整体美观要求很高，这些前提条件都决定了在接触网支持结构设计中，接触网支柱受力分析、选型及基础设计环节都必须与桥、隧、路基、站场、房建等专业密切协作配合，以使接触网支柱构造形式及基础设置能够满足运营当中实际受力要求、施工方便、安装简单，还能够使各专业间在施工实施过程中达到同步及协调统一。

接触网支柱跨距一般为 50 m 左右，可在梁跨的 1/4、3/4 处设置。如需在桥上设置接触网一般支柱基础、预制梁体时，在相应的位置预埋接触网锚固螺栓及加强钢筋，支柱基础混凝土可在梁体吊装到桥位后与电缆槽竖墙一同灌注。如在桥面板设置接触网锚柱，除预埋锚固螺栓及加强钢筋外，还需注意在相应位置设置下锚拉线基础预留钢筋。

【施工要点】

1. 基础型号核对

对照接触网基础预留平面布置图，现场核对基础型号。如果型号不符，及时向土建单位提出并协助制定整改方案。

2. 支柱基础跨距及拉线基础方向核对

接口工程检查人员到达现场后，使用 50 m 钢尺对支柱基础的跨距进行复核，如与设计图不符或偏差超标时，应向土建施工单位提出，由土建施工单位纠正。

对拉线地脚螺栓预埋的方向与设计图核对，如与设计图相反，应向土建施工单位提出，由土建施工单位纠正。

3. 基础限界核对

基础限界一般指基础中心至线路中心的距离。基础限界核对，目的是保证在支柱安装后的支柱限界不小于设计值。高速铁路设计规范中要求无砟轨道区段支柱限界一般不小于 3 000 mm，有砟轨道区段支柱限界不小于 3 100 mm。

基础限界的核对应考虑支柱型号，即支柱横线路方向的宽度，如高铁用 H 型钢柱一般有 GH240、GH280、GHT240、GH300 等型号，其半宽分别为 120 mm、140 mm、135 mm、150 mm。故无砟轨道区段支柱中心距线路中心距离分别为 3 120 mm、3 140 mm、3 150 mm，因此，基础限界应不小于以上数值。

基础限界的测量一般采用 5 m 钢尺测量，测量结果须满足设计要求，如与设计要求偏差超标，应向土建施工单位提出，督促进行整改。

桥梁区段基础限界测量：对于标准箱梁来说，在桥梁架设前，可采用保证基础顺线路后排螺栓（田野侧）距梁边沿距离为 100 mm≤a≤115 mm，如图 4.1.1 所示，但仅为粗略测量，在桥梁架设完成后必须依据站前施工单位的交桩线路中心线复测。

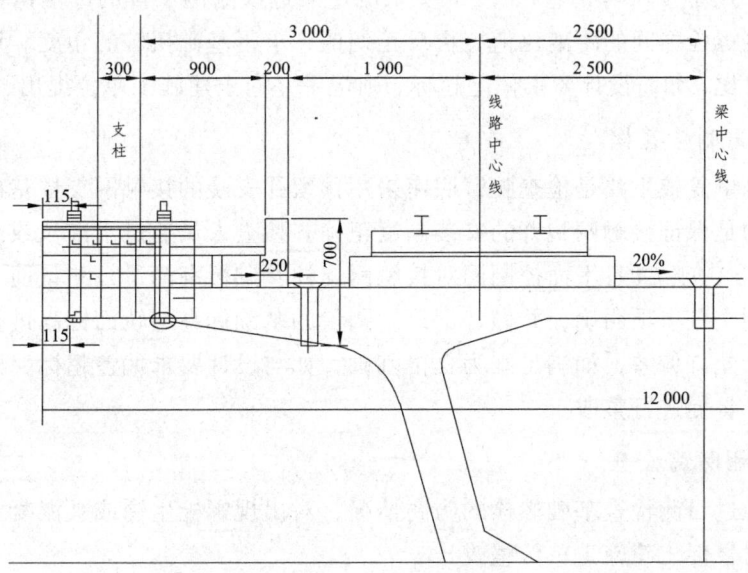

图 4.1.1 桥梁预留基础螺栓限界测量校核（单位：mm）

路基区段基础限界的测量必须在站前单位线路中心桩交接后进行。

4. 预埋螺栓间距及外露测量检查

预埋螺栓间距的测量检查，检查人员可采用 2 m 长钢卷尺或标准螺栓间距模板，对已施工完毕的支柱、拉线基础螺栓间距进行测量，检查是否满足设计要求。钢卷尺测量如图 4.1.2 所示，标准螺栓间距模型板检测如图 4.1.3 所示，如出现测量或检查结果与设计要求偏差超标，则记录并向土建施工单位提出，督促进行整改。

图 4.1.2　钢卷尺测量方法　　　　　　图 4.1.3　模型板测量方法

预埋螺栓外露测量检查，检查人员可采用 2 m 长钢卷尺分别对基础所有的螺栓进行长度测量，将测量结果与设计要求对比，检查是否满足设计要求。如出现测量结果与设计要求偏差超标，则记录并向土建施工单位提出，督促进行整改。

5. 检查基础扭转

检查人员采用丁字尺与钢卷尺（5 m）来测量靠近线路侧一排的两端螺栓。通过求测量值的差值与两端螺栓之间的距离比值，再反正切值，求得基础扭转的角度。计算出的角度与设计要求进行对比，如与设计要求偏差超标，则记录并向土建施工单位提出，督促进行整改。

6. 基础标高测量复核

基础标高测量复核主要是检查腕臂底座采用预留孔安装的接触网支柱基础标高是否符合设计要求，目的是保证接触网腕臂的安装高度正确。检查人员通过水准仪或全站仪，利用站前单位布设的 CPⅡ 或 CPⅢ 平面控制网对接触网支柱基础标高测量，测量前必须与站前施工单位联系，做到交桩事项明确，并做好记录。测量的基础标高与轨面标高进行对比，求得高差是否满足设计允许偏差，如满足则为合格基础，如与设计要求偏差超标，则记录并向土建施工单位提出，督促进行整改。

7. 基础螺栓防腐检查

检查人员通过目测检查基础螺栓的防腐情况，对出现螺栓生锈或被混凝土等污染的现象进行记录，及时督促土建施工单位整改。

8. 基础螺栓保护层检查

检查人员通过钢卷尺对基础螺栓的混凝土保护层进行测量，检查是否满足设计要求，对出现超标严重的予以记录，并及时督促土建施工单位整改。

【技术要求】

（1）支柱基础型号、拉线基础位置、基础限界及螺栓布置均应符合设计要求。

（2）拉线基础预埋位置应符合设计要求，严禁预埋在设计反方向。

（3）支柱基础面应保持水平，螺栓与基础水平面垂直，螺栓顶部偏离垂直位置距离不应大于 1 mm。

（4）基础螺栓顺线路方向应与线路平行，扭面不大于 1.5°。

（5）基础螺栓不应出现锈蚀、弯曲或被沥青、混凝土等污染的现象。

（6）基础螺栓保护层厚度应满足设计要求。

（7）预留接触网基础参数允许偏差见表 4.1.1。

表 4.1.1 预留接触网基础参数允许偏差表

序号	项 目	误差要求
1	螺栓组中心距线路中心线的距离	+50 mm/−0 mm
2	螺栓组中心顺线路方向偏移	±50 mm
3	基础预埋件应牢固可靠，螺栓外露长度及螺纹长度	+10 mm/−0 mm
4	螺栓相邻间距	±1 mm
5	螺栓对角线间距	±1.5 mm
6	预埋钢板应与基础面齐平或略高	+5 mm/−0 mm
7	螺栓应垂直于水平面，每个螺栓的中心偏差在顶端偏移	<1 mm
8	靠近线路侧螺栓连线的法线应垂直线路中心线，一组螺栓的整体扭转	±1.5°
9	基础面至轨面距离（以内轨为标准）；基础面高出路基面距离；基础平台尺寸；预埋钢板尺寸	±5 mm
10	基础断面尺寸；钢筋保护层厚度	+20 mm/−0 mm

第二节 隧道预留槽道检查

【教学目标】

（1）了解高速接触网隧道预留槽道的特点；

（2）掌握高速接触网隧道预留槽道检查标准；

（3）培养学生高速接触网隧道预留槽道的检查能力。

【相关知识】

隧道内接触网悬挂、下锚安装、附加导线悬挂等均采用预埋槽道的方案。如图 4.2.1 所示，预埋槽道预留在隧道二次衬砌内，外漏槽道表面与二次衬砌表面齐平，槽道内部金属体应与二次衬砌内的电气化接地钢筋网可靠连接。由于土建施工单位对接触基础预埋设计标准不是十分清楚，往往造成预埋件误差超过设计要求，甚至遗漏，导致后序吊柱安装困难和返工，且数量较多、难度大，严重影响接触网施工。

图 4.2.1 隧道内补偿下锚用槽道

（1）提前介入，与土建施工单位联系，根据施工单位分布及施工进度，分组配合、指导槽道预埋，需站前提供的滑道检查确认条件：

① 清理出槽道表面的混凝土覆盖层及槽道内部的水泥。
② 做好槽道的标记工作，标出槽道的型号、实际施工里程，便于测量及记录。
③ 如图 4.2.2 所示，标出槽道的测量参照物：隧道中心线、股道中心线。

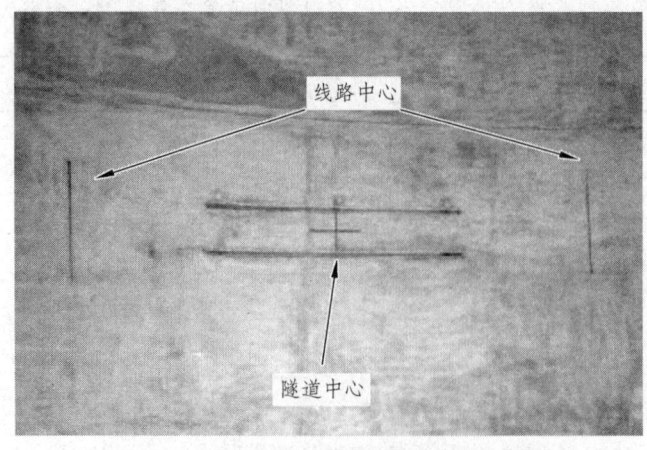

图 4.2.2 槽道中心线与隧道中心线标注

④ 槽道施工单位提供自检表,并由监理签字认可槽道质量合格后,作为移交的基础资料。自检表应涵盖预埋设计图中要求的全部参数,测量数据应与现场相符,如槽道间距应测量左侧间距、右侧间距等。

⑤ 槽道施工单位对存在安全质量隐患的槽道、废弃槽道应做出特别书面说明,现场必须做出不合格品明显标记,防止接收单位误施工。

⑥ 槽道施工单位提供必要的现场测量工具,如测量车平台、游标卡尺、钢卷尺（5 m、50 m）、接地电阻表（测量槽道与综合接地的连接情况）,以便现场确认。

（2）对配合人员进行技术交底,使配合人员熟悉施工图,了解设计原则和技术标准及注意事项。

（3）施工前,应会同站前施工单位对槽道预埋质量进行全面检查,并填写记录表。

【施工要点】

1. 核对跨距

配合人员到达现场后,用 50 m 钢尺对隧道预埋槽道组的跨距进行复核,如与设计图不符或偏差过大时,由土建施工单位纠正。

2. 槽道组类型检查

对预埋槽道组的类型、方向进行核对,如与设计图不符,应向土建单位提出,予以纠正。

3. 槽道组平直度和垂直度检查

测量人员应用丁字尺、线坠及钢卷尺,核对土建施工单位预埋槽道组的平直度和垂直度,如超出验收标准,应向土建单位提出,予以纠正。

4. 核对槽道间距

检查人员登上加高梯车,利用钢卷尺测量槽道组两端和中间处的槽道间距,然后计算平直度或垂直度是否满足设计要求,对于扭曲变形情况应视为不合格,向土建施工单位提出,进行整改。

5. 核对槽道埋深

检查人员登上加高隧道检查平台,利用钢卷尺测量槽道组两端和中间处的槽道埋深是否处于 0～5 mm,如超出此范围,向土建施工单位提出,进行整改。

6. 检查槽道安装空间

检查人员登上加高梯车,利用 T 型螺栓在槽道内滑动,如槽道内各处均能顺利通过,说明满足安装要求,否则向土建施工单位提出,进行整改。

7. 检查槽道安装稳定性

检查人员通过向业主要求,由土建施工单位提供安装记录、监理日志,以及随施工人员到现场等方式进行槽道安装稳定性检查。

8. 检查有无遗漏

对照隧道槽道预留平面布置图，现场核对各类型预留槽道有无遗漏，如发现遗漏，应及时向土建单位提出并上报设计单位，监督土建施工单位整改。

【技术要求】

（1）预留槽道型号、位置符合设计要求。
（2）接触网吊柱预埋槽道组误差为±50 mm；补偿下锚预埋槽道组误差为±50 mm。
（3）同一组槽道内槽道间误差为±2 mm。
（4）所有单个槽道允许嵌入误差（槽道底面与台车模板距离）不大于5 mm。
（5）所有弧形槽道中心线与隧道中心线垂直度误差为±5‰L（L为槽道长度）。
（6）所有直形槽道中心线与线路中心线平行度误差为±5‰L（L为槽道长度）。
（7）补偿下锚槽道组内直形槽道中心线与弧形槽道中心线垂直度误差为±5‰L（L为槽道长度）。
（8）隧道内槽道组间（接触网吊柱跨距）允许施工误差为±500 mm。
（9）槽道与水平或垂直方向的偏斜为±5 mm/1 000 mm，垂直线路位置偏差为±30 mm。

第三节　其他预留预置接口检查

【教学目标】

（1）了解高速接触网其他预留接口的特点；
（2）掌握高速接触网其他预留接口的检查标准；
（3）培养学生高速接触网其他预留接口的检查能力。

【相关知识】

路基过轨管及手孔、桥梁电缆爬架、接地端子，通常由土建单位施工，由于土建施工单位对接触网基础预埋标准和功能要求不清，易造成预留困难且留有后患，该项目预留数量大，工艺控制难度高。因此，必须进行提前介入，配合施工。

【施工要点】

1. 路基过轨管及手孔

（1）核对过轨管材质、管径尺寸是否满足设计要求。对于接触网专业来说，应采用高强度PVC管，管径应能满足接触网单根电缆通过，现场采用5 m钢卷尺对其内径进行测量，检查是否满足接触网设计电缆通过的要求。如果材质、型号不符，及时向土建单位提出并协助制定整改方案。

（2）对照过轨管平面布置图，核对预埋过轨管的处数及每处的数量是否满足接触网的设计需求。如果数量不对，及时向土建单位提出并协助制定整改方案。

（3）核对过轨管手孔位置及尺寸是否满足设计要求。如不满足，及时向土建单位提出并协助制定整改方案。

2. 变电所供电电缆上网预留孔、锯齿槽及爬架槽道

（1）桥梁及桥墩上预留的电缆爬架应在同一侧，并且在上网方向的一侧。如图 4.3.1 所示。

（2）电缆爬架应满足 T 型连接螺栓的匹配性和适应性，即与之配套的 T 型螺栓能够在滑槽内滑动自如。

（3）电缆爬架的预埋数量应满足设计图纸要求。

（4）电缆爬架的预埋深度应满足使用要求，即爬架的端面应与混凝土面平齐，不能出现埋入现象，误差不能大于 5 mm。

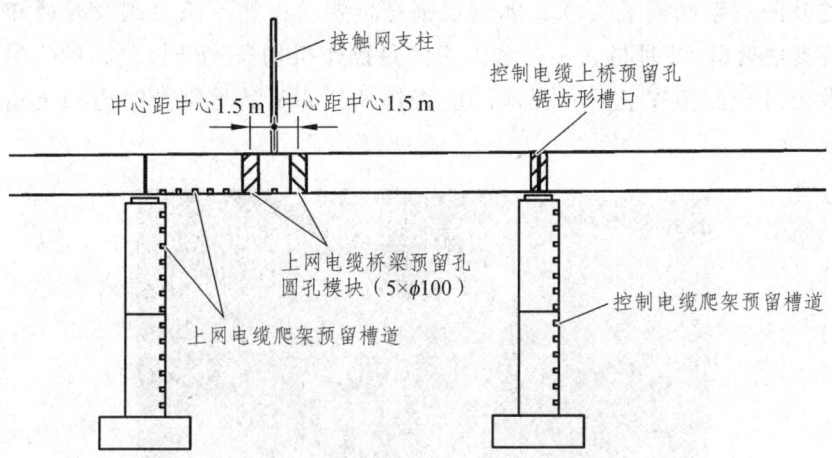

图 4.3.1　电缆上网预留孔、锯齿槽及爬架槽道示意图

3. 接地端子预留

接口工程检查人员到达现场后，应按照基础施工图对预留的接地端子进行核对。

（1）核对接地端子材质及型号是否满足设计图纸要求。

（2）核对接触网基础接地端子预埋端面是否与基础面平齐，不能嵌入基础内。简支梁上接地端子高出电缆槽底 5~10 mm。

（3）核对接地端子的预埋位置以及数量是否满足设计图纸要求。

图 4.3.2　接地端子

4. CPⅢ桩与接触网的冲突检查

CPⅢ桩是土建施工单位为了加密精测网而设置在接触网基础上的混凝土桩,利用预埋在桩顶端的测量点来建立线路的精密基准测量点。CPⅢ桩与接触网的相互影响往往集中在接触网下锚和隔离开关支柱处,如图4.3.3所示。为避免发生冲突,应做到:

(1)对于未施工的CPⅢ桩,接口工程人员应在施工前告知土建施工单位接触网下锚和隔离开关的具体位置,此处最好不要设置CPⅢ桩,以避免土建单位多层次交底,出现误交、错交或漏交,导致施工错误。

(2)对于已经施工完的CPⅢ桩应重点检查,检查CPⅢ桩在下锚支柱基础的位置,如在支柱的拉线侧,则符合要求,如在下锚棘轮侧,应测量桩距支柱的距离,测量数据是否满足下锚坠砣及限制架的安装要求,如满足则符合要求;如不满足则及时通知土建单位整改。检查设备支柱处的CPⅢ桩,一是看能否满足操作机构及光纤控制箱的安装要求;二是看操作机构及光纤控制箱安装后,操作门能否打开,如不满足则及时通知土建单位,督促尽快完成整改。

图4.3.3　CPⅢ桩与接触网的冲突

5. 声屏障与接触网的冲突检查

声屏障一般由土建单位施工,将H型钢柱与声屏障预制板固定在桥梁田野侧的遮掩板上,声屏障与接触网的冲突主要集中在接触网下锚和隔离开关处。为避免发生冲突,应做到:

(1)对于未施工的声屏障,接口工程人员应在施工前告知土建施工单位接触网下锚和隔离开关的具体位置,了解此处声屏障的设计方案,是否已经考虑了避免发生冲突的因素,如考虑了可以做到互不影响,则可以实施。声屏障与接触网的冲突检查如图4.3.4所示。

(2)对于已经施工完的声屏障应重点检查,检查接触网下锚处的声屏障是否与接触网下锚坠砣相互影响,影响坠砣的自由窜动,如不自由窜动,则及时通知土建单位,督促尽快完成整改;检查设备支柱处的声屏障,一是看能否满足操作机构及光纤控制箱的安装要求;二是看操作机构及光纤控制箱安装后,操作手柄能否正常操作,如不能则及时通知土建单位,督促尽快完成整改。

图 4.3.4 声屏障与接触网的冲突检查

6. 车站预留接触网底座检查

车站雨棚柱预留接触网下锚及腕臂底座一般由站房施工单位预留,其预留位置及质量对于接触网安装来说至关重要。如图 4.3.5 所示,检查人员在检查之前应详细核对施工平面图,核对悬挂、下锚类型及位置,根据设计平面布置图,检查接触网预留下锚、中锚、接触网悬挂底座及附加线悬挂底座位置及安装高度是否正确,如位置正确,再次核对底座的焊接质量是否符合图纸要求,是否存在焊接裂纹、气泡及焊接面积等不符合焊接的要求,如不满足则及时通知土建单位,督促尽快完成整改。

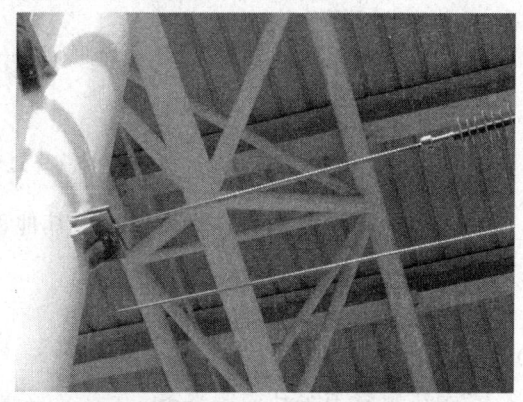

图 4.3.5 车站雨棚柱接触网预留

【技术要求】

1. 路基过轨管及手孔

(1) 接触网预留过轨、手孔中心距接触网支柱基础中心里程 1.5 m 设置,预留里程位置及方向以站前施工图图示为标准。其中变电过轨距离接触网手孔外沿为 0.5 m。过轨管预留平面图如图 4.3.6 所示。

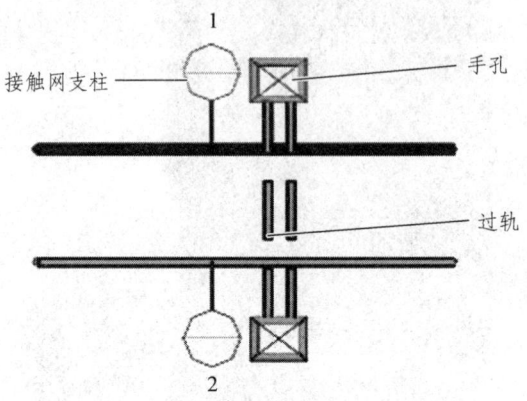

图 4.3.6　过轨管预留平面图

（2）接触网过轨采用高强 PVC 管或波纹管，外包混凝土；过轨管的具体规格、型号及数量根据设计要求确定。

（3）所有过轨管道预埋时，每根管内应预穿 4.0 mm 镀锌铁线 2 根，并在两管头预留 1 m 长，用油麻或软布等封堵管头；同时管头两端穿入电缆槽或手孔（电缆井）。如图 4.3.7 所示。

（4）每处过轨处线路两侧设置手孔，手孔净空尺寸不小于 800 mm 宽（垂直线路方向）× 500 mm 深 × 1000 mm 长（顺线路方向），过轨管直径不小于 80 mm，与手孔连通。

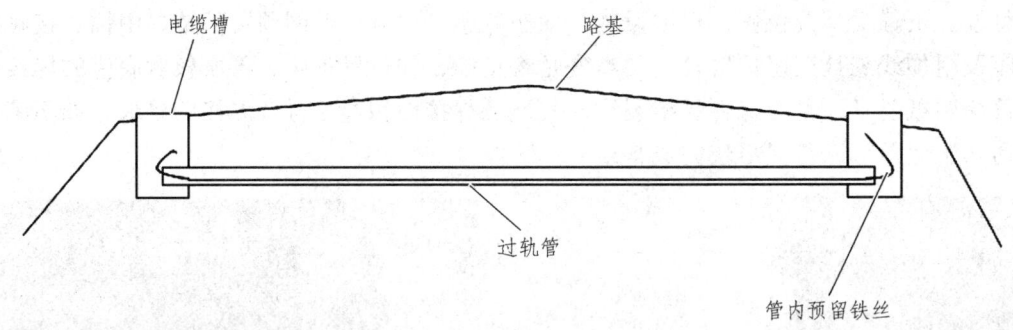

图 4.3.7　过轨管预留立面图

（5）接触网专业预留过轨位置如与其他设施位置有冲突时，请施工单位联系设计单位进行调整。

（6）每处过轨管两端均与手孔连接，手孔尺寸满足设计要求。过轨管底部距手孔底部 10 mm 以上。

（7）过轨管与手孔内壁平齐。

2．变电所供电电缆上网预留孔、锯齿槽及爬架槽道

（1）上网电缆桥上预留孔距离接触网支柱基础应≥1.5 m 设置（5×ϕ100 mm），控制电缆桥上预留孔为梁端设置锯齿形槽口。如图 4.3.8（a）、（b）所示。预留孔和槽口的具体里程位置和规格、型号根据站前施工图标准确定。

（a）预留孔

（b）预留锯齿槽

图 4.3.8　变电所供电电缆上网预留孔、锯齿槽

（2）沿桥墩上下桥的电缆应采用钢槽防护，其中钢槽在地面以下部分埋深不得小于 50 cm，地面以上的电缆槽外部应采用砖围桩防护，围桩高度不得小于 2.0 m。

（3）梁部及墩身预埋槽道应严格保持水平等距，预埋深度要求与混凝土面齐平，不得突出或被混凝土掩盖，槽道内的保护泡沫层不得挖出。

（4）应保证槽道预埋的强度、防腐、美观要求，保证同一高度的两根槽道尽量水平；同时还应保证槽道的使用要求，不能嵌入混凝土，不能扭转、变形等。

3. 接地端子预留

路基地段沿线两侧各设一根贯通地线，位于通信信号电缆槽道外侧内壁正下方的基床底层中，接地极充分利用接触网支柱基础。在施作接触网支柱基础时，沿线路方向起点侧的基础侧面预制接地端子，接地端子的连接钢筋要求与钻孔桩基础结构钢筋或混凝土基础、钢柱基础接地钢筋可靠焊接。

桥梁地段贯通地线敷设在两侧的通信信号电缆槽内，接地极充分利用桥墩基础设置。每片简支梁的大里程端设置接地端子8个，分别设置在线路两侧的电力电缆槽内及电力电缆槽外墙顶部、防撞墙以及桥梁的底部；接地端子均应露出建筑物表面，接地端子螺纹内口必须加以保护防止损坏，不允许被混凝土等杂物堵塞。如图4.3.9所示。

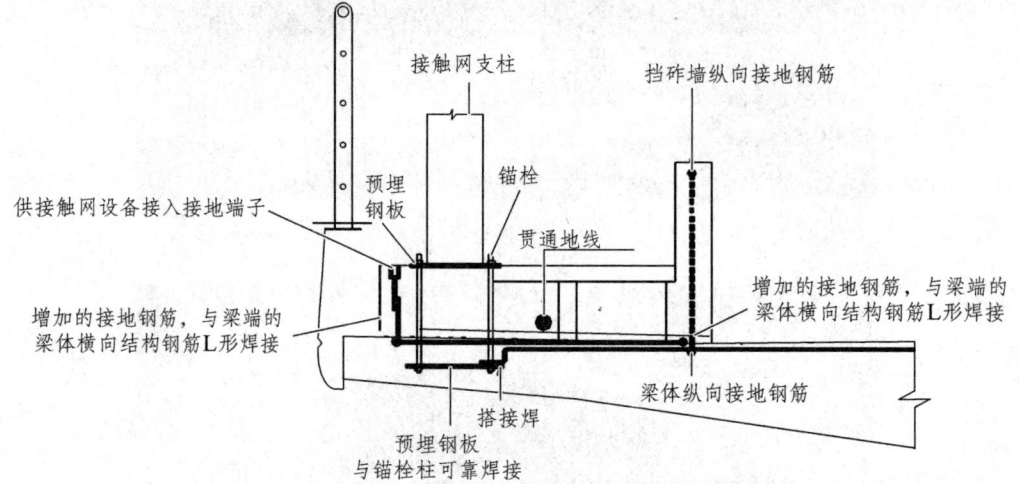

图4.3.9 桥梁区段接触网接地端子平面示意图

复习思考题

1. 高速铁路接触网预留接口都有哪些？
2. 支柱及拉线基础检查的内容有哪些？
3. 隧道预留槽道检查的内容有哪些？

第五章　高速铁路接触网施工

第一节　支柱安装及整正

【教学目标】

（1）了解高速接触网支柱安装及整正的工序流程；
（2）掌握高速接触网支柱安装及整正的施工要点；
（3）培养学生高速接触网支柱安装及整正的能力。

【相关知识】

在接触网中，支柱完成的功能是不相同的，支柱可分为中间柱、转换柱、中心柱、下锚柱、定位柱、道岔柱、软横跨柱、硬横跨柱及桥梁柱等几种。

（1）中间柱广泛用于区间和站场上，承受工作支接触悬挂的垂直负荷和水平负荷。

（2）转换柱位于锚段关节内，承受下锚支和工作支的垂直和水平负荷。

（3）中心柱位于四跨或五跨锚段关节中，承受两组接触悬挂（两组工作支）的垂直负荷和水平负荷。

（4）锚柱位于锚段关节的两端或接触网需要下锚的其他地点，承受顺线路方向的下锚拉力和工作支的重力及水平力。

（5）定位柱主要用于站场道岔后曲线处或其他因拉出值超标需支柱定位的地方，它仅承受接触线水平负荷而不承受接触悬挂的重力负荷。

（6）道岔柱主要用于站场两端道岔处，使线岔定位符合技术要求。

（7）软横跨柱或硬横跨柱主要用于多股道站场，容量要求较大，一般采用钢支柱。各种支柱的安装位置如图 5.1.1 所示。

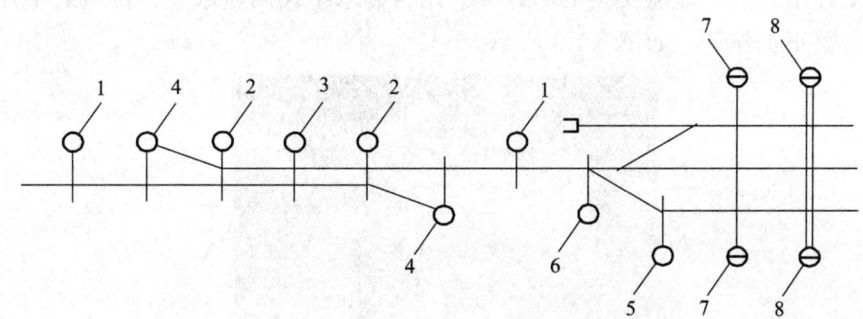

图 5.1.1　支柱分布位置示意图

1—中间柱；2—转换柱；3—中心柱；4—锚柱；5—定位柱；
6—道岔柱；7—软横跨柱；8—硬横跨柱

【施工要点】

1. 基础质量检查

进行支柱吊装前,必须对支柱基础进行全面的质量检查,主要检查的内容:跨距检查、侧面限界检查、螺栓外露长度与防腐质量、螺栓间距检查、基础接地端子预埋质量检查、基础顶面的高程偏差、基础的方位(垂直线路中心,允许误差 2°)。对存在有问题的基础,及时与站前施工单位联系解决,落实整改和处理结果。对无法整改或整改不到位的基础在交接时做好记录。如图 5.1.2 所示。

(a)钢尺测量　　　　　　　　　(b)模型板测量

图 5.1.2　基础质量检查

2. 支柱运输

厂家发货的支柱,由作业队派人引导运货车,就近运送到施工点或附近位置卸货,有条件时可逐根卸到支柱基础附近或桥下,在现场做好验收检查;施工无条件时可集中卸车,再另行组织机械或人力在地面或吊到桥上车辆倒转运支柱,立杆前支柱倒运完成,轨道铺设前采用普通胶轮车倒运支柱,轨道铺设后采用轨行平板车倒运支柱。

3. 支柱外观质量检查

安装产品规格书和技术标准要求,主要检查合格证和检验报告、支柱型号与标识、外观尺寸、预留孔位、挠度与平直度、防腐和表面等质量情况。

4. 螺母预调整

在进行支柱吊装前,提前安装下部螺母,用自制水平尺调整水平,再戴好垫片,以减少支柱安装后的整正工作量。如图 5.1.3 所示。

图 5.1.3　下部螺母预调整

5. 支柱安装

支柱安装前应核对基础型号及支柱型号，作业负责人引导汽车吊到合适位置，打上支腿，同时运杆汽车配合汽车吊运行到位。支柱吊装应采用高强度尼龙吊装带，防止损伤支柱表面漆层及镀锌层。支柱吊装对位时防止碰撞基础螺栓，缓缓下落，防止刮伤螺纹。每个螺栓都戴上主螺母、预紧后，方可收吊臂。如图 5.1.4 所示。

（a）吊车桥上吊装　　　　　　（b）吊车桥下吊装

图 5.1.4　钢柱吊装

6. 支柱整正

先对支柱的纵线路方向和横线路方向斜率进行检查，对不达要求的进行调整。调整时，先松动主螺母，用撬棍抬动支柱，根据斜率，有目的地调整柱底调整螺栓。紧固螺母时，应对角循环紧固，主螺母紧固到标准力矩后，上好锁紧螺母，依次紧固锁紧螺母。柱底调整螺母应至少有一个与基础顶面相接触。施工时应注意支柱法兰盘上下与螺母之间均有垫片。如图 5.1.5 所示。

图 5.1.5　支柱整正

【技术要求】

（1）支柱基础型号、标高、位置、跨距，基础螺栓长度、间距符合接口质量检查标准。

（2）支柱型号、规格与基础型号对应并与设计要求相符。

（3）支柱整正后标高、支柱的纵线路方向和横线路方向斜率符合验标及内控标准。

（4）H 型钢柱端面应与线路平行，支柱扭面允许偏差为 ±2°。

（5）支柱侧面限界应符合设计要求，在任何情况下，严禁侵入基本建筑限界。

（6）支柱安装紧固力矩应符合设计要求。螺母、垫片安装位置、数量符合规定。

第二节　硬横梁安装

【教学目标】

（1）了解高速接触网硬横梁安装的工序流程；

（2）掌握高速接触网硬横梁安装的施工要点；

（3）培养学生高速接触网硬横梁的安装能力。

【相关知识】

钢管式硬横跨有着稳定性好、结构简单、美观等优点，在高速铁路接触网中广泛使用。钢管式硬横跨结构外观如图 5.2.1 所示。

图 5.2.1　钢管式硬横跨

1. 钢管式硬横跨优点

（1）占用空间小，钢管式支柱直径为 350 mm，硬横梁采用直径为 114 mm 的无缝钢管焊接而成，较格构式钢柱的更小。

（2）钢管式硬横跨较格构式硬横跨稳定性更好。

（3）钢管式硬横跨采用法兰盘连接方式，接触面积大，更具稳固性。

（4）结构简单、美观，整体效果更好。

2. 钢管式硬横跨缺点

（1）基础施工和横梁制造精度要求更高。

（2）钢管式硬横跨因无固定支撑点，使得施工和检修人员上下作业不方便，尤其是在雨雪天气，容易发生滑落事故。

3. 钢柱及硬横梁的定制与检验

钢管柱的长度 = 基础面至最高轨平面的高差 + 接触线高度 + 结构高度 + 绝缘距离（承力索与硬横梁之间）。硬横梁的定制主要是测量其长度，为保证其精确性，应使用全站仪测量两个基础中心的水平距离，来确定硬横梁的长度。当钢柱和横梁的参数均测量完毕并检查无误后交予厂家进行制造，保留所交传原件，以便到货后进行对照检验。

硬横跨检验时主要针对以下几点：

（1）镀锌均匀，镀锌层无剥落现象、颜色一致，接头处平整光滑，无锌刺、滴瘤、多余结块等。

（2）整体外观上，无明显弯曲、扭曲现象。

（3）几何尺寸上，按照交予厂家的定制参数进行对照检验，看货物实际参数是否与所给参数相符；若不相符，应及时返厂处理。

【施工要点】

1. 横梁组装

（1）准备所需设备及工器具：吊车一台（汽吊或轨道吊）、吊车用吊装带、力矩扳手若干；钢钎（500 mm 适宜，M20 左右直径，有尖头）若干。

（2）将中、边梁用吊车按照《接触网钢管硬横跨安装构造图》（图号：通化（2008）1401-V）进行选取并按顺序依次摆放好，其主要组合方式见表 5.2.1。

表 5.2.1 硬横梁组合方式

横梁跨度（m）	边梁（m）		中梁（m）	边梁（m）	
15.0~20.0	4.0		6.4~11.4	4.0	
20.1~25.0	6.5		6.4~11.4	6.5	
25.1~30.0	9.0		6.4~11.4	9.0	
30.1~35.0	11.3		6.9~11.8	11.3	
35.1~40.0	6.5	7.3	6.9~11.8	7.3	6.5

（3）当横梁摆放正确之后，进行螺栓连接，用钢钎尖头插入侧面螺栓孔内搬动，待顶部螺栓孔对齐之后穿入螺栓，戴好垫片和螺帽拧紧，照此法再戴一颗相邻的螺栓。

（4）穿入吊装带，用吊车将较重横梁的上弦钢管起吊至较轻的段稍离地面，这样其他螺栓基本就相互对齐到位，若有偏差，用钢钎插入其中一孔内进行调整，这样既快又省力。

（5）用此方法将其余螺栓均穿入，紧固力矩按照标准值进行（注：M20 螺栓的安装紧固力矩为 280 N·m）。

2. 钢柱安装

钢柱组立前应先将基础面和螺栓清理干净，将螺帽带上，由上至下转一遍、打油处理，用钢卷尺再检查一遍螺栓间距是否在误差范围之内，若有偏差，看是否和钢柱定制时测量的一样。若无问题后便进行钢柱组立，用吊车将钢柱的顶部套好，吊至基础面上，尽量将支柱推至垂直状态对准螺栓之后再降落，这样不易损坏螺栓，立好之后带上螺帽以稳定钢柱。如图 5.2.2 所示。

图 5.2.2　钢柱安装

3. 横梁安装

（1）确认钢柱的底盘螺栓已戴好，并留有一定的松动空间，以便横梁与钢柱对接时有一定的调整空间，确保安装到位。

（2）进行整根的吊装，吊装时选择合适的起吊点，保证横梁处于水平位置起吊，当横梁跨度太大时，采用辅助梁起吊。

（3）将横梁吊至法兰盘的位置时，先配合单边一组人员将一边对接好，戴上一部分螺帽，再对接另一端。两边均对接完后，再将所有螺栓紧固力矩紧固到位，整组硬横梁安装完成。如图 5.2.3 所示。

图 5.2.3　横梁安装

【技术要求】

（1）横梁支柱顺、横线路方向均应直立，施工允许倾斜度为 2 mm/m。

（2）支柱中心线与横梁纵向中心线应重合，且支柱中心连线与线路正线垂直，施工允许偏差不应大于 1.5°。

（3）横梁安装后，横梁下缘距最高轨面距离应符合设计要求，施工允许偏差为 $^{+100}_{-0}$ mm。

（4）硬横梁表面镀锌层应完整无损，如有破坏，应通知厂家到现场进行处理。

第三节　硬横梁吊柱安装

【教学目标】

（1）了解高速接触网硬横梁吊柱的工序流程；

（2）掌握高速接触网硬横梁吊柱的施工要点；

（3）培养学生高速接触网硬横梁吊柱的安装能力。

【相关知识】

在硬横梁上安装吊柱用以支撑腕臂，如图 5.3.1 所示。因考虑到腕臂上定位装置的安装与吊柱相邻股道上腕臂反定位的安装，对吊柱的安装限界及线间距有一定的要求：

图 5.3.1　硬横梁吊柱

一般情况下正线上吊柱的限界为 2.3 m，站线吊柱的限界直线为 2.2 m，曲线区段为 2.3 m。根据上述要求，安装吊柱的两线间距离应满足要求，即：正线与站线间的距离一般不小于 4.6 m，邻侧为道岔柱时不小于 5.0 m；站线与站线间的距离一般不小于 4.2 m，邻侧为道岔柱时不小于 4.6 m。

【施工要点】

1. 测 量

（1）先与车站联系，确定封闭股道和封闭点。司机听从值班员指挥，启动作业车进入安装地点。

（2）施工负责人指挥作业车对位，升作业台，测量人员系安全带，扶起作业凳上到横梁上，系好安全带，作业车移出。

（3）如图 5.3.2 所示。测量人员用激光测量仪测出线路中心线，横梁测量人员在横梁下缘做上标记 A，测量人员测出横梁下缘至轨面距离（H），负责人做好记录。

（4）作业车返回，旋转作业平台（向安装侧），作业平台测量人员将钢尺给横梁测量人员，根据负责人计算出的数据从线路中心（A）向安装侧测出吊柱安装中心（B），并在横梁上做好标记。测量人员用钢尺再从中心线放出横梁上下弦杆连接螺栓安装位置 C、D，并做出标记，负责人做好吊柱中心距股道中心距离记录。

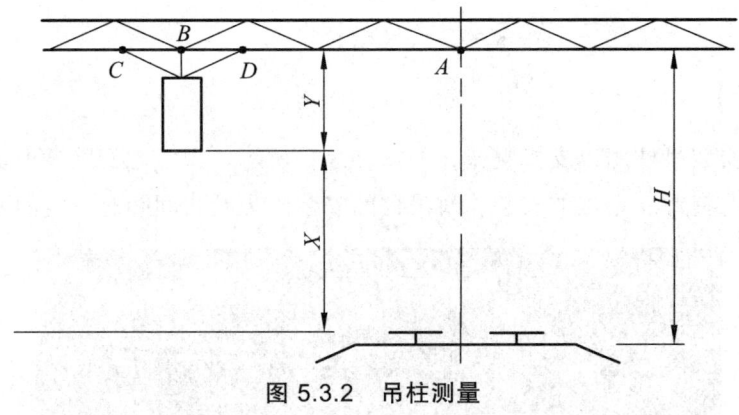

图 5.3.2 吊柱测量

（5）重复上述程序测量另一吊柱安装位置。

2. 腕臂底座高度计算

（1）根据平面图及现场测量数据计算确定吊柱长度及上、下底座安装位置。

（2）编制吊柱长度及腕臂预配表。

3. 预 配

（1）根据平面图和安装图，将安装的吊柱及连接件配套，并编号标识。

（2）提前将施工机具及预配成套的吊柱全部装在作业车上。

4. 安装上、下弦杆

（1）施工人员在封闭点前全部上到作业车上。

（2）封闭线路后，作业车司机听从值班员指挥启动作业车，到达安装地点，施工负责人指挥作业车对位，升作业台，作业人员上作业平台，扶起作业凳，两安装人员系安全带，爬上横梁，上到安装位置，系好安全带。

（3）在合适位置挂好尼龙套和滑轮，穿大绳，将上下弦杆及连接螺栓吊上，安装人员按测量好的安装位置连接螺栓，作业车上作业人员上作业凳配合，安装上、下弦杆。用梅花扳手逐个拧紧并达标。

5. 安装吊柱

（1）横梁上作业人员，将小滑轮组挂在尼龙套上，作业车上人员配合将吊柱吊起。如图5.3.3所示。

图 5.3.3　吊柱安装

（2）横梁上作业人员按测量标记对孔位，并安装连接螺栓，用梅花扳手预拧紧。

（3）作业车上作业人员，用支柱斜率测量仪检测吊柱垂直度，调整采用在吊柱底部与下部固定弦杆之间加镀锌薄垫片的方法。

（4）吊柱垂直度达标后，将吊柱与下部固定弦杆连接螺栓拧紧，并用力矩扳手检测达标。

（5）按上述程序进行下一处吊柱安装作业。

【技术要求】

（1）腕臂上、下底座位置根据设计图定位。

（2）吊柱长度以测量计算值为准。

（3）吊柱腕臂安装后应在《铁路技术管理规程》建筑限界以外，严禁侵限。

（4）如安装上下弦杆连接螺栓位置有结节无法安装时，可向站线侧适当移位。

（5）施工负责人将吊柱安装的位置及垂直度如实记录，并将其交给腕臂计算人员，作为吊柱腕臂计算的依据。

（6）连接螺栓从下向上穿，紧固力矩应符合设计要求。

（7）调节吊柱垂直度的垫片应镀锌。严禁使用未镀锌垫片。

第四节　隧道内吊柱安装

【教学目标】

（1）了解高速接触网隧道内吊柱安装的工序流程；
（2）掌握高速接触网隧道内吊柱安装的施工要点；
（3）培养学生高速接触网隧道内吊柱的安装能力。

【相关知识】

目前高速铁路接触网隧道内吊柱安装固定，基本采用以下两种固定方式：一是隧道二次衬砌混凝土内预埋槽道螺栓固定；二是外置槽道螺栓固定。如图 5.4.1 所示。

（a）预埋槽道螺栓固定　　　　　　　　（b）外置槽道螺栓固定

图 5.4.1　隧道内吊柱的安装

1. 预埋槽道螺栓固定

预埋槽道随隧道土建工程同步开工预埋。槽道背面焊接有锚钉，2 根槽道通过扁钢平行焊接在一起形成隧道内接触网槽道式基础，两槽道间距同吊柱底座螺栓孔一致，如图 5.4.2（a）所示。槽道的弧度按照隧道内衬砌曲面半径加工，预埋后与衬砌表面平齐，如图 5.4.2（b）所示。与槽道式基础配套使用的是 T 型螺栓，具有防止松动的设计，在隧道吊柱安装前，将 T 型螺栓顺着开槽方向插入槽道后旋转 90°即卡在槽内。

 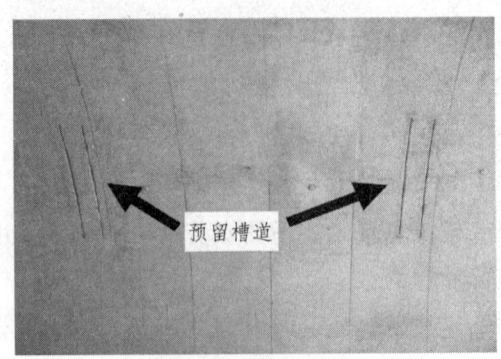

（a）预埋前的槽道　　　　　　　　（b）预埋后的槽道

图 5.4.2　隧道内槽道预埋

2. 外置槽道螺栓固定

土建隧道二次衬砌施工完工后,由站后单位在隧道壁上开孔后置锚栓安装槽道固定。一般槽道固定在隧道顶部,固定螺栓较多,隧道二次衬砌开孔中容易撞上钢筋,造成后置螺栓空位偏斜或使固定点混凝土松动,开孔难度较大;在高速行车下隧道风洞效应比较明显,有可能使松动的混凝土块脱落形成隐患;外置槽道不能有效地接入综合接地系统。

【施工要点】

1. 施工准备

(1) 需站前提供的滑道检查确认条件。

① 清理出槽道表面的混凝土覆盖层及槽道内部的水泥。

② 做好槽道的标记工作,标出槽道的型号、实际施工里程,便于测量及记录。

③ 标出槽道的测量参照物:隧道中心线、股道中心线。如图 5.4.3 所示。

④ 槽道施工单位提供自检表,并由监理签字认可槽道质量合格后,作为移交的基础资料。自检表应涵盖预埋设计图中要求的全部参数,测量数据应与现场相符,如槽道间距应测量左侧间距、右侧间距等。

⑤ 槽道施工单位对存在安全质量隐患的槽道、废弃槽道应做出特别书面说明,现场必须做出不合格品明显标记,防止接收单位误施工。

⑥ 槽道施工单位提供必要的现场测量工具如测量车平台、游标卡尺、钢卷尺(5 m、50 m)、接地电阻表(测量槽道与综合接地的联结情况),以便现场确认。

(2) 施工前,应会同站前施工单位,对槽道预埋质量进行全面检查。

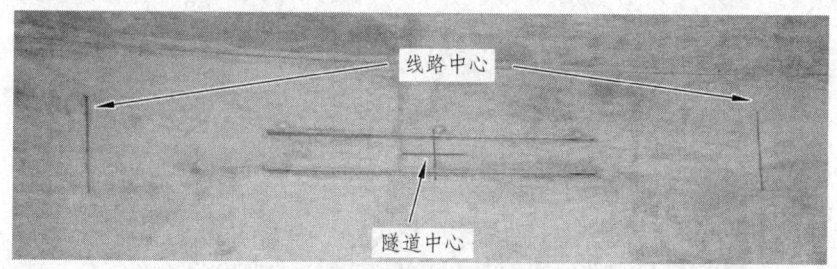

图 5.4.3 槽道预埋位置

2. 吊柱安装

① 组装作业台或采用升降台:先在要安装吊柱的槽道位置处将作业台组装,作业台顶踏面高 8.7 m。

② 测量安装位置:由两作业人员上作业台,放下线坠并垂吊,地面人员与之配合,测量吊柱限界,台上人员移动线坠,当与限界一致时,用记号笔做记号,再根据吊柱顶端法兰宽度,画出法兰盘前后两边沿的位置,并剔出槽道内的填充物。

③ 两台上作业人员用钢卷尺和水平尺相互配合测量两边沿线的高差(标准吊柱顶法兰盘倾斜 3.5°,高差应为 31 mm),以确定垫片的厚度及位置(每垫 1 mm 约引起吊柱下端水平方向偏移 9 mm)。

④ 在距吊柱法兰边外 100 mm 处，对角位置各安装一套转向滑轮悬吊支点（吊柱支撑固定板），并拧紧 T 型螺栓，穿入钢丝套，并挂上 1.5 T 闭口大滑轮，放入棕绳，棕绳两端垂地。如图 5.4.4 所示。

图 5.4.4　安装滑轮

⑤ 地面人员在距吊柱顶端 1 200 mm 处，将吊柱支撑 U 型螺栓临时固定，紧贴其下，用两根钢丝套分别捆绑，将两根棕绳各一端系牢在钢丝套上，T 型螺栓临时松弛装在法兰盘上。

⑥ 辅助人员分成两组，各牵引棕绳的另一端，同时牵接棕绳，缓缓将吊柱提起。如图 5.4.5 所示。

图 5.4.5　吊柱起吊

⑦ 吊柱升高到位后，作业台人员与地面人员相互配合，将吊柱对到安装位置，作业台上人员将 T 型螺栓逐个插入槽道内，并旋转 90°，并预拧紧 T 型螺栓。

3. 吊柱整正

测量吊柱的斜率及限界值，如不合格，还需卸下吊柱，重新更换调整垫片厚度或调整限界值，再安装吊柱，合格则记录斜率值，并继续拧紧螺母，达到紧固力矩值至 120 N·m。

安装吊柱支撑,并使支撑处于受拉状态,并将各螺栓拧至额定紧固力矩,取下棕绳、闭口滑轮、转向滑轮悬吊支点。

【技术要求】

1. 槽道验收标准

槽道面嵌入隧道二衬壁深度≤5 mm,同组槽道应平行,间距偏差±5 mm,与水平或垂直方向的偏斜±5 mm/1 000 mm,垂直线路位置偏差±30 mm。

2. T型螺栓安装标准

① 移动T型螺栓找到槽道口后,旋转T型螺栓,使T头长度方向与槽口纵向一致并插入槽底部,沿顺时针方向旋转90°,锁紧螺母扭紧力矩为120 N·m。
② 安装完毕检验螺栓,螺栓头部标志槽应与槽道垂直。
③ 根据现场实际情况加装斜垫片、锥面垫圈、球形垫圈。
④ T型螺栓距槽道端部最小距离为25 mm。

3. 吊柱安装技术要求

(1) 吊柱的进场验收质量应符合下列要求:
① 规格、型号应符合设计要求,质量应符合相关技术标准的规定。
② 表面光滑,无裂纹、伤痕、砂眼、气泡等缺陷。
③ 焊接处焊缝牢靠、均匀平滑,无裂纹、无虚焊。
④ 锌层应与金属基体结合牢固,镀锌层均匀,没有剥落、起皮、漏镀、锈蚀现象。
⑤ 吊柱法兰盘应符合设计要求,其螺栓孔间距允许偏差为±2 mm。
(2) 吊柱型号、规格及安装位置应符合设计要求。
(3) 吊柱固定螺栓应配双螺帽,拧紧螺帽后螺栓外露长度不小于30 mm。各种连接螺栓紧固力矩符合设计要求。
(4) 调整吊柱应采用厚度不等的镀锌钢材质圆形或U型垫片,使用数量不得超过2片。
(5) 吊柱受力后横、顺线路方向应垂直,倾斜度不得大于1°。

第五节 腕臂预配

【教学目标】

(1) 了解高速接触网腕臂预配的工序流程;
(2) 掌握高速接触网腕臂预配的施工要点;
(3) 培养学生高速接触网腕臂预配的能力。

【相关知识】

腕臂预配是高速铁路接触网建设的重要环节,高速铁路接触网工程的零部件多数不可反复拆装,在准确的计算后,腕臂支撑装置必须一次精确组装到位,受现场高空等条件制约,要保证质量和效率就必须采取提前地面批量预制的模式,预制的质量直接决定了接触网最终的施工质量,精确预配可减少现场调整工作,提高工作效率,确保一次安装到位。

我国高速铁路接触网的腕臂预配一般实行工厂化、标准化管理,预配车间应设立规范的材料堆放、测量划线、切割、打眼、吊弦、腕臂组装、斜拉线预制、成品检测、包装等区域。车间成立标准化建设小组,明确工班长、技术员、安质员、车间主任职责,通过加强标准化管理,保证员工规范操作,确保产品质量。

【施工要点】

1. 提料

预制组根据腕臂预配表从库房领取腕臂管、套管单耳、双套筒连接器、承力索座、管帽、定位器、支撑管双耳套筒、定位管双耳套筒、定位支座、防风拉线、定位管斜拉线、压接管、线鼻子等材料,并进行外观检查和型号数量确认,严禁使用不合格品。

2. 下料

根据腕臂预制表,在作业台上用钢卷尺测量出平、斜腕臂,定位管及腕臂支撑的下料长度,并用划线笔在管上做标识。将腕臂管、定位管及腕臂支撑管用卡具卡紧,用切割机切取预配所需用料(见图 5.5.1),断面应整齐且与本体垂直。

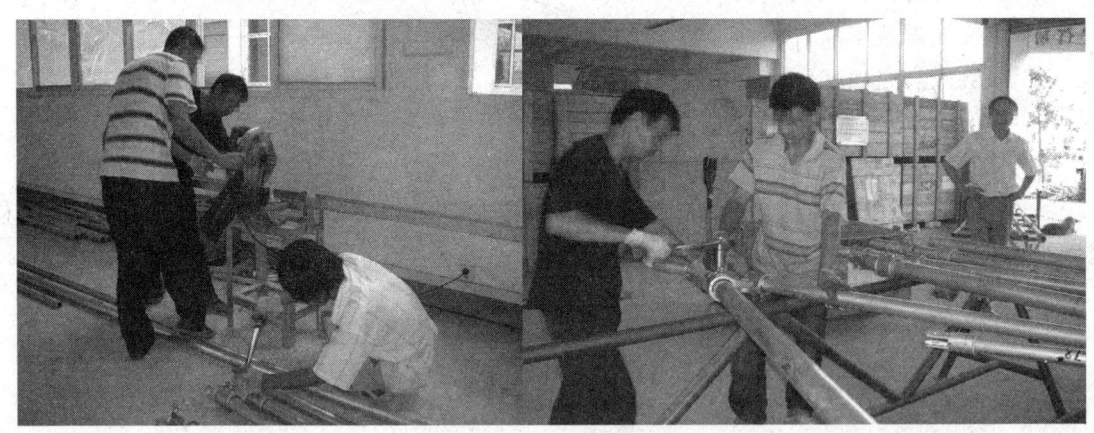

图 5.5.1 腕臂预配

3. 钻孔打眼

由于平腕臂与棒瓷连接均采用两套平压板带销钉孔的通孔形式,因此,需要在平腕臂管与棒瓷连接端打一通孔,孔径为 18 mm,孔中心到腕臂管边缘的距离为 42 mm。

4. 预配腕臂

按支柱装配预制表尺寸,在斜腕臂上用钢卷尺测量出双套管连接器位置、定位环和安装腕臂支撑的套管单耳安装位置,用划笔划线标识。戴好定位环和套管单耳等连接螺栓处止动垫片,再用梅花扳手拧紧定位环和套管单耳的连接螺栓及斜腕臂的双耳终端线夹,并用力矩扳手检测达标,把止动垫片煨到位。

按支柱装配预制表尺寸，在平腕臂上用钢卷尺测量出安装腕臂支撑和平、斜腕臂连接的双套筒连接器及承力索支撑线夹的安装位置，用划笔划线标识。戴好连接螺栓处的止动垫片，再用梅花扳手拧紧其连接螺栓，并用力矩扳手检测达标。把止动垫片煨到位，戴上平腕臂管帽。

5. 预配组合定位装置

（1）在安装好双耳套筒的定位管上，按计算长度，用钢卷尺测出安装定位器支座、吊线的钩头定位管卡子和安装防风拉线的55型环头卡子安装位置，并用划笔划线标识。

（2）从另一头穿入限位支座线夹，定位管拉线用钩头定位管卡子及55型环头卡子，并按设计要求安装在各自位置，用梅花扳手拧紧其连接螺栓，并用力矩扳手检测达标。把止动垫片煨到位。安装好管帽。

（3）把定位管和定位器连接在一起，用$\phi 2.0$ mm铁线捆扎在一起，在定位管上标记安装的支柱号。（正定位可与腕臂捆在一起）

（4）把定位支座与定位器的电连接，固定一端在定位支座，另一端待正式安装时再进行连接。

6. 加工防风拉线和定位管斜拉线

（1）在防风拉线预制平台上，按平台上的刻度测量、下料。

（2）用煨弯器将不锈钢线两头煨成规定的环（见图5.5.2）。

（3）长环穿进定位环后，把一钢制圆环套进长环的回头，然后用钳子将回头煨成圆弧形。

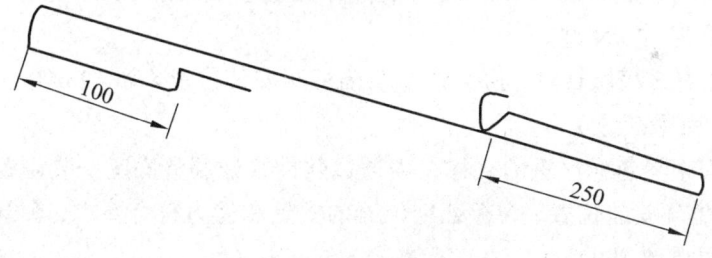

图5.5.2 防风拉线

（4）定位管吊线的钢丝绳长度为计算长度（需由现场定位调整后测量验证）再加两头回头的长度，量出后，标出断点，在断点两边绑缠胶带，以防散股，用切割机切断不锈钢绳。两头先将压接管套入，再将心形护环套入回头内，用力拉线头，按设计长度测量总长度并确认，用压接钳先压好一头压接管（每个压接管压两个坑），复测一次后，再压接第二个压接管，完成后将两线头压好线鼻子，全部结束后加贴上安装支柱号予以标识。

7. 组　装

（1）把定位管腕臂支撑杆、定位器及定位管吊线用$\phi 2.0$ mm铁线捆扎好。

（2）把平、斜腕臂用$\phi 2.0$ mm铁线捆扎成一整体。以锚段为单位整理、标识并标明支柱号。

（3）用塑料袋和草袋绑扎好绝缘子，与腕臂分开存放，安装腕臂时一起领取，现场安装前再与腕臂连接，以便运输，使绝缘子不易损坏。

【技术要求】

（1）支柱装配的预配应采用专用预配台具进行。

（2）定位管吊线固定钩，背向斜拉线安装，即正定位时朝向支柱，反定位时反向支柱，安装位置如下：

① 中间柱和以下未经提到的安装类型的定位管钩，正定位方式安装时在距导线定位线夹支柱侧 400 mm 处，反定位方式安装时在距导线定位线夹线路侧 400 mm 处。

② 非绝缘关节时：可以调节吊线固定钩的位置，以保障腕臂偏移时，定位管吊线不与另一支承（导）线相磨。

③ 绝缘关节时：应较核斜拉线与另一支承（导）线的绝缘距离，必要时可调整定位管钩位置。

⑤ 道岔定位支柱装配按图纸要求。个别情况可视实际情况而定。

（3）防风拉线环距定位器头 600 mm。防风拉线环的 U 型螺栓穿向补偿下锚方向（以中心锚结为界），与水平向上呈 45°状态。防风拉线与定位器连接处钩与双线处于同一平面内。采用钢制圆环套进长环回头。

（4）定位管吊线（ϕ6 mm 不锈钢丝绳）两端均加装鸡心环，采用压接方法固定，线头上压接线鼻子，与载流吊弦预制相同。

（5）组合承力索座下悬挂定位管吊线的钩型线夹缺口，正定位朝远离支柱侧，反定位朝支柱侧。

（6）关节内（两线或三线并行段）支柱装配棒式绝缘子采用 16 kN 型；关节外的支柱（含接触悬挂锚柱）采用 12 kN 型。

（7）同一支柱有多根腕臂时，应腕臂上明确标明安装位置（如 123#有三根腕臂可用 123-北、123-中、123-南来区分）。

（8）对于侧面限界超标严重的支柱，需通过软件验证调整底座安装位置（预留孔位已预先考虑），保证定位环安装位置。为保证定位器的安装和受力符合要求，套管绞环偏离承力索座的距离最大可调整到 500 mm。

（9）预配的各项长度尺寸偏差不应大于 3 mm。预配完毕后，应进行复测，未达标应重新预配。

（10）各零件的紧固力矩要达到要求，顶紧螺栓顶端为圆形杯口状，是确保安装稳定的重要部件，不得用其他零件替代，确保紧固力矩值 75 N·m。

第六节　腕臂安装

【教学目标】

（1）了解高速接触网腕臂安装的工序流程；

（2）掌握高速接触网腕臂安装的施工要点；

（3）培养学生高速接触网腕臂的安装能力。

【相关知识】

高速铁路接触网腕臂装配结构如图 5.6.1～5.6.6 所示。

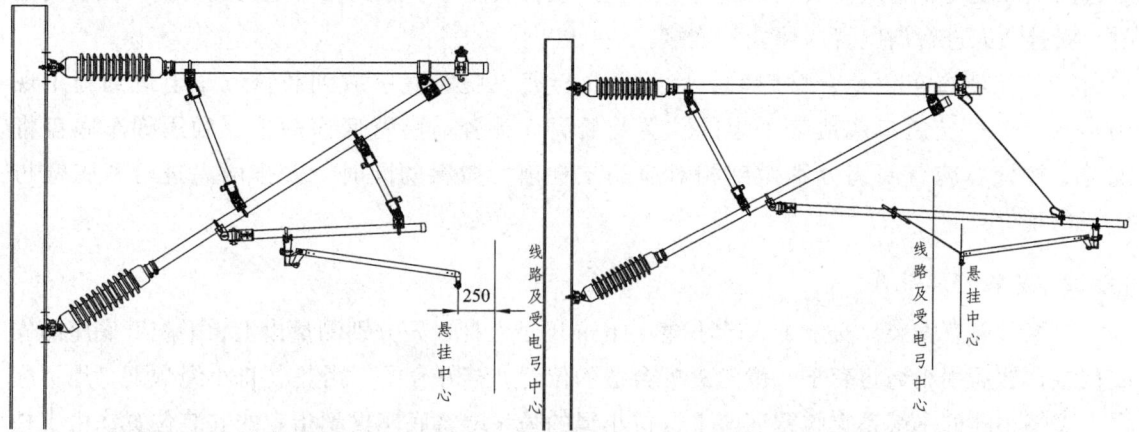

图 5.6.1　中间柱正定位装配图　　　　　图 5.6.2　中间柱反定位装配图

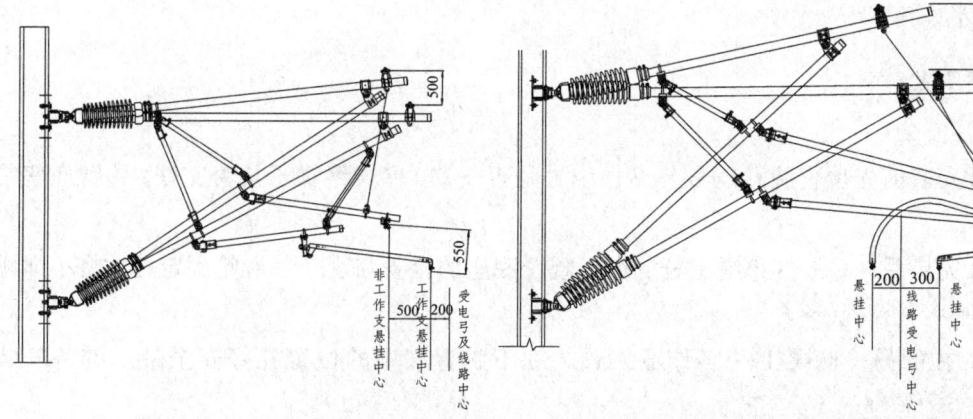

图 5.6.3　四跨绝缘锚段关节转换柱装配图　　图 5.6.4　四跨绝缘锚段关节中心柱装配图

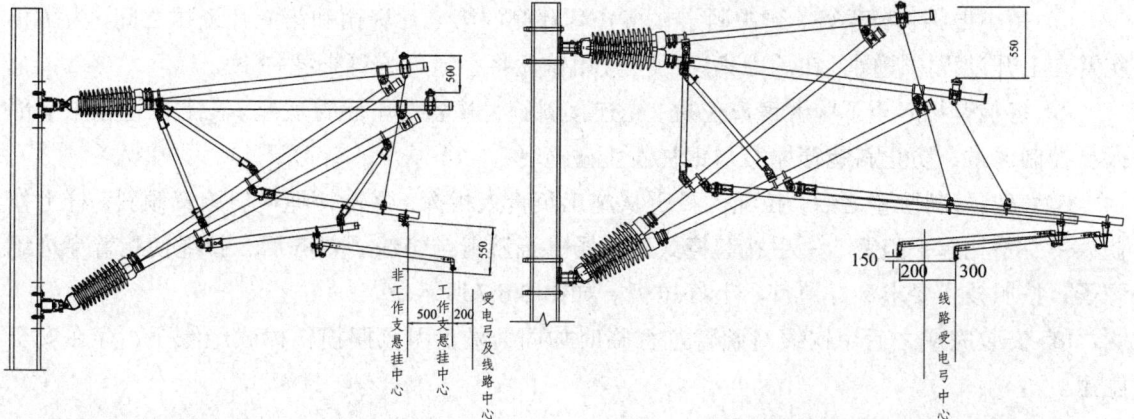

图 5.6.5　五跨非绝缘锚段关节转换柱装配图　　图 5.6.6　五跨非绝缘锚段关节中心柱装配图

【施工要点】

1. 撒料

（1）有轨行车辆配合撒料时，将腕臂、棒瓷、腕臂底座放到作业平板上，在封锁点开始后进入施工现场，将所需安装的腕臂、棒瓷、腕臂底座分别撒到相对应的支柱前。撒料的同时，安排两人进行斜腕臂与棒瓷的连接。

（2）无轨行车辆配合撒料时，将腕臂、棒瓷、腕臂底座放到载重汽车上运到施工现场，找一个平交道口或地势平坦的位置将腕臂、棒瓷、腕臂底座卸下，利用梯车底盘将腕臂、棒瓷、腕臂底座分别撒到相对应的支柱前。撒料的同时，安排两人进行斜腕臂与棒瓷的连接。

2. 安装腕臂底座

单腕臂底座安装，安排 1 人带小绳、10 m 尺子上杆，先分别测量出上、下腕臂底座的安装位置，然后用小绳将套子、滑轮提到合适的位置，挂好套子、滑轮，将小绳顺下，地下配合人员将小绳的一端系在腕臂底座上，拉小绳的另一端将底座提到指定的安装位置，由支柱上作业人员进行安装。双腕臂底座安装安排 2 人，从支柱的两侧分别上杆，用同样的方法进行腕臂底座安装。

3. 腕臂安装

（1）人工安装。

① 腕臂安装前先检查腕臂编号与支柱编号是否一致，棒式绝缘子是否完好，腕臂底座是否安装到位。

② 检查完毕后，一人带小绳上杆，在上腕臂底座的位置将套子、滑轮固定好，将小绳顺下。先安装平腕臂棒瓷。

③ 在支柱的另一侧再上一名作业人员，在下腕臂底座的位置扎好安全带。准备安装腕臂。

④ 辅助人员将斜腕臂与斜腕臂棒瓷连接牢靠，注意斜腕臂棒瓷的耳环与平腕臂在一条线上。

⑤ 用小绳将腕臂系好，绳头固定在棒瓷耳环侧的第二片瓷裙和第三片瓷裙之间。为防止腕臂在上升过程中倾倒，在承力索座的位置用铁丝将小绳与腕臂绑扎一下。

⑥ 将腕臂拉起至下腕臂底座位置，先连接斜腕臂棒瓷与下腕臂底座。在上拉过程中下部人员控制绳索，防止斜腕臂棒瓶与钢柱发生碰撞。

⑦ 安装好斜腕臂之后，拉绳人员听从施工负责人指挥，慢慢松绳使斜腕臂倾斜。杆上作业人员一手托起平腕臂，一手托起棒式绝缘子，当腕臂与绝缘子对齐后，拉绳使腕臂穿进绝缘子，按照技术要求穿好销钉。上好压板。如图 5.6.7 所示。

⑧ 安装完成之后用铁线对腕臂进行临时加固，防止因风摆损伤棒式绝缘子，存在安全隐患。

图 5.6.7 人工安装腕臂

（2）机械安装。

① 检查腕臂底座安装是否完好，确定腕臂编号与支柱编号相符。

② 施工负责人指挥作业车对位，旋转作业台至上腕臂底座下 1 m 的位置。

③ 两人抬起平腕臂，与上腕臂底座相连。

④ 平腕臂安装好后，作业车平台稍回转并缓缓下降到下腕臂底座处。作业平台下降时一人扶住平腕臂，不要与作业车发生碰撞。

⑤ 到斜腕臂底座位置时，两人抬起斜腕臂，与斜腕臂底座相连。

⑥ 斜腕臂与底座连接后，扶好腕臂，将作业平台转正后升起到合适的高度，将平腕臂与斜腕臂相连，完成腕臂安装。

⑦ 安装完成之后用铁线对腕臂进行临时加固，防止因风摆损伤棒式绝缘子，存在安全隐患。

⑧ 检查安装完的腕臂，确认无误后，旋转平台，按上述步骤继续安装下一个腕臂。

【技术要求】

（1）腕臂上底座安装高度应符合设计要求，下底座位置需要根据输入参数软件验证确定，施工允许偏差为 ± 50 mm。

（2）底座应呈水平状，用水平尺测量。螺栓紧固力矩应符合产品使用说明书的要求。

（3）腕臂棒式绝缘子排水孔朝下。

（4）作业车平台的立柱距支柱 2.5 ~ 3.0 m（顺线路）。

（5）绝缘子无质量问题：瓷质绝缘子釉面光滑，没有显著的色调不均现象，外表面缺陷总面积不大于 400 mm^2，复合绝缘子伞套表面单个缺陷面积（如缺胶、杂质、凸起等）不大于 25 mm^2，深度不大于 1 mm，总缺陷面积不大于绝缘子总表面积的 0.2%。

（6）螺栓及销钉的安装方向：水平方向使用的螺栓及销钉均应向来车方向穿入（即面向支柱从右向左穿入）。垂直方向使用的螺栓及销钉均应由上向下穿入。

（7）开口销装配要求。

开口销在零部件中主要是为了防止螺母脱落，为保证产品的安全可靠，开口销的安装有以下要求：

① 开口销双肢对称劈开角度为120°。

② 开口销应由根部劈，防止窜动。

（8）止动垫片安装要求。

单孔止动垫片安装时，先将止动垫片的长肢弯折与零部件本体相应的面贴紧，防止紧固时止动垫片随螺母一起转动，在螺母紧固后，再将短肢弯折与螺母侧面贴紧。

第七节 棘轮安装

【教学目标】

（1）了解高速接触网棘轮安装的工序流程；

（2）掌握高速接触网棘轮安装的施工要点；

（3）培养学生高速接触网棘轮的安装能力。

【相关知识】

目前，电气化铁路接触网线索下锚处张力补偿大多使用补偿滑轮装置或棘轮补偿装置，如图 5.7.1 所示。因棘轮补偿装置具有断线制动性能，可降低事故影响范围，特别适用于桥涵和高路基区段，避免了断线后坠砣落下损坏地下建筑和砸伤行人。该装置承受破坏荷重值大，可适用线索设计张力较大的接触网区段（比如风区），因而在我国高速铁路接触网中被广泛使用。

图 5.7.1 接触网棘轮补偿装置

【施工要点】

1. 安装底座

接触线棘轮底座与承力索棘轮底座安装方法相同，下面以承力索棘轮底座为例：

（1）利用吊装设施将底座吊到位置；通过螺栓、螺母、垫圈将两件底座本体连接在 H 型钢支柱两侧面上，并保证四块连接底板的外侧面在同一铅垂面，预紧螺栓。如图 5.7.2 所示。

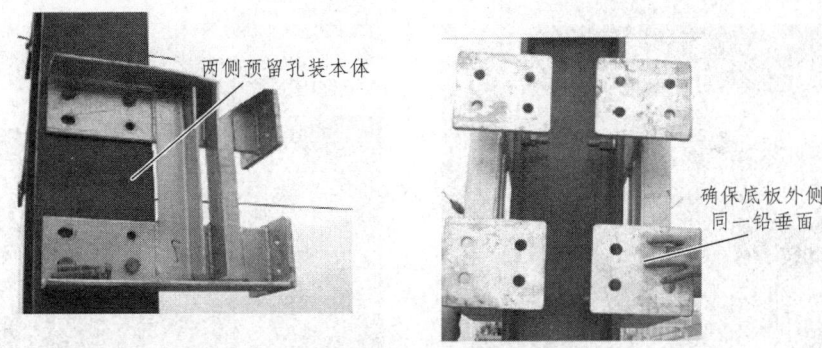

图 5.7.2　安装棘轮底座

（2）将底座连接角钢（上、下）按图 5.7.3 所示用螺栓、螺母、垫圈与底座本体连接底板连接，调整位置使底座连接角钢相对支柱中性面左右对称，上下连接孔中心铅垂（调节板中间孔位于下底座连接角钢对应的长孔中心位置），保证上下底座连接角钢内侧间距为 502 mm，预紧固螺栓。

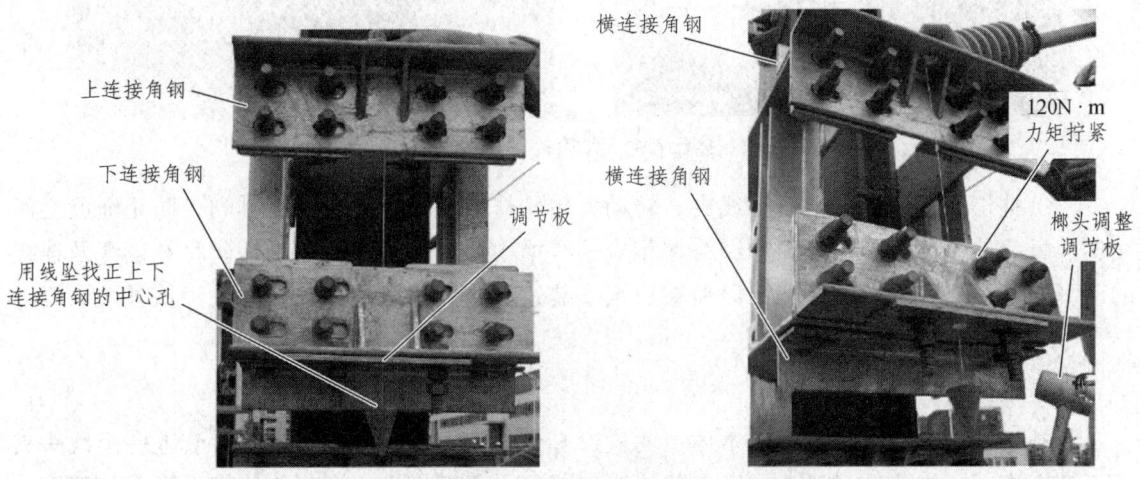

图 5.7.3　棘轮底座调整

（3）用螺栓、螺母、垫圈将连接横板（角钢）与底座本体连接，保证中心对称，紧固螺栓。

（4）最后调整：保证上下底座连接角钢内侧之间的距离为 502 mm；保证安装棘轮补偿装置的上下孔位在同一条中心线上，且不能偏置。用扭矩扳手把所有螺栓用 120 N·m 紧固力矩拧紧，并拧紧背紧螺母。

2. 大轮补偿绳缠绕

（1）穿绳。

补偿绳一端从大轮孔向楔形外壳穿入，套两个线头夹子。套上楔子，绳头穿过两个线头夹子并使线头夹子尽量靠近楔子，压扁线头夹子夹紧补偿绳，露出绳头 60~80 mm，保证自由状态下楔子不从绳上脱落。

（2）采用木榔头或垫木板敲击方式将楔子装卡在轮体楔套中，敲击力不易过大，保证补偿绳在敲击下不变形，避免采用铁器工具直接敲击补偿绳。如图5.7.4所示。

图 5.7.4　大轮补偿绳缠绕

（3）补偿绳自由端装上楔型线夹，转动大轮轮体缠绕补偿绳。循序排列，防止绳股之间交错、重叠，保证每圈补偿绳均缠绕在相应的线槽中。缠绕到最后用细铁丝将补偿绳及连接的双耳楔型线夹和棘轮本体扎牢以免在后续安装过程中发生散乱（安装时去掉铁丝）。

3. 小轮补偿绳缠绕

（1）穿绳。

将补偿绳的两端分别从小轮本体上的楔形套自小端向大端穿过，每端各套上一个线头夹子。套上楔子，绳头穿过线头夹子并使线头夹子尽量靠近楔子，压扁线头夹子夹紧补偿绳，露出绳头 60~80 mm，保证自由状态下楔子不从绳上脱落。

（2）采用木榔头或垫木板敲击方式将楔子装卡楔套中，敲击力不易过大，保证补偿绳在敲击下不变形，避免采用铁器工具直接敲击补偿绳。如图5.7.5所示。

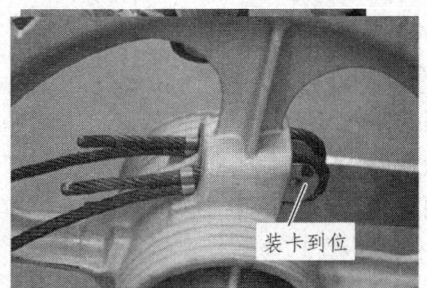

图 5.7.5　小轮补偿绳缠绕

（3）转动小轮缠绕补偿绳，循序排列，防止绳股之间交错、重叠，保证每圈补偿绳均缠绕在相应的线槽中。并将平衡轮装到补偿绳上，绕到较紧处用细铁丝将平衡轮绑扎在棘轮本体上，防止运输、安装过程中发生散乱。

（4）平衡轮上补偿绳的安装如图 5.7.6 所示。

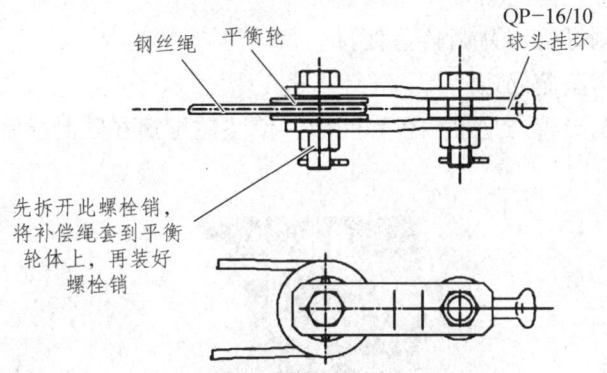

图 5.7.6　平衡轮上补偿绳的安装

4. 棘轮与固定底座连接

将棘轮连接到棘轮制动架上，利用吊装设施吊到位置；整体一同装到已安装好的下锚底座上，使棘轮的棘齿自然卡在棘轮连接架的卡板上（已预先拧紧）。将长螺栓销从上部依次穿入底座上固定角钢、棘轮连接架、垫片、底座下固定角钢、调整板，用手拧紧长螺栓销下端的螺母，装好开口销。如图 5.7.7 所示。

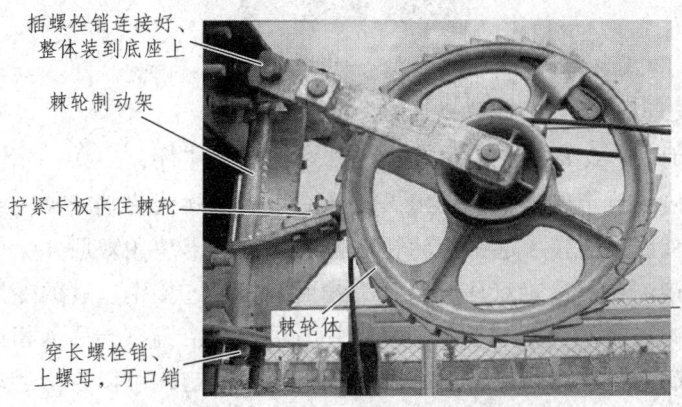

图 5.7.7　棘轮与固定底座连接

5. 棘轮与坠砣连接

（1）安装条件。

① 坠砣限制架和棘轮已装到支柱上，坠砣已准备好。

② 从棘轮中心到楔形线夹终端线夹连接点的补偿绳长度已确定，且符合设计要求。

③ 制动卡块和轮体中心对齐，并连接牢固，轮体应牢牢固定在制动卡块上。

（2）安装连接。

① 按要求量出从轮体中央到楔形终端线夹连接点补偿绳的长度。

② 如需调整补偿绳长度，拆除楔形终端线夹，按标准长度安装上楔形终端线夹。

③ 用 1.5 t 链条葫芦将坠砣串提到楔形终端线夹位置，并与坠砣杆连接牢固。

④ 用 1.5 t 链条葫芦放下坠砣串。

6. 限制架安装

（1）安装限制架上下固定角钢，并调整水平。

（2）安装坠砣限制导管，并调整垂直。

（3）将坠砣抱箍与坠砣固定。

（4）调整坠砣限制导管与抱箍位置和间隙，使坠砣抱箍在限制导管上能够无阻滞上下滑动。如图 5.7.8 所示。

图 5.7.8　坠砣固定

7. 棘轮与架设的承力索、接触线连接

本工序属于承力索、接触线架设过程中的起锚和落锚工序。

（1）起锚侧连接：将小轮补偿绳牵出，将承力索或接触线终端线夹（或复合绝缘子）与平衡轮双耳旋转接头线夹连接（起锚侧棘轮本体须与制动卡块用双股 4.0 铁线绑死）。

（2）落锚侧连接：在平衡轮双耳旋转接头线夹上安装连接钢丝套的专用连接件，并与手扳葫芦本体上的吊钩连接，线索上安装紧线器并与手扳葫芦链条端吊钩相连。

（3）摇动手扳葫芦，直到棘轮本体脱离制动卡块并升起，可以自由运动。继续紧手扳葫芦，使落锚侧坠砣高度与起锚侧坠砣高度一致，达到额定张力后，在线索上安装终端线夹并与复合绝缘子连接,再与平衡轮双耳旋转接头线夹连接。

(4)连接完成后,松开并摘除手扳葫芦。

(5)落锚完成后,在中锚安装后,拆除起锚侧棘轮本体与制动卡块绑扎的 4.0 铁线,起锚侧棘轮脱离制动卡块,达到正常受力状态。

8. 棘轮调整(架线完成后、悬挂调整前)

(1)制动间隙调整。

① 测量棘轮轮齿与制动卡块端部距离是否在 15~20 mm。

② 如超标,放松棘轮制动卡块的 4 个螺栓直至制动块可以前后移动。

③ 调整制动卡块端部与棘轮齿距离至 15~20 mm。

④ 间隙调整好后,采用交叉循环方式紧固制动卡块的 4 个螺栓至 90 N·m 力矩值。如图 5.7.9 所示。

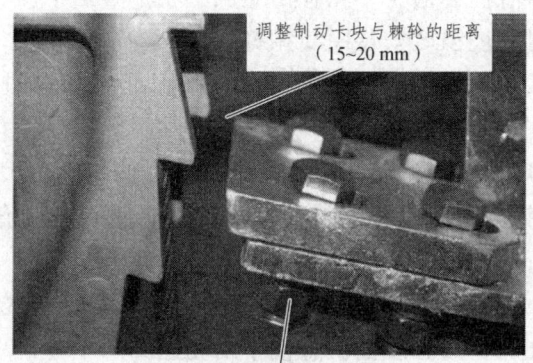

图 5.7.9　制动间隙调整

(2)棘轮轮体垂直调整。

① 用水平尺检查棘轮本体是否垂直,观察大轮是否在小轮引出的两条补偿绳中心位置,有无偏斜现象。

② 如不垂直,松开下底座上的调节板长孔螺栓,用锤击垫木调整调节板,调整合格后紧固调节板螺母。如图 5.7.10 所示。

图 5.7.10　棘轮轮体垂直调整

（3）B 值调整。

① 按设计要求检查补偿 B 值（坠砣底至地面的距离、大轮补偿绳的缠绕圈数），是否与当时环境温度安装曲线相符。

② 如不符应注意先调整接触线坠砣高度，再调整承力索坠砣到同一高度。

③ B 值调整须使用 2 个手扳葫芦：1 个将棘轮与线索卸载，1 个将棘轮与坠砣杆卸载。偏差在 300 mm 以上将大轮补偿绳缠绕圈数和牵出长度重新测量缠绕正确；偏差在 300 mm 以下将连接坠砣补偿绳从楔形线夹内退出，量出需要收回或放出的补偿绳长度，重新做回头，安装楔形线夹。

④ 恢复正常连接，卸下和拆除手扳葫芦。

⑤ B 值补偿绳调整不得用裁剪补偿绳的方式，始终保持补偿绳的总长度符合规定。

（4）A 值调整。

① 按设计要求检查补偿 A 值（小轮补偿绳从小轮中心至平衡轮中心距离、小轮补偿绳的缠绕圈数）是否与当时环境温度安装曲线相符。

② 如不符应结合承力索、接触线绝缘子对齐调整作业时一并进行。

（5）平衡轮水平调整。

① 在悬挂调整完成后检查平衡轮是否呈水平状态，偏差不得大于 10°。

② 如偏斜超标主要针对接触线补偿装置中的平衡轮，应结合接触线安装绝缘子或绝缘子对齐调整作业时一并进行。

③ 倾斜角度不大的，在安装绝缘子时，可利用平衡轮双耳连接线夹的可旋转性达到水平，也可通过在拆卸终端线夹后将接触线面调整使平衡轮达到水平。

【技术要求】

（1）承力索、接触线补偿绳 A、B 值符合设计安装曲线。B 值允许偏差为 100 mm，最高温度时距基础顶面不得小于 300 mm，承力索与接触线补偿坠砣底部高度应水平一致。坠砣距地面高度（B 值）允许偏差为 100 mm，在任何情况下距地面不得小于 300 mm；棘轮小轮中心至平衡轮中心距离（A 值）应在 2 m 左右。

（2）发现坠砣产品标重与实际不符时，要加强到货验收。坠砣安装前要进行配重，单块质量允许偏差为 ±3%。整串质量允许总重量在设计标准误差 ±1% 范围内，同一锚段两坠砣串质量的相对偏差不大于 1%（坠砣串重量包括坠砣、坠砣杆、底板坠砣抱箍及连接补偿绳的楔形线夹等重量）。

（3）棘轮大、小轮上的补偿绳排列整齐、顺直，无交合、交叉、错槽现象，且对负偏差坠砣数量不足引起注意。

（4）坠砣完整，表面平整，镀锌及涂漆完好，坠砣串排列整齐，其缺口相互错开 180°，坠砣杆无明显弯曲现象。

（5）平衡轮检查：观察平衡轮的倾斜角度，安装偏角超过 20° 即为不合格。检查平衡轮内部螺栓螺帽，观察螺帽的受力状态是否有松动的现象。

（6）补偿坠砣上下移动的检查：上下推动坠砣，观察棘轮及坠砣移动的灵活性，隧道内坠砣与框架角钢是否存在不正常偏磨。如果存在偏磨，调整坠砣杆垂度、限制框架垂度或坠砣块整齐度。

（7）补偿绳缠绕情况检查：水平补偿绳平顺，无交叉情况。

（8）补偿绳不应有松股、断股、扭绞等缺陷。

第八节　承力索、接触线终端锚固线夹安装

【教学目标】

（1）了解高速接触网线索终端锚固线夹的工序流程；
（2）掌握高速接触网线索终端锚固线夹的施工要点；
（3）培养学生高速接触网线索终端锚固线夹的安装能力。

【相关知识】

终端锚固线夹是非常重要的接触网零部件，接触线和承力索通过终端锚固线夹与补偿装置连接实现下锚。承力索及接触线下锚装置直接关系到接触网的稳定性和可靠性，影响牵引供电系统正常供电及铁路运输安全。

锥套式终端锚固线夹的基本原理是：将线索穿入外锥套和内锥套，用双耳终端与外锥套旋紧，造成两者相互挤压内锥套，内锥套在旋紧力的作用下沿着锥面向前推进，造成内锥套的内部螺纹夹紧线索，施加张力后越拉越紧，进而锚固接触线。

采用锥套式接触线终端锚固线夹不需要对接触线进行弯曲操作，安装容易，在我国高速电气化铁路接触网上得到广泛应用。

【施工要点】

1. 承力索终端锚固线夹安装

（1）根据施工需要，从库房领取承力索锥套式终端锚固线夹，并根据图5.8.1，检查其部件是否齐全，确认并进行外观检查。

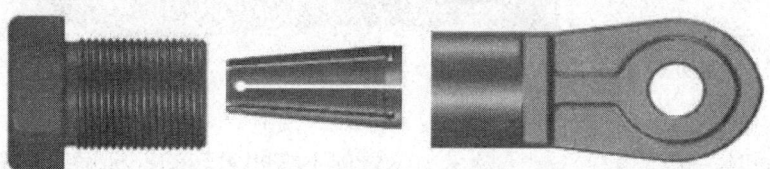

图 5.8.1　承力索锥套式终端锚固线夹图

1—锥套螺栓；2—楔子；3—双耳终端

（2）根据安装手册，核对工程所需承力索锥套式终端锚固线夹的规格型号及尺寸是否符合设计要求。

（3）将承力索扎紧后裁剪。注意：裁线时不要使线头炸开和变形。

（4）将承力索依次穿入锥套螺栓和楔子孔内，线头露出楔子大端面 2~3 mm。如图 5.8.2 所示。

图 5.8.2　承力索穿入锥套螺栓和楔子

（5）将锥套螺栓轴向移动并使楔子外锥面与锥套螺栓内锥面贴合，轻轻敲击楔子大端面，以迫使楔子握紧承力索，承力索端头露出楔子大端面 2~3 mm。注意：楔子芯部的绞线不应有散股现象；楔子开槽中不应夹有绞线或其他异物。如图 5.8.3 所示。

图 5.8.3　楔子放入锥套螺栓

（6）在锥套螺栓六方端头的承力索上做好标记。

（7）卡住锥套螺栓六方，旋紧终端双耳。如图 5.8.4 所示。

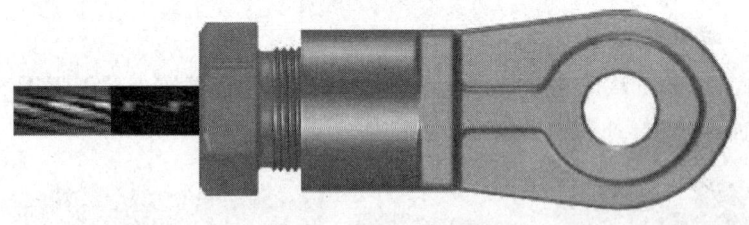

图 5.8.4　旋紧终端双耳

注意：紧固时，锥套螺栓、楔子及承力索之间不能相对转动；标记线位置不能有明显变化。当紧固力矩达到 80 N·m 时，锥套螺栓有部分螺纹裸露在外属于正常情况。

（8）在工作张力下，再次查看标记位置，若有所变化应拆开检查，进行二次紧固，之后做好记录。

（9）将与终端锚固线夹连接的耳环放入双耳螺栓的开档中，装上销钉及开口销。如图 5.8.5 所示。

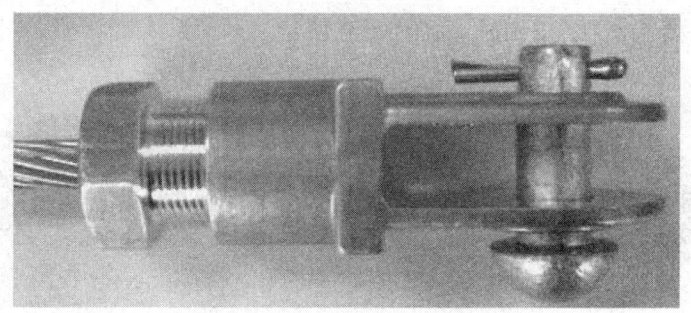

图 5.8.5　检查及二次紧固

（10）对零件工作状况应进行定期检查，标记线位置应与安装记录一致，各连接件应牢固可靠。

2. 接触线终端锚固线夹安装

卸开终端线夹，将楔子、本体分开，并逐一检查其外观和型号。

（1）用钢锯将接头的接触线端头锯齐。

（2）用平锉去掉端部毛刺，使端部平齐。

（3）把 150 型接触线终端锚固线夹本体从接触线端头推入。B 型平行沟槽槽销的作用是阻挡楔子，接触线的端头应突出楔子 1.5 cm。如图 5.8.6 所示。

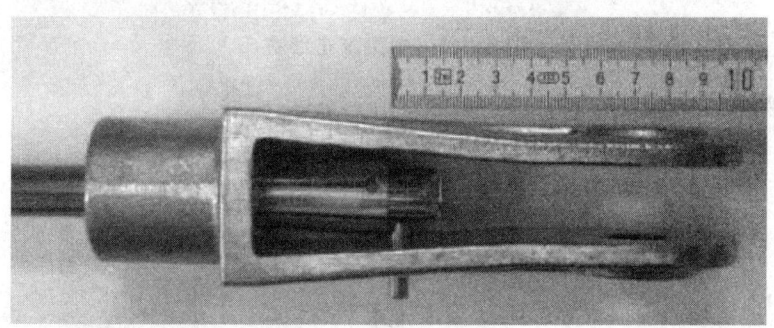

图 5.8.6　线夹推入接触线

（4）尽量往外拉导线，与此同时用拇指向下压线夹椎套。如图 5.8.7 所示。

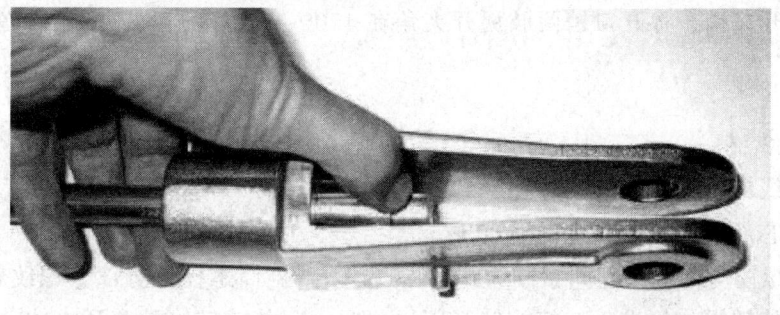

图 5.8.7　往外拉导线

（5）导线端头要控制在 1.5 cm。如图 5.8.8 所示。

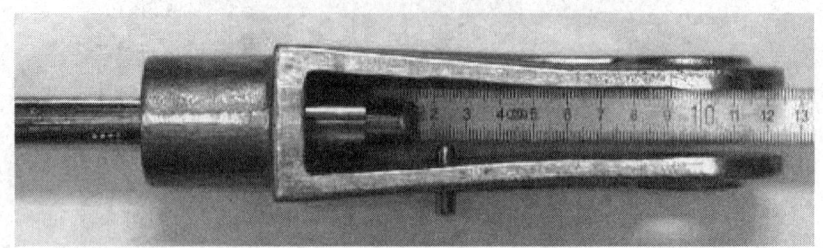

图 5.8.8　导线端头 1.5 cm

（6）用榔头敲击 150 型接触线终端锚固线夹本体的尾部，以便楔子的槽卡住导线。如图 5.8.9 所示。

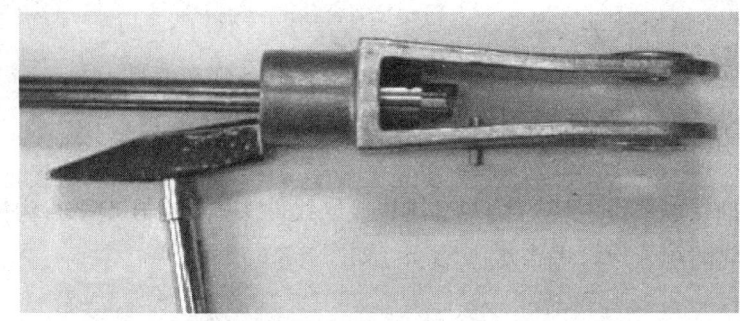

图 5.8.9　榔头敲击线夹

（7）穿上销钉，与绝缘子连接。如图 5.8.10 所示。

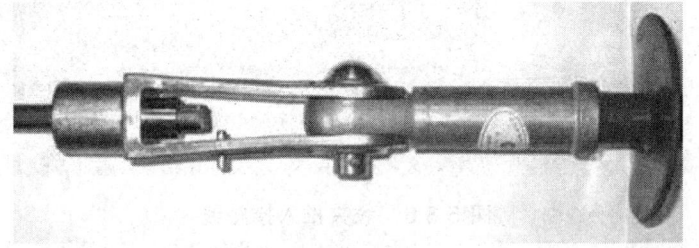

图 5.8.10　线夹与绝缘子连接

（8）穿上开口销，将开口销两肢掰开夹角在 120°～130°。至此，接触线终端锚固线夹可以受力下锚。

【技术要求】

（1）终端线夹规格与所用的线型一致。
（2）楔子芯部的绞线不应有散股现象。
（3）锥套螺栓与终端双耳间紧固力矩为 80 N·m，锥筒螺栓外有部分螺纹属于正常现象。
（4）紧固旋转操作标准：连接旋转紧固操作时，只能旋转终端双耳本体，不得旋转锥套螺栓。

（5）楔子只允许使用2次，超过2次不得使用。为保证质量和安全，在安装时应在楔子上加上标记，以防使用不合格品。

（6）接触线的圆截面不允许变形，表面光洁，保证导线顺利穿入楔子。否则，不得安装连接。

第九节　承力索架设

【教学目标】

（1）了解高速接触网承力索架设的工序流程；
（2）掌握高速接触网承力索架设的施工要点；
（3）培养学生高速接触网承力索架设的能力。

【相关知识】

承力索的作用是通过吊弦将接触线悬挂起来，要求承力索能够承受较大的张力和具有抗腐蚀能力，并且在温度变化时弛度变化较小。

从国际情况来看，承力索的类型均较单一，普遍采用铜合金绞线。从技术角度来分析，承力索与接触线采用同类材质，可改善接触网的性能，简化施工，提高施工精度，免去电气连接类线夹的特殊处理程序，并可降低运营维护的工作量。我国的运营实践也表明：铜合金材质的承力索技术性能可靠、安全性好。

【施工要点】

1. 施工准备

（1）检查架线锚段的支柱装配及补偿装置是否安装正确，并调查所架设锚段范围内线路附近、线路上方电力线等干扰情况。

（2）加固腕臂，复线区段曲线处每隔3~4跨加固一次，方法见图5.9.1。铁线不宜过紧，能承受紧线时腕臂偏移力即可。单线区段曲线内侧支柱腕臂加固方法见图5.9.2。转换柱采取将工作支与非工作支用双股ϕ4.0 mm镀锌铁线绑在一起来固定。

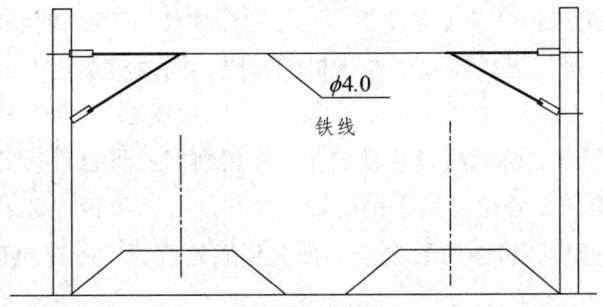

图 5.9.1　直线及曲线支柱腕臂对拉固定示意图

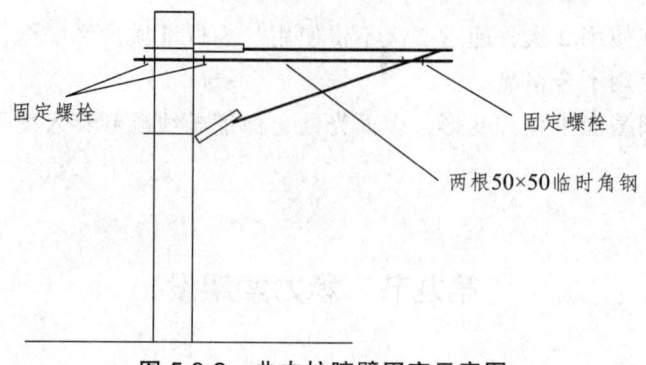

图 5.9.2　曲内柱腕臂固定示意图

（3）检查架线机械、工具和材料的质量及数量是否符合作业要求，并将工具和材料装在架线车组上。

（4）起锚人员提前到达现场，检查支柱强度及拉线、坠砣及棘轮补偿等是否达到要求。在支柱合适位置安装固定抱箍（这是对于大滑轮式补偿装置），把坠砣提到设计位置后，固定在临时抱箍上，或用尼龙套固定在坠砣限制架适当位置处，使坠砣串在架线过程中基本保持在该位置。

（5）架线车编组顺序为：恒张力架线车—轨道吊车—平板车。

（6）检查线盘号与锚段号是否符合，打开线盘注意线头方向是否正确。

（7）技术人员应按设计图纸提前做好放线计划及示意图，发给各项施工负责人每人一份。

（8）提前将架线请点要求及架线作业计划表提交给线路临管单位，将放线车组停放在临建车站，架线当天架线人员在封闭点前提前一个小时到达。

（9）线作业人员将卷扬机钢丝绳缠绕在绞盘上，恒张力架线车司机按操作程序将张力和百分比的设定值设为"0"，工况转换开关用1号位；将压块与绞盘的间隙适当调大，把卷扬机离合器脱开位（离合器手把在内侧），按走线方向绕过绞盘（绕1圈半），最后从绞盘下面向线盘方向引出（架线作业人员配合）并将承力索与网套连接好。助理司机摇动支架，将立柱顶部张力滑轮抬高。

（10）司机按程序操作，先把线盘与两个绞盘上的线收紧，将百分比设为20%，工况转换开关用1号位。将"绞盘缓解"按钮按下后，线盘应缓慢转动，直到把线收紧为止。

（11）司机按程序把选择开关（电器柜上）打到遥控位，工况转换开关用2号位，把卷扬机离合器扳到接合位，操作遥控器收回卷扬机钢丝绳，同时将线盘上的金属线引出，缠绕在两个绞盘上。

（12）司机按程序操作，解除线盘移动定位，并用细绑线将打开后的线盘移动定位板固定住。把工况转换开关扳到3号位，用手稍微推、拉摇动杆，线盘应随着左右横向移动。

（13）司机按程序操作，将液压装置全部恢复到原始位置，所有的定位销（定位板）置于锁定位。

（14）将承力索头与网套分离，将卷扬机离合器扳到脱位，人工将卷扬机钢丝绳收回，把承力索拉向作业台。待放承力索起锚端引过柱顶部滑轮,将其拉到作业平台,架线人员按技术要求安装好起锚端终端锚固线夹。

2. 起 锚

(1)接到线路封锁命令后,架线车组运行至起锚支柱位置停车,司机摘开高速运行档,转换到液压走行档。将工作台栏杆扶起固定好,解除作业台回转定位,绞盘架摆动定位。把工况转换开关扳到 1 号位,并在操作室计算机显示器上确认,同时确认张力和百分比皆为"0"。

(2)司机按程序把工况控制板上"线盘制动缓解"和"绞盘制动缓解"按钮持续按住,将线盘和绞盘缓解。

(3)架线作业人员人工转动线盘与绞盘,将线索端头拉到补偿装置附近。

(4)司机按程序操作,将立柱升到工作高度,同时将立柱滑轮托架落到最低位置。

(5)架线车上两作业人员上作业平台组装绝缘子等起锚零件,旋转平台靠近锚柱补偿装置位置处。起锚人员一人上杆,配合架线车上人员把补偿滑轮递给架线车上人员,并检查补偿绳是否在棘轮槽内,架线车上人员应根据放线计划表看起锚是否穿线,如需穿线,则架线车停在需穿线位置然后穿线,穿线后起锚人员将承力索拉至锚柱与补偿装置连接。

(6)进行作业车与架线车解体,摆正作业车平台,起锚人员下杆,起锚完成。如图 5.9.3 所示。

图 5.9.3 承力索起锚

3. 承力索展放

(1)架线车司机在操作台上将放线距离数值清零,计算机故障确认(清零),设定架线参数。起锚架线速度选 1 速,如架线速度选 2 档,应在下锚前一跨调为 1 速。司机用遥控器操作放线车开始放线。

(2)作业平台上 1 人观察线条的走向,1 人负责指挥司机操作。架线车向前运行至下一支柱时停车。1 人负责扳正腕臂并扶住,2 人抬起承力索放入承力索支撑线夹处的滑轮内,完成后,架线车继续往前架线。

(3)架线车上的作业平台基本接近下锚柱时,指挥人员与起锚人员随时联系,掌握起锚处的变化状况。指挥架线车停止展放,准备进行落锚。

4. 落　　锚

(1)架线到落锚地点后,司机将工况选择开关保持在3号位不动,司机遥控操作,将作业台转向锚柱,并使放线车体倾向下锚侧(田野侧)。

(2)落锚施工人员在承力索和下锚连接线之间适当位置安装紧线器,用链条葫芦把补偿装置与承力索连接。下锚人员配合紧链条葫芦,当链条葫芦加力至葫芦逐渐向田野侧偏移,司机配合逐渐降低承力索的张力,待实际张力稳定后,把张力与百分比的给定值同时设为"0",此时线索基本到下锚方向。

(3)链条葫芦继续紧线,起、下锚人员观察坠砣串及 b 值,当 b 值符合设计要求时,通知紧线人员停止紧线。

(4)司机将立柱缓慢下落,使立柱顶线索松开。立柱下落后,如张力与百分比值都已到零,但从外观看不出从架线车立柱顶部引出的线索完全松弛,此时可应下锚人员要求向起锚方向稍微移动架线车(距离 0.5~1 m)以彻底使金属线松弛。此时,严禁使用遥控器移动架线车,必须在司机室内操作。

(5)断线安装终端线夹:根据承力索锥套式终端锚固线夹安装技术要求,先准确对位剪线后,严格按承力索终端线夹安装作业指导书安装好终端线夹。

(6)将承力索锥套式终端锚固线夹与落锚补偿装置的复合绝缘子连接牢靠。

(7)紧线操作人员缓慢松链条葫芦,拆除链条葫芦和紧线器,架线车归位,即完成正式落锚连接。架线车司机操作使作业平台及车体归位至正常位置。

(8)架线人员将卷扬机和钢丝绳与剩余线头连接,司机将工况转换开关用2号位,百分比设25%,用遥控器收线。如图5.9.4所示。

(9)如封闭时间还可架线,施工负责人指挥架线人员吊装线盘,重复上述程序架设另一锚段线。

图 5.9.4　承力索落锚

5. 结　束

架线车液压装置复位：司机将工况转换开关扳到 1 号位，拆下线盘摆动传感器，把绞盘架调整到水平位置，绞盘架摆动定位销及线盘移动定位板放到"锁定"位置，检查滑轮托架在最低位置后，把立杆落到原始位置，把作业台落到最低位，并把作业台回转锁定销放到锁定位。放倒作业台栏杆。

6. 承力索归位

（1）作业车司机接到封闭线路命令后，听从值班人员指挥，启动作业车运行至作业地点。

（2）施工负责人指挥作业车司机对位，升作业平台，作业人员先测环境温度，如与前一天相同，就依据施工作业表开始作业，如有差异，应在施工作业表的基础上进行修正后方可作业。

（3）从中心锚结向起、下锚方向进行，先用激光测量仪和钢卷尺测出承力索支撑线夹位置至平均温度时承力索支撑线夹的距离，再根据施工表计算出承力索支撑线夹应该所处的位置。

（4）作业平台上人员扶起作业凳，上凳系好安全带，根据计算值用钢卷尺测量出承力索支撑线夹的位置，用记号笔在承力索上做出标记。

（5）作业车上人员松开承力索支撑线夹螺栓，在承力索支撑线夹安装处的承力索上涂抹电力脂，放好铜铝过渡衬垫，并将开口背向螺栓 45°朝下压合，将承力索从滑轮内取出，并按要求将其放在承力索支撑线夹槽内，安装上螺栓并紧固牢靠。用力矩扳手检测达标。

（6）收回套子、放线滑轮进行下一支柱的安装。

（7）按上述（1）~（6）归位操作方法进行下一支柱承力索归位施工。

【技术要求】

（1）复线曲线处加固应根据曲线半径和承力索的张力计算垂直张力大于水平张力时，方可采取加固措施。

（2）起锚处承力索补偿坠砣在支柱上加固：在支柱适当位置处安装一临时固定抱箍，用钢丝套把坠砣固定在支柱上（或用尼龙套固定在坠砣固定框架适当位置处）。

（3）承力索下锚终端线夹安装严格按照安装技术要求安装，确保一次安装到位达标。

（4）放线宜采用恒张力架线车，行驶速度 3~5 km/h。

（5）承力索支撑线夹（腕臂）顺线路位置应符合设计要求。即严格按设计提供的《腕臂调整表》施工，止动垫片应煨到位。

（6）承力索支撑线夹的螺栓紧固力矩应符合设计要求。

（7）施工作业应由中心锚结向起、下锚方向进行。中心锚结至安装处的距离为计算距离。

（8）承力索支撑线夹内必须加铜铝过渡衬垫。

（9）正定位承力索放在靠近支柱侧的槽内，反定位承力索放在远离支柱侧的槽内，另一个槽内放入 180 mm 的带过渡衬垫的本线辅助绳。如图 5.9.5 所示。

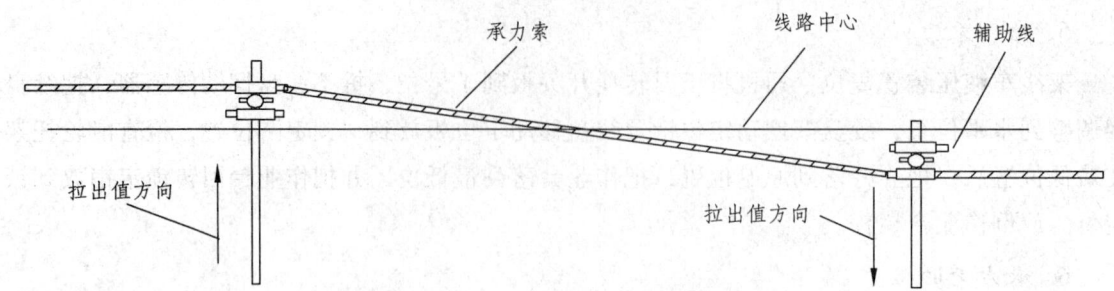

图 5.9.5 承力索及辅助线安装位置

第十节　接触线架设

【教学目标】

（1）了解高速接触网接触线架设的工序流程；
（2）掌握高速接触网接触线架设的施工要点；
（3）培养学生高速接触网接触线架设的能力。

【相关知识】

接触线直接与电力机车受电弓滑板接触，将电能输送给电力机车。

随着高速铁路的发展，对于接触线的性能要求越来越高。提高列车运行速度的必要条件是加大接触线的悬挂张力。加大接触线悬挂张力可以显著改善弹性，减少火花，提高机车高速运行时的受流质量。研究表明：机车运行速度的提高取决于接触线波动传播速度的提高，因此，要使接触线波动传播速度大就必须加大接触线悬挂张力、采用线密度小的接触线（即控制接触线的截面面积）。这就表明，高速电气化铁路要求接触线在具有较高导电性能的同时，还要有尽可能高的抗拉强度。

【施工要点】

1. 施工准备

（1）检查架线锚段的承力索已架设，并固定。检查补偿装置是否安装正确。

（2）检查放线机械、工具及材料的质量及数量是否符合作业要求，并将工具和材料装在架线车上。

（3）起锚人员提前到达现场，检查支柱强度及拉线、坠砣及棘轮补偿等是否达到要求。在支柱合适位置安装固定抱箍，把坠砣提到设计位置后，固定在临时抱箍上（或用尼龙套固定在限制框架合适位置上），使坠砣串基本保持在该位置。

（4）检查线盘号与锚段号是否符合，打开线盘注意线头方向是否正确。

2. 起锚

（1）架线车组运行至起锚支柱位置停车。

（2）架线作业人员人工转动线盘与绞盘，将线索端头拉到补偿装置附近。

（3）起锚人员一人上支柱，将补偿连接件复合绝缘子递给架线车上人员，并检查补偿绳是否在棘轮槽内、平衡绳是否平顺，架线车上作业人员将接触线终端锚固线夹与复合绝缘子连接上。

（4）将架线车与平板车解体，起锚人员下支柱，起锚完成。

3. 接触线展放

（1）作业负责人负责观察线条的走向，并负责指挥作业人员操作，1人准备工具吊弦，2人挂工具吊弦和滑轮，架线车边走边挂，每跨不少4个，工具吊弦上部挂在承力索上，下部挂滑轮，再将接触线挂在滑轮内。为避免产生波浪弯，挂S钩时应从上向下拉，不可人为抬动接触线。如图5.10.1所示。

图 5.10.1　挂完的工具吊弦

（2）展放过程中，指挥人员特别注意协调张力车走向速度和挂线作业人员的一致性，恒张力车应尽可能避免停车、启动，并避免两车间距过大。

（3）架线车上的作业平台基本接近下锚柱时停止展线，指挥人员与起锚人员随时联系，掌握起锚处的变化状况，并根据此情况指挥司机和架线人员使架线车停止前进，准备进行终锚。

4. 终锚

（1）架线到终锚地点后，将作业台转向锚柱，并操作使放线车体倾向下锚侧（田野侧），如图5.10.2所示。

图 5.10.2　接触线终锚

（2）下锚施工人员在接触线和下锚连线的适当位置安装紧线器，用链条葫芦把补偿装置与接触线连接。紧链条葫芦，当链条葫芦加力至葫芦逐渐向田野侧偏移，司机配合逐渐降低接触线的张力，待实际张力稳定后，线索基本到下锚方向。

（3）继续紧链条葫芦，起、下锚人员观察坠砣串及 b 值，当 b 值符合设计要求时，通知紧线作业人员停止紧线。

（4）断线安装终端锚固线夹：先准确对位（在起锚、下锚坠砣高度都符合设计要求的情况下，进行对位剪线）剪线后，严格按要求安装好终端线夹。

（5）将接触线锥套式终端锚固线夹与落锚补偿装置的复合绝缘子连接牢靠，将接触线校正器螺栓松开，抬起校正器，取出接触线。

（6）紧线操作人员缓慢松链条葫芦，拆除链条葫芦和紧线器，即完成正式终锚连接。作业平台及车体回到正常位置。

【技术要求】

（1）接触线的平直度检测标准：每隔 300 m，在不同悬挂点用塞尺检查导线与检测尺之间的间隙，其间隙不得大于 0.05 mm。如图 5.10.3 所示。

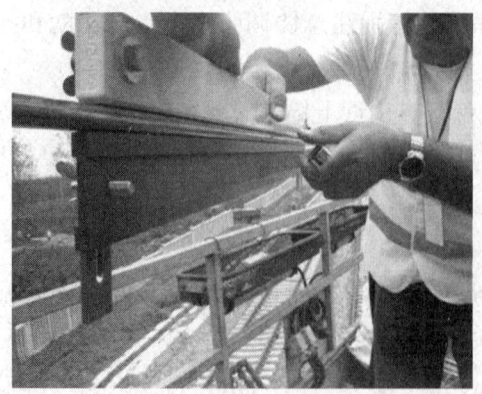

图 5.10.3　接触线平直度检测

（2）安装前将线夹拆开，并确认锥套式终端锚固线夹是否使用过两次，安装前事先加贴一永久标记（如刻一凹槽，确认不了不得使用，并做出标记隔离存放）。

（3）接触线的规格、型号应符合设计要求。

（4）接触线应按设计锚段长度对号架设，不得有接头。

（5）正线接触悬挂工作支改变方向时，该线与原方向的水平夹角不宜大于 4°，困难情况下不宜大于 6°。

（6）站场正线及重要线的接触线应在下方，侧线及次要线的接触线应在上方。

第十一节　定位装置安装

【教学目标】

（1）了解高速接触网定位装置安装的工序流程；

（2）掌握高速接触网定位装置安装的施工要点；

（3）培养学生高速接触网定位装置的安装能力。

【相关知识】

1. 定位装置的作用

（1）使接触线始终在受电弓滑板的工作范围内，保证良好取流，避免脱弓，造成事故，并使接触线对受电弓的磨耗均匀。

（2）将接触线在直线区段的"之"字力、曲线区段的水平力及风力传递给腕臂。

2. 定位装置的要求

（1）温度变化时，定位装置能够灵活地随接触线沿线路方向相应移动。

（2）重量应尽量轻，受电弓通过定位点时，能够上下动作自如，有一定的抬升量，不产生明显硬点。

（3）具有一定的风稳定性。

【施工要点】

1. 施工准备

（1）中心锚结、整体吊弦安装完成，定位装置均预制完毕。

（2）根据施工计划，领取施工所需材料，并对外观质量和标识进行核对无误后，装在作业车上。

（3）提前向线路临管单位运输部门提报封闭要点施工计划。施工前应将作业车停放在需作业区间的邻近车站。

（4）施工作业人员在施工当天封闭点前 20 min 到达车站，并上车做好准备。

2. 定位装置安装

定位装置范围如图 5.11.1 所示。

（1）司机拿到封闭线路命令后，听从车站值班员指挥，启动作业车行至安装地点，从中心锚结向起、下锚方向分别安装。

（2）按腕臂偏移表复核腕臂偏移量，未达标者，调整使其达标。

（3）作业车对位，升起作业平台到合适位置。

（4）扶起作业凳，一人上凳，将预制好的定位管吊线挂在承力索支撑线夹下面的钩形线夹钩上。

（5）作业平台上作业人员扶起定位管，将定位管连接到定位钩上。

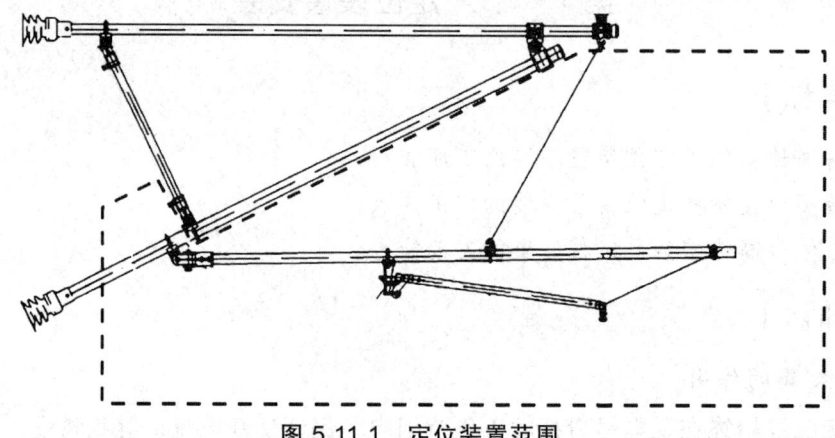

图 5.11.1　定位装置范围

（6）将定位管吊线下端连接在定位管的钩头定位管卡子上，并将拉线回头固定在螺栓上，拧紧螺栓，用力矩扳手检测达标。现场施工如图 5.11.2 所示。

图 5.11.2　定位装置安装

（7）如图 5.11.3 所示，将定位器连接到限位支座上，再将接触线安装在定位器的定位线夹里，并按设计要求预留顺线路的偏移量。用梅花扳手拧紧螺栓，再用力矩扳手检测达标。作业车移出悬挂点，用激光检测仪复检拉出值是否符合设计要求，未达标应调整达标。

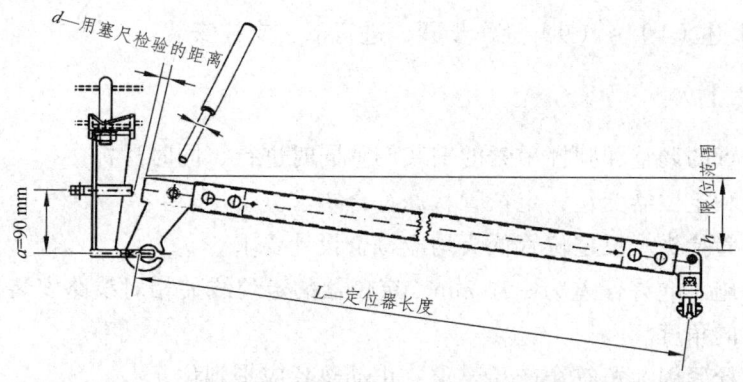

图 5.11.3　塞尺调整检测定位器的限位间隙

（8）作业车返回悬挂点，（安装弹性吊索之后）作业人员用塞尺调整检测定位器的限位间隙，使其达到设计要求值，如图 5.11.3 所示。检验塞尺的直径 $d = h \times a/L$，例如：$h_{max} = 220$ mm，$a = 90$ mm，$L = 1150$ mm，则 $d = 17.2$ mm。将定位器与限位支座间的连接线按要求连接牢固，如图 5.11.4 所示。

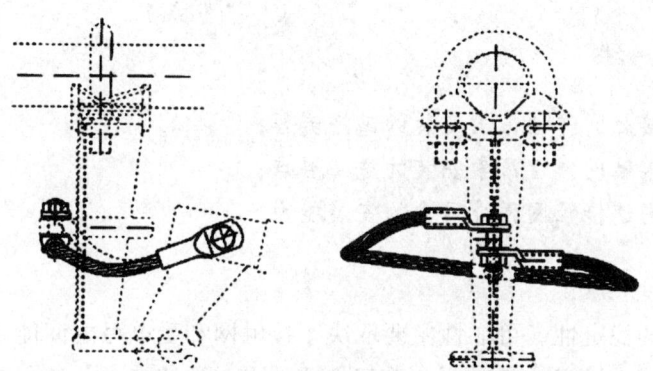

图 5.11.4　定位器与限位支座间的连接线安装

（9）将预制好的防风拉线短头穿入定位器端头圆孔，再把防风拉线上的圆环套进回头上，用钳子把回头煨成圆弧状。安装后使防风拉线的本体一侧靠近定位管，如图 5.11.5 所示。

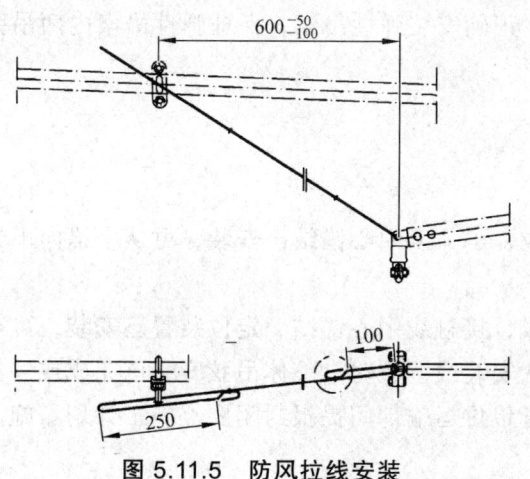

图 5.11.5　防风拉线安装

（10）重复上述（1）~（9）操作步骤，进行下一支柱安装。

【技术要求】

（1）定位装置的调整和弹性吊索的安装调整同时进行、同时达标。

（2）拉出值和定位器变化，定位管状态符合要求。

（3）正定位管抬头、反定位管低头均应符合设计要求。

（4）拉出值施工允许偏差为±30 mm。定位器的定位线夹相对线路安装位置同腕臂顺线路安装位置偏移的角度。

（5）连接螺栓紧固力矩符合产品要求，止动垫片应捩到位。

（6）作业过程严禁踩踏接触线或给接触线施加外力，以保证接触线的平直度和良好的高速弓网受流质量。

第十二节　弹性吊索安装

【教学目标】

（1）了解高速接触网弹性吊索安装的工序流程；

（2）掌握高速接触网弹性吊索安装的施工要点；

（3）培养学生高速接触网弹性吊索的安装能力。

【相关知识】

高速铁路运营的稳定性、可靠性主要取决于接触网和受电弓之间能否保证良好的接触与受流。当受电弓高速通过定位点时，会对定位器产生一种冲击力，这种冲击力会通过定位器的定位间隙和安装弹性吊索而减小。冲击力的减小会保证受电弓平稳地通过定位点，保证机车受流稳定。在高速铁路中，主要通过安装弹性吊索来减小这种冲击力。而弹性吊索内导线高度越一致，在定位点就越不会产生硬点，受电弓通过定位点时与接触线接触就越平稳，机车受流就越稳定。因此，正确安装弹性吊索，保证弹性吊索内两吊弦处导高与定位点导高一致，对于高速铁路意义重大。

【施工要点】

1. 施工准备

（1）承力索架设完成，承力索中心锚结已安装，可从中锚向下锚依次进行承力索归位和弹性吊索安装。

（2）接触线架设完成，接触线中心锚结、定位装置已安装，可与整体吊弦安装一并完成二次调整。弹性吊索二次安装或调整时，整体吊弦安装已完成或一并完成。

（3）提前向线路临管单位运输部门提报封闭要点施工计划。施工前应将作业车停放在需作业区间的邻近车站。

（4）将安装材料及工具提前装在作业车上。

（5）事先向安装施工人员进行技术交底和培训，使其清楚操作技术标准和安全注意事项。

2. 弹性吊索预制

（1）在预配车间按 18 m + 0.2 m 截取弹性吊索绳，弹性吊索绳为 35 mm² 青铜绞线。在弹性吊索绳总长的中间部位做上标记。弹性吊索预制示意图如图 5.12.1 所示。弹性吊索与腕臂中心对齐。

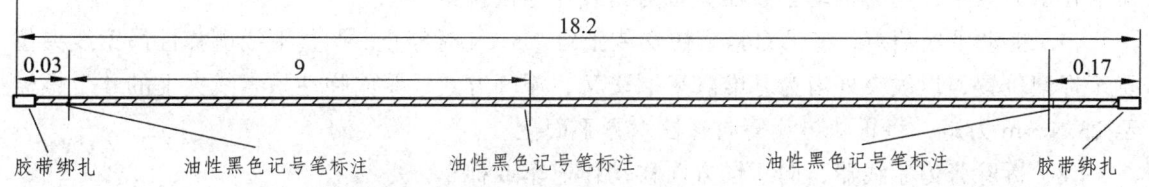

图 5.12.1　弹性吊索预制示意图（单位：m）

（2）端头及 170 mm 标记处用胶带绑扎。

（3）将预制好的弹性吊索盘好，入库。

（3）复查腕臂偏移和补偿装置：腕臂偏移复核后才能安装弹性吊索（一次偏移不到位，二次整改后需相应复核弹吊安装位置及张力），补偿坠砣符合额定张力要求，且补偿装置无卡滞。

3. 弹性吊索初安装

（1）作业车行至悬挂点处，升起作业架。展开弹性吊索，将 170 mm 标记一端朝向下锚侧，把中心标记临时用细铁线固定在腕臂中心（承力索座下方的斜拉线挂钩上），同时将用钢丝绳（φ4 mm）自制的测量绳一端的小钩，勾在斜拉线挂钩上。

（2）向中锚侧移动平台，同时展放弹性吊索，拉紧测量绳，在测量绳 9 m 或 7 m 位置停车，在承力索上做出标记。

（3）安装弹性吊索线夹，向上抽动短螺栓，露出线夹一侧，将线夹本体上夹板挂在承力索上，将短螺栓预紧，弹性吊索端头插入中夹板和下夹板之间，预紧 4 个螺栓，安装后螺栓由上向下，短螺栓在线路侧，长螺栓在田野侧。安装示意图如图 5.12.2 所示。

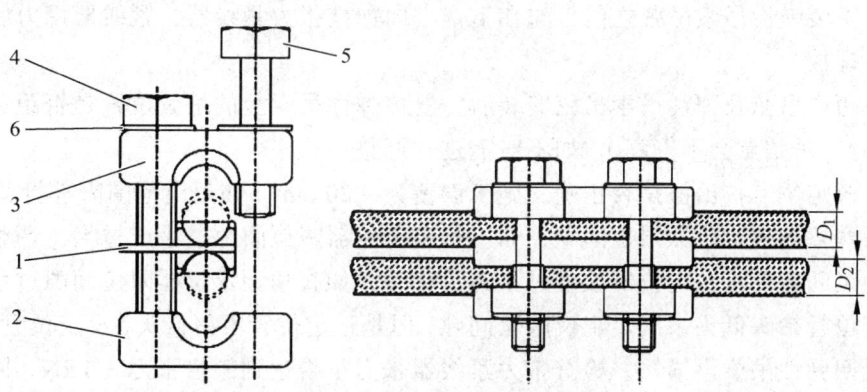

图 5.12.2　弹性吊索线夹安装示意图

1—中夹板；2—下夹板；3—上夹板；4、5—螺栓；6—垫片

（4）调整中锚侧弹性吊索外露，以线夹外沿为基准外露 30 mm。采取交叉、循环方式，紧固弹性吊索线夹上的 4 个螺栓至 23 N·m 力矩，将止动垫片掰向螺栓六方平面上。

（5）移动平台向下锚方向展放弹性吊索，将临时固定在承力索底座上的铁线拆除，拉紧弹性吊索后安装弹性吊索线夹，将短螺栓预紧，将弹性吊索端头插入中夹板和下夹板之间，露出 170 mm。

（6）将弹性吊索张力紧线器一端（小的）紧线器卡在弹性吊索上，另一端（大的）紧线器卡在承力索上，用力推动紧线器使张力紧线器尽量拉紧。

（7）摇动手扳葫芦，将张力紧至初安装张力 2.5 kN 时停止。调整下锚侧弹性吊索线夹位置于标记位置，以线夹外沿为基准。采取交叉、循环方式，紧固弹性吊索线夹上的 4 个螺栓至 23 N·m 力矩，将止动垫片掰向螺栓六方平面上。

（8）拆除张力紧线器，向下锚方向移动作业车或梯车。

（9）重复以上步骤安装下锚方向其余悬挂点处的弹性吊索。

4. 安装弹吊上的整体吊弦

（1）弹性吊索初安装完成后，与整体吊弦安装的同时将预制好的弹性吊索上的整体吊弦安装到位。

（2）弹性吊索的吊弦安装位置如图 5.12.3 所示，从悬挂点向两侧测量，误差小于 20 mm。

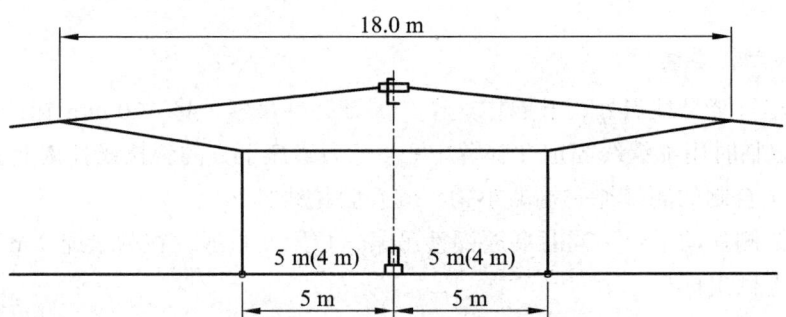

图 5.12.3　弹性吊索及吊弦安装位置示意图

5. 调整弹性吊索张力及悬挂调整

（1）在安装弹性吊索吊弦之前，先在下锚方向加挂张力紧线器，紧线器用力后，松开弹性吊索线夹螺栓。

（2）在跨中吊弦及弹性吊索吊弦安装后，复核弹性吊索上的吊弦位置是否距定位点 5 m（如位置不对，吊弦点会不等高），如不对需进行调整。

（3）复核定位点拉出值是否正确，施工误差为 ±20 mm，如超出范围需进行调整。

（4）用塞棒复核定位器限位间隙，如折角型定位器限位间隙过小或过大，调整定位器座上顶丝来满足间隙要求，定位器坡度过小时需移动；如直角型定位器限位间隙过小或过大，通过调整定位管抬头低头来满足定位限位间隙，但是正定位管不得低头，反定位管不得抬头。

（5）返回弹性吊索下锚侧，检查张力紧线器张力是否达到额定张力 3.5 kN，同时用接触网激光测量仪检查接触线高度，两个弹性吊索吊弦悬挂点与定位悬挂点接触线高度为等高，相对该定位点的接触线高度为±5 mm，但不得有"V"字形存在。

（6）跨中第一吊弦与相邻弹性吊索吊弦的高度差必须小于 10 mm，一般小于 5 mm。检查定位器限位间隙及定位器坡度，对不符合设计标准的进行调整。

（7）在完成2组以上弹性吊索调整及两跨以上整体吊弦后，检测跨中接触线有无负弛度和正弛度现象，通过增减弹吊张力或更换整体吊弦调整。相邻吊弦处接触线高差不应大于5 mm。相邻定位点处接触线高差不大于10 mm，接触线高度符合标准，误差为±20 mm。

（8）当弹性吊索张力调整达标至3.5 kN，误差在±50 N范围。靠近中锚侧跨中和悬挂点处接触线高度经测量符合要求，各悬挂点接触线高度调整至误差范围之内。

（9）将下锚方向弹吊线夹紧固至23 N·m力矩值，并将防松止动垫片掰向螺母六方侧平面上。

（10）拆除弹性吊索张力紧线器，向下锚方向移动作业车或梯车。

（11）重复以上步骤，依次调整下锚方向其余悬挂点。

【技术要求】

（1）弹性吊索必须从中心锚结向下锚方向安装。半个锚段范围内只能允许一个作业组进行调整。按顺序依次安装，不得跳跃，不能任意选择安装位置。

（2）弹吊安装前首先检查棘轮补偿装置，确保棘轮无卡滞、偏磨现象。对存在卡滞、偏磨现象，要在弹吊安装前进行整改调整，确保补偿作用正常，防止补偿装置不起作用，导致在安装弹性吊索、整体吊弦中发生错误。

（3）弹性吊索调整和悬挂调整应同时进行、同时达标。

（4）弹性吊索张力控制在3.5 kN，误差范围在±50 N。

（5）两个弹性吊索吊弦悬挂点与定位悬挂点接触线高度为等高，相对该定位点的接触线高度为±5 mm。

（6）跨中第一吊弦与相邻弹性吊索吊弦的高度差必须小于 10 mm，一般小于 5 mm。相邻吊弦处接触线高差不应大于 5 mm，相邻定位点处接触线高差不大于 10 mm，接触线高度符合标准，误差为±20 mm。

（7）弹性吊索张力调整时，不得对悬挂产生附加外力。作业过程严禁踩踏接触线或给接触线施加外力，以保证接触线的平直度。

第十三节 吊弦测量与预制

【教学目标】

（1）了解高速接触网吊弦测量与预制的工序流程；
（2）掌握高速接触网吊弦测量与预制的施工要点；
（3）培养学生高速接触网吊弦测量与预制的能力。

【相关知识】

吊弦的作用：接触线通过吊弦挂在承力索上，调节吊弦的长度可以保证接触悬挂的结构高度和接触线距轨面的工作高度，增加了接触线的悬挂点，提高电力机车受电弓的取流质量。

随着电气化铁路的迅速发展，接触网悬挂中吊弦零部件由过去的环节吊弦更替为耐腐蚀铜合金软铜绞线制成的整体吊弦。

整体吊弦为心形环式吊弦，分为两种情况：一是压接式整体吊弦，它是将确定好长度的整体吊弦线与承力索吊弦线夹及接触线吊弦线夹分别压接固定（可在工厂或施工现场的加工车间进行压接），施工时可一次安装到位不需要调整；二是螺栓可调式整体吊弦，是先将吊弦线与接触线的吊弦线夹进行压接固定，而与承力索的吊弦线夹的连接则是根据现场实际情况调整好吊弦线长度后再用螺栓固定，这种吊弦的特点是适应于吊弦长度变化无规律的地方，安装于关节转换支、线岔两端、分段绝缘器两端、中心锚节两端、非工作支等处。

【施工要点】

1. 测量与计算

（1）测量悬挂点承力索高度。

将多功能接触网检测仪放置在悬挂点下轨面上，操作检测仪，测出承力索距钢轨水平面的距离值报记录人，如图 5.13.1 所示。

图 5.13.1　激光测量仪测量

（2）测量跨距。

一人拉尺头，一人拿尺尾，其余一人中间扶钢尺，并拿平面图或事先将当天测量跨记录在一张纸上，向拿钢尺人报设计跨距数，一般每跨分两尺测完（曲线地段分三尺），如与实际不符，将测得的值进行加减后报记录人。

（3）吊弦计算。

根据测量的数据计算整体吊弦的预制长度及安装位置，计算应使用微机，采用成熟的计算软件。软件应考虑预留弛度及因竖曲线引起的预留弛度增减量因素。软件的输入数据为：跨距、承力索悬挂点的高度、偏移、悬挂重量参数、张力参数、线路参数等。输出数据应至少为：吊弦位置（吊弦距左侧定位点的距离或吊弦间距）、吊弦长度（承一导线间距离）、吊弦下料长度、吊弦两鸡心环的间距。

吊弦必须经过现场的试装，合格后方能批量计算。

2. 预 制

（1）施工准备。

领取预制计算单，并根据预制计算单和载流式整体吊弦的部件（见图 5.13.2）和整体吊弦类型（见图 5.13.3）从库房领取预制所需数量。检查外观质量并放置在预配作业台旁。

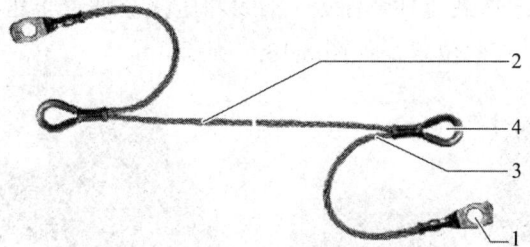

图 5.13.2 载流式整体吊弦部件图

1—线鼻子；2—吊弦线；3—压接环；4—心形环

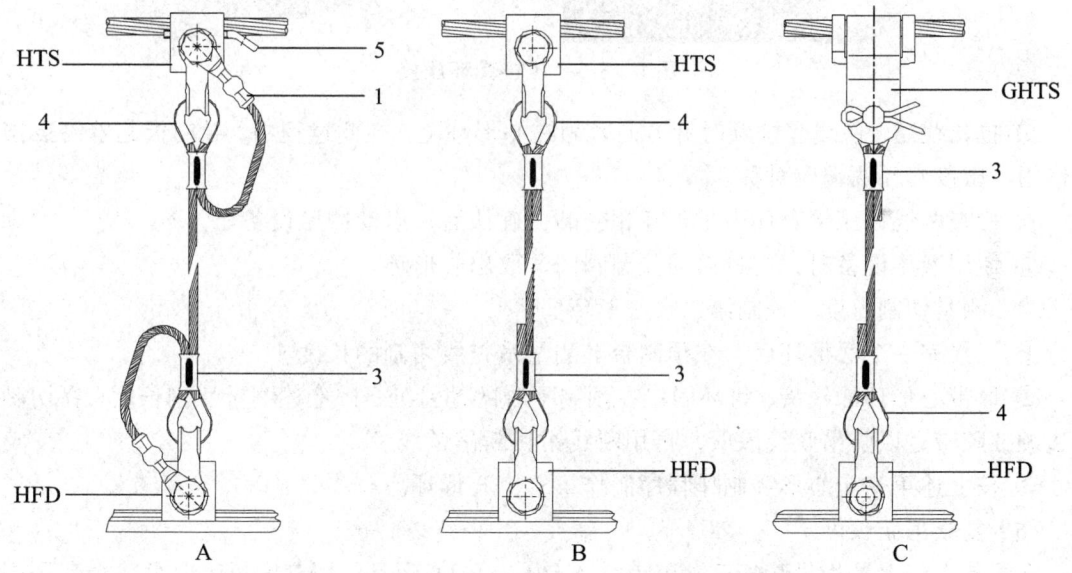

图 5.13.3 整体吊弦的类型

A—载流整体吊弦；B—整体吊弦；C—滑动整体吊弦；HTS—承力索上的吊弦线夹；
HFD—接触线上的吊弦线夹；GHTS—承力索上的滑动吊弦线夹；
1—线鼻子；3—压接环；4—心形环；5—线夹

（2）根据计算，确定吊弦长度。

高速铁路接触网吊弦长度一般由专用计算软件计算确定，以统一表格列表打印出长度值。

（3）预制第一个心形环。

① 将吊弦线穿过压接套环，在线的终端形成一个环后，再将线头穿回压接套环，并拉出。

② 在预制台上测量压接套环外的直线长度（300 mm），如图 5.13.4 所示。

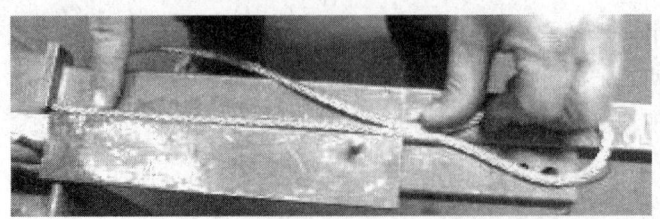

图 5.13.4　测量压接套环外的直线长度

③ 在这个位置上，轻压压接套环的回头侧，将压接套环固定在该位置。

④ 拿一个心形环固定在载流环弯曲处，将线和压接套环置于压接槽内，压接套环紧靠导向板，并处于压模相对中心的位置，如图 5.13.5 所示。

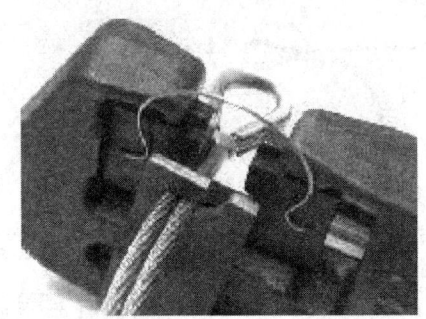

图 5.13.5　压接套环压接

⑤ 拉紧线尾，使线套按顺时针方向紧固在心形环上，在此过程中，导向板起着终点挡板的作用。压接套环两端应对称。

⑥ 检查两线在压接套环中是否互相密贴，确认后，启动冲压设备。

⑦ 使用液压设备时，通过启动控制阀门，取出心形环。

（4）测量切割长度，预制第二个心形环。

① 压接完一个心形环后，在预制台上测量吊弦线切割的长度。

② 取带心形环的线头，将环固定在预制平台的销钉处，按上述测量切割长度，在切割处两边缠捆胶带，以防吊弦线散股，再用断线钳切断吊弦线。

③ 按上述第一个心形环制作程序制作第二个心形环。

（5）复核吊弦长度。

在预制平台上检查吊弦长度，用销钉 A 钩住一个心形环，用刻度尺读取另一个套环内缘的尺寸，对于计算的吊弦，可将测得值与计算表中的值进行对比，确定预制的精确度。

（6）压接吊弦线鼻子。

① 在载流环线头上安装线鼻子，心形环和线鼻子的排列方向如图 5.7.5 所示。

② 合模压接必须保证压接模具上下模合拢，无间隙，一次压接到位，压接后尺寸应符合要求。

③ 重复上述程序（2）固定压接另一头的线鼻子。并注意线鼻子的相对位置。

（7）标识包装。

① 预制完一根后，用不干胶标签注明锚段号、××-×× 支柱第 × 根吊弦，并贴在承力

索吊弦线夹一端的压接套环上，以确保对号入座，准确安装。

② 一个锚段为一大单元，即为 2~3 捆，一个跨距为一个小单元（用铁线串在一起），为避免吊弦变形，在中间加一方木（与吊弦长相等），外包尼龙编织袋，均匀地用铁线捆紧 3 道，并加标签，注明××-××区间或车站××锚段××-××支柱，以便运输和安装。

【技术要求】

（1）吊弦必须在库房并采用专用平台和专用工具预制。
（2）预制操作人员应经培训，合格后方可预制作业。
（3）切割吊弦线时，应在切割处两边绕扎胶带，以免线头散股。
（4）吊弦线应无散股、断股现象，截面应符合设计要求。
（5）零配件表面光滑无毛刺，各部尺寸应符合设计要求。
（6）两压接套环应在同一平面内，两端线鼻子的弯曲方向相反。
（7）预制吊弦按站区并按一个锚段为大单元，五跨吊弦为一捆，一跨吊弦为一个小单元。
（8）每根吊弦应贴标签，标签应注明××锚段××-××支柱第×根吊弦。
（9）包装时按一个锚段为 2~3 捆，包装后应加贴标签，标签应注明区间或车站，××锚段××-××支柱。
（10）吊弦总长度不应小于 500 mm。

第十四节　吊弦安装

【教学目标】

（1）了解高速接触网吊弦安装的工序流程；
（2）掌握高速接触网吊弦安装的施工要点；
（3）培养学生高速接触网吊弦的安装能力。

【相关知识】

在高速电气化铁路接触悬挂结构上，对导线高度要求十分严格，即各悬挂点导线高度必须等高，其相对误差越小越好，吊弦要有较高的可靠性，并能在大电流系统中具有一定的导电性能，为使我国高速接触悬挂安装水平与国际水平接近，在高速铁路接触网中普遍采用整体吊弦。

整体吊弦具有如下特点：

（1）采用整体导流式吊弦结构，由于吊弦与线夹间为压接连接工艺，机械强度高，在电气上具有不间断性，可承受一定的电流，避免了环节吊弦产生的磨损和电火花烧伤等情况。
（2）耐腐蚀，寿命长，适用机械化加工制作，有利于批量生产。
（3）经过精确计算后，一次性安装不需调整，减轻了维修工作量。

【施工要点】

1. 施工准备

（1）提前向线路临管单位运输部门提报封闭要点施工计划。施工前应将作业车停放在需作业区间的邻近车站。

（2）将所安装的整体吊弦按施工表从库房领出，并进行外观质量检查和数量型号确认后，连同工具在安装前一天18时以前装到作业车上。

（3）事先向安装施工人员进行技术交底和培训，使其清楚操作技术标准和安全注意事项。

（4）施工当天，施工人员在封闭点前20 min到达车站并上作业车做好准备。

（5）司机接到封闭线路命令后，听从车站值班人员指挥，启动作业车运行至施工地点。

2. 测量吊弦安装位置，安装吊弦

（1）测量人员带测量工具下车，按计算表，开始测量吊弦安装位置，用粉笔在钢轨上做出标志，或采取沿着导线测量的方法（一端使用夹子）。

（2）作业车对位，升作业台，作业台上安装人员扶起作业凳，上凳系好安全带，一人将需安装的吊弦传递给安装人员。

（3）施工负责人用线坠对准钢轨上的安装位置，反引到承力索上，安装人员配合，并标记安装位置。先安装承力索上的吊弦线夹，再安装接触线上的吊弦线夹。承力索上吊弦线夹安装如图5.14.1所示，接触线上吊弦线夹安装如图5.14.2所示。

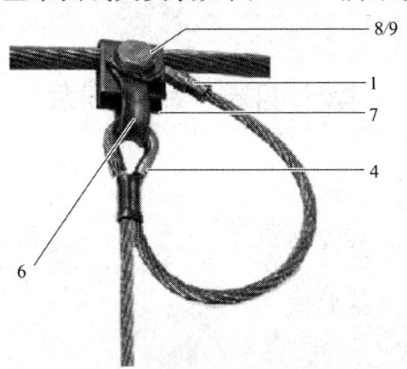

图5.14.1 承力索吊弦线夹安装

1—线鼻子；4—心形环；6—线夹箍；7—吊环；8/9—六角螺栓及螺母M10

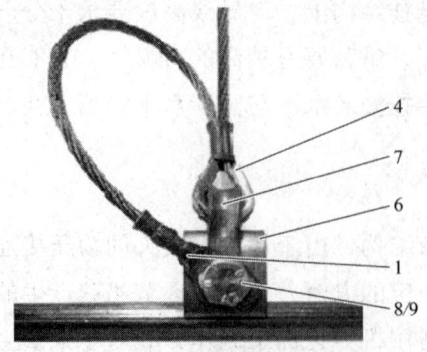

图5.14.2 接触线吊弦线夹安装图

1—线鼻子；4—心形环；6—线夹箍；7—吊环；8/9—六角螺栓及螺母M10

（4）先用刷子清除掉承力索、接触线安装吊弦线夹部位的灰尘和氧化物层，并在安装位置涂一层电力复合脂。

（5）拆开吊弦线夹，先将吊弦线夹的线夹箍固定在承力索上，将吊弦穿过吊弦心形环，将六角螺栓穿过线鼻子及防松垫片的孔，把吊环推过线夹箍，将六角螺栓穿入吊环和线夹箍及防松垫片，带上六角螺母。

（6）将 U 型销钉从六角螺栓和承力索之间插入，如图 5.14.3 所示。

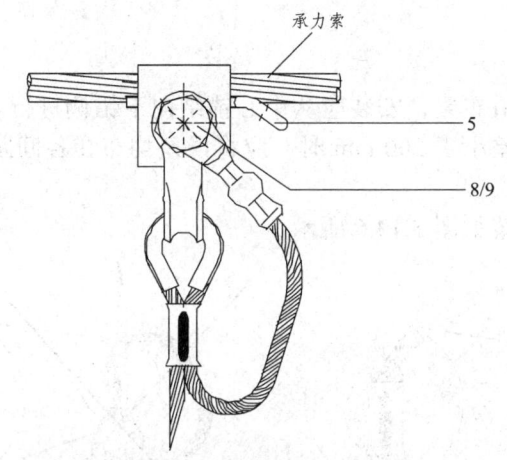

图 5.14.3　U 型销钉安装图（仅 95 mm² 承力索使用）
5—U 型销钉；8/9—六角螺栓及螺母 M10

（7）用梅花扳手拧紧螺栓与螺母，用力矩扳手检测紧固力矩并达标，然后按要求将防松垫片的长短折弯将止动垫片煨到位。

（8）拆开接触线吊弦线夹，以便安装。将吊环穿过吊弦心形环，将六角螺栓穿过线鼻子的孔及防松垫片的孔，把吊环推过线夹箍，抬住接触线，将线夹箍放置在接触线的凹槽里，把带线鼻子的六角螺栓推进吊环和线夹箍及防松垫片，戴上螺母。安装人员用线坠检测吊弦垂直度，并调整达标。再用梅花扳手紧固，并用力矩扳手检测紧固力矩应符合设计要求。并按要求将防松垫片的长短片折弯，如图 5.14.4 所示。将止动垫片煨到位。

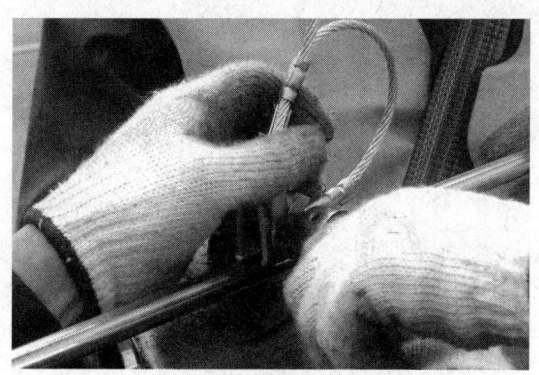

图 5.14.4　接触线吊弦线夹安装实图

（9）重复上述（1）~（8）程序进行下一吊弦安装。

3. 测量导高

（1）一个锚段吊弦安装全部完成后，应逐个按悬挂点、吊弦点检测接触线下缘距轨面连线的高度。

（2）记录人员如实记录，并将记录交技术负责人，技术负责人根据检测结果判定吊弦长度是否合格，并出具处理意见，安装人员根据意见处理达标。

（3）接触线高度变化的坡度及预留弛度均为 0。相邻两根吊弦间的导高差不大于 10 mm（通常不大于 5 mm）。

【技术要求】

（1）吊弦间距按计算值布置，安装应从中心锚结向下锚侧进行。

（2）吊弦间距测量偏差小于 200 mm 时，应将误差均布在各间距内；如大于 200 mm 时，应上报技术负责人，不得安装。

（3）吊弦的导线环安装如图 5.14.5 所示。

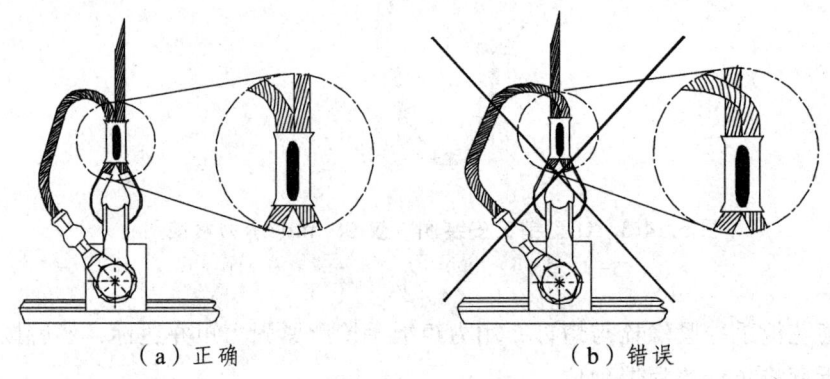

（a）正确　　　　　　（b）错误

图 5.14.5　导线环安装图

（4）吊弦的导线环，接触线端朝向行车前进方向侧，承力索端朝向行车的反方向侧。如图 5.14.6 所示。

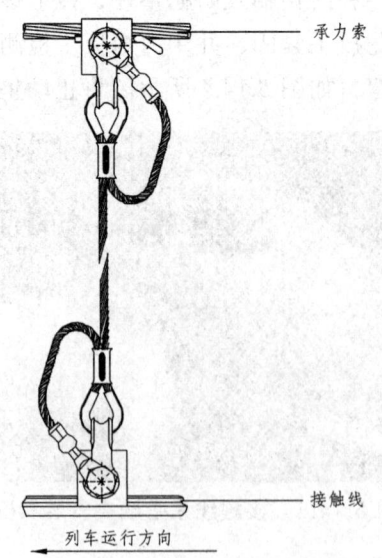

图 5.14.6　导线环的位置图

（5）吊弦应端正，垂直及线夹倾斜角度小于15°时（谨慎执行），线鼻子应安装在螺栓头侧，如图5.14.7所示。

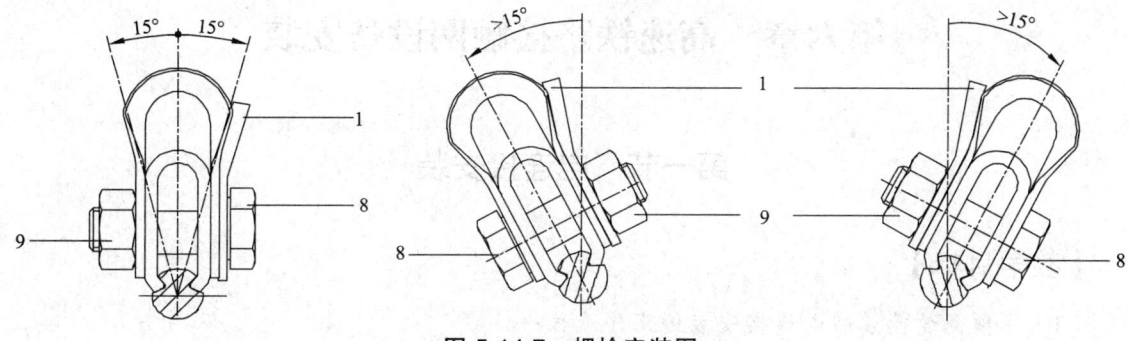

图 5.14.7　螺栓安装图
1—线鼻子；8—六角螺栓；9—六角螺母

（6）吊弦顺线路安装位置应符合设计要求，施工允许偏差为 ±50 mm。
（7）吊弦线夹连接螺栓紧固力矩为 25 N·m，止动垫片应煨到位。
（8）在任何温度环境下均垂直安装，偏差不得大于 20 mm。
（9）吊弦间距测量的起测点与闭合点均以悬挂点为准。
（10）安装线夹位置的承力索、接触线及线夹与承力索、接触线的接触面均应把灰尘、氧化物等清除干净，并涂一层电力复合脂。
（11）每一悬挂点拉出值方向应在布置表中明确，并注明吊弦线夹螺栓穿向。
（12）作业过程严禁踩踏接触线或给接触线施加外力，以保证接触线的平直度。

复习思考题

1. 说明支柱安装及整正的技术标准。
2. 说明腕臂预配的工艺流程。
3. 说明人工安装腕臂的步骤。
4. 棘轮安装的工艺流程。
5. 接触线在展放过程中应注意哪些事项？
6. 定位装置范围包括哪些？
7. 说明弹性吊索的安装步骤。
8. 说明吊弦预制的技术要求。
9. 吊弦线夹的组成有哪些？

第六章　高速铁路接触网设备安装

第一节　电连接安装

【教学目标】

（1）了解高速接触网电连接安装的工序流程；
（2）掌握高速接触网电连接安装的施工要点；
（3）培养学生高速接触网电连接的安装能力。

【相关知识】

一、电连接的作用

电连接将接触悬挂各供电分段间的电路连接起来，保证电路的畅通，通过电连接可实现并联供电，减少电能损耗，提高供电质量。

电连接线是用导电性能好的材料制成，正线采用 TJ120 mm² 软铜绞线，站线、联络线采用 TJ95 mm² 软铜绞线。

二、电连接的分类

电连接按使用位置不同，分为横向电连接、锚段关节电连接、道岔电连接和股道电连接。

1. 横向电连接

横向电连接主要作用是能实现并联供电，主要用于载流承力索区段，使承力索承担的牵引电流通过电连接线进入接触线流向受电弓，需要每隔 200~250 m 在承力索与接触线间安装一组横向电连接。

2. 锚段关节电连接

锚段关节电连接用于锚段关节处两支接触悬挂间的电气连接，保证牵引电流通道的可靠性。

3. 道岔电连接

道岔电连接用于道岔两支接触悬挂间的电气连接。道岔电连接和锚段关节电连接的外形结构相同。

4. 股道电连接

股道电连接用于多股道接触悬挂间的电气连接。

站线接触悬挂的接触线一般比正线线径小，为满足站场上电力机车启动时所需的大电流，在各股道间安装股道电连接线，实现几股道接触网并联供电，可减少能耗和电压损失。

【施工要点】

1. 施工准备

（1）根据安装示意图或装配图材料表检查零部件是否齐全；检查零件是否有影响使用的质量缺陷或变形；各零部件的型号是否一致。

（2）按施工需要裁剪预设规格及长度的电连接线，裁剪电连接线时应用胶带缠绕固定裁剪部位，并采用带弧形刀口的剪线钳，防止裁剪时线头散开、变形，影响穿线。

（3）准备好专用工具，电动液压泵及配套的压接钳，与需压接线夹以及钳口适配的压接（拆卸）模具。液压泵的压力不小于 70 MPa，电动液压钳压接力不小于 24 t。出发前往工作现场前应检查压力是否正常，油路、油管、钳口、阀、模具是否均完好。

2. 测量

（1）横向电连接。

在安装吊弦的同时，用钢卷尺测量电连接安装处承力索与接触线铅垂方向的距离，并在该处安装一吊弦线夹，做出标记，为预制安装提供依据（也可从吊弦长度计算表中查出）。

（2）股道电连接。

在安装站内吊弦的同时，用钢卷尺在安装处测量各股道承力索与接触线铅垂方向的间距及股道间距，并在该处安装一吊弦线夹作为标记，做好记录，作为预制的依据。

（3）道岔电连接。

在安装线岔调整的同时，用钢卷尺在安装道岔电连接处测量两股道承力索与接触线及两承力索的水平间距，并在该处安装一吊弦线夹作为标记，做好记录，作为预制的依据。

（4）关节电连接。

在安装调整关节的同时，用钢卷尺在安装位置测量非、工作支承力索与接触线的间距及两承力索的水平间距，并在该处安装一吊弦线夹作为标记，做好记录，作为预制的依据。

3. 预制

（1）横向电连接。

根据实测（计算）数据，计算出电连接线所需的总长度，截取软铜绞电连接线，计算时对于结构高度≤1 m 的地方，电连接长度按承力索与接触线呈"C"字形状；结构高度>1 m 的地方，电连接长度按承力索与接触线呈"S"形状计算，如图 6.1.1 所示。

（2）股道电连接。

股道电连接如图 6.1.2 所示。

预制人员根据技术人员计算的长度测出所需电连接线的长度，做出标记，在标记两边用绑线绑扎牢固后，用断线钳剪取，并盘成盘捆紧，贴上××车站××-××股道标签，以防安装错误。

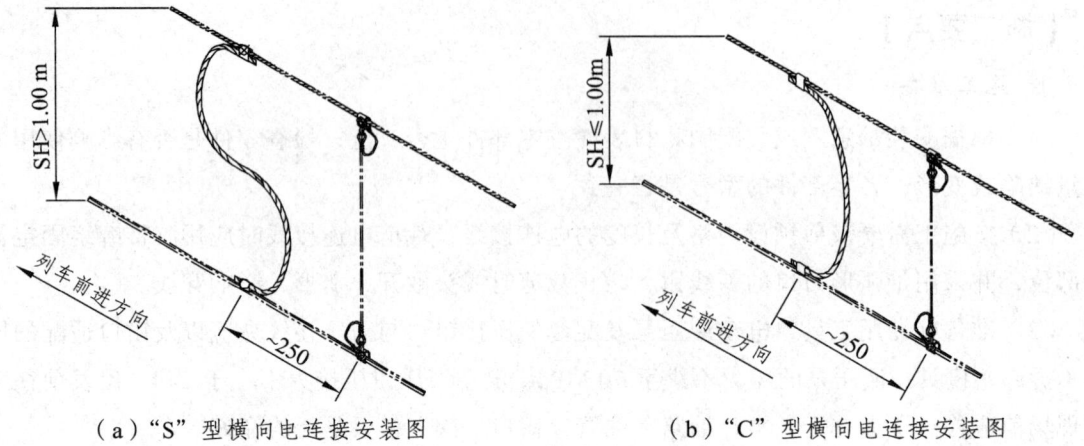

（a）"S"型横向电连接安装图　　　　（b）"C"型横向电连接安装图

图 6.1.1　横向电连接

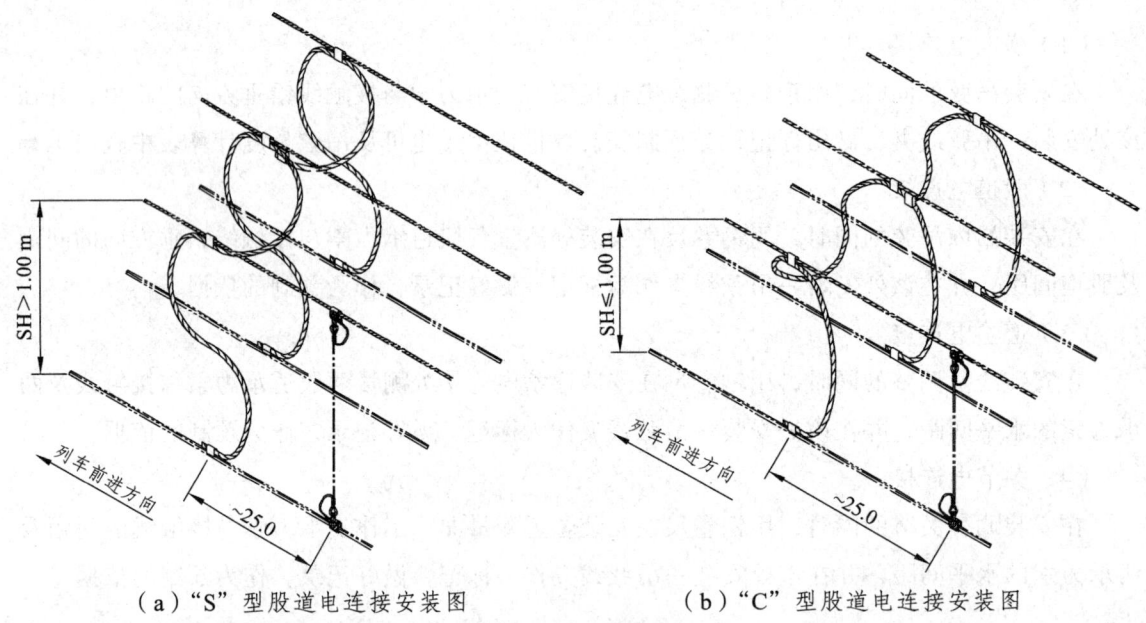

（a）"S"型股道电连接安装图　　　　（b）"C"型股道电连接安装图

图 6.1.2　股道电连接

（3）道岔电连接。

道岔电连接如图 6.1.3 所示。

预制人员根据技术人员计算的长度测出所需电连接线的长度，做上标记，在标记两边用绑线绑扎牢固后，用断线钳剪取，并盘成盘捆紧，贴上××车站××道岔标签，以防安装错误返工。

（4）关节电连接。

关节电连接如图 6.1.4 所示。

预制人员根据技术人员计算的长度测出所需电连接线的长度，做上标记，在标记两边用绑线绑扎牢固后，用断线钳剪取，并盘成盘捆紧，贴上××车站（或区间）××杆号标签，以防安装错误返工。

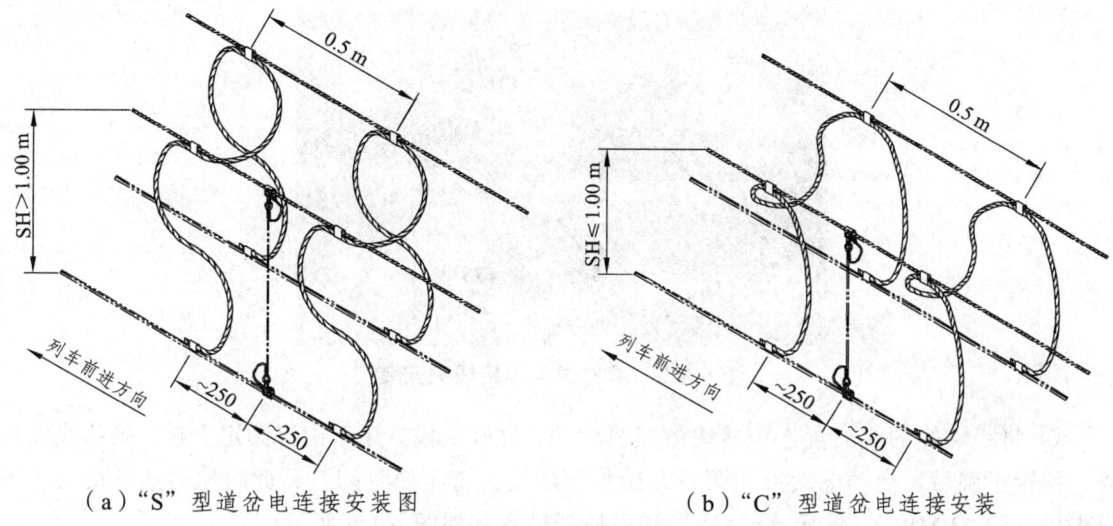

(a)"S"型道岔电连接安装图　　　　　　(b)"C"型道岔电连接安装

图 6.1.3　道岔电连接

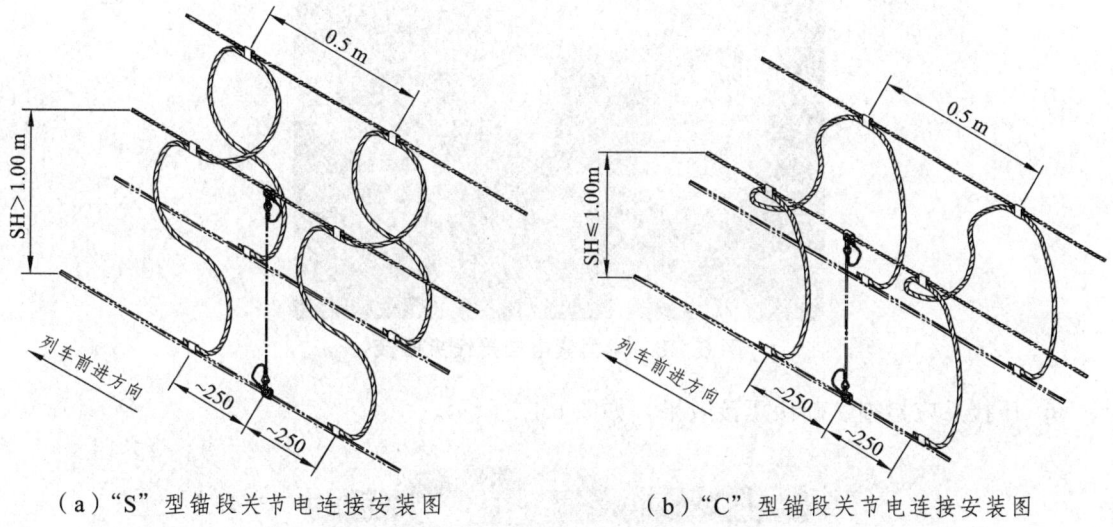

(a)"S"型锚段关节电连接安装图　　　　(b)"C"型锚段关节电连接安装图

图 6.1.4　锚段关节电连接

4. 电连接线夹压接

(1)承力索电连接线夹压接。

① 将压接处的承力索、电连接线表面及电连接线夹、中夹板压接面用砂带（或砂纸）打磨，去除零件及线索表面的氧化皮，清理后的表面应目测呈金属亮色。打磨后用软刷清理干净打磨的粉末等杂物，确保压接部位清洁。

② 打磨及清洁后在零件需要压接的内表面分别均匀、少量地涂一层导电油脂。

③ 准备长度为 140~150 mm 的电连接线单丝备用，用于绑扎电连接线端部。

④ 将线夹本体挂在承力索压接处，电连接线穿过线夹，使线夹本体带有沟槽的一边在直径较小的一侧；穿入中夹板，中夹板两端与线夹本体面平齐，中夹板圆弧应与相应的线索配合，并使打有型号标识的一侧朝外。如图 6.1.5 所示。

图 6.1.5　承力索电连接线夹安装

⑤ 将组配好的线夹置于压接钳的模具中间，放好上模，穿上销钉固定上模。确认线夹组成、位置正确后，启动电动液压泵，开始加压压接，直至模具闭合，此时压力达到最大（压力表指示约 73 MPa），保压 5 s，然后卸压松开模具。如图 6.1.6 所示。

图 6.1.6　承力索电连接线夹压接

⑥ 压接后应检查、确认压接效果。如图 6.1.7 所示。

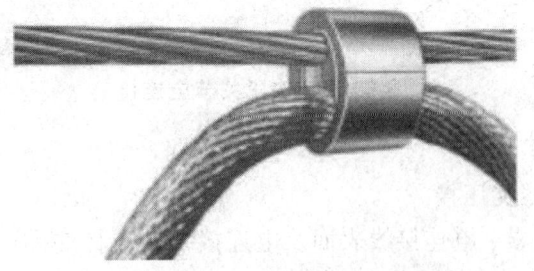

图 6.1.7　承力索电连接线夹压接效果图

中夹板不得卡在线夹开口之间；不得有裂纹；不得有松动；压接接合处不得有胶带等绝缘夹杂物；压接后不得夹线；压接时必须用对应模具压接。

（2）接触线电连接线夹压接。

① 将压接处的接触线、电连接线及电连接线夹内表面用砂带（或砂纸）打磨，去除氧化皮及污秽，清理后的表面应目测呈金属亮色。打磨后用软刷清理干净打磨的粉末等杂物，确保压接部位清洁。如图 6.1.8 所示。

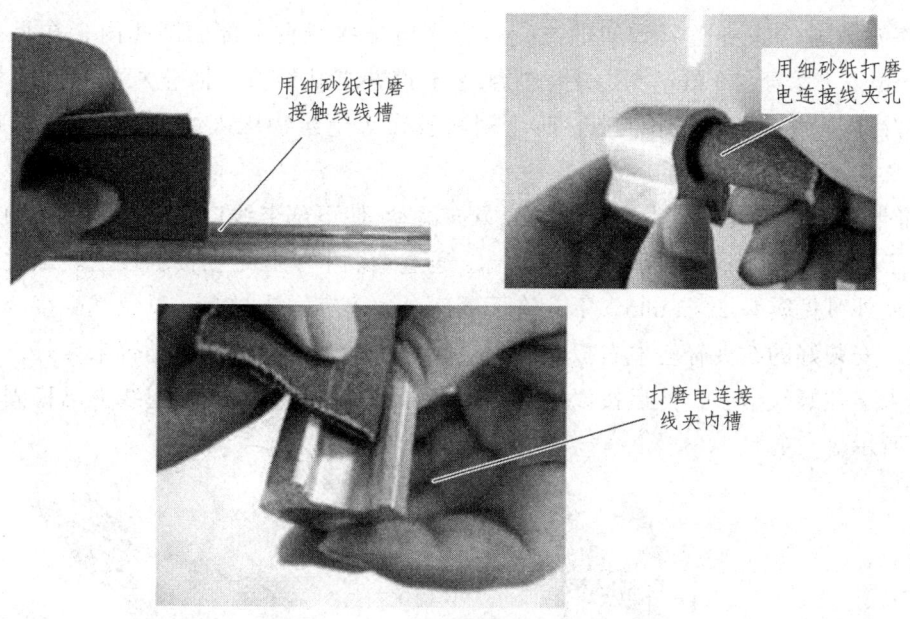

图 6.1.8　接触线电连接打磨

② 打磨及清洁后在零件需要压接的内表面分别均匀、少量地涂一层导电油脂。在线夹的通孔内、沟槽及接续线索的压接部位涂一层导电膏。如图 6.1.9 所示。

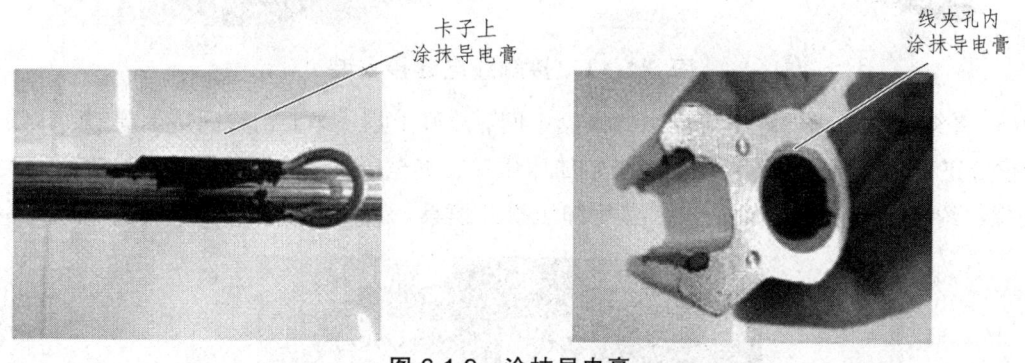

图 6.1.9　涂抹导电膏

③ 将卡子的两肢稳固地卡在接触线上需安装线夹部位的沟槽内,卡子的开口朝向机车前进方向。如图 6.1.10 所示。

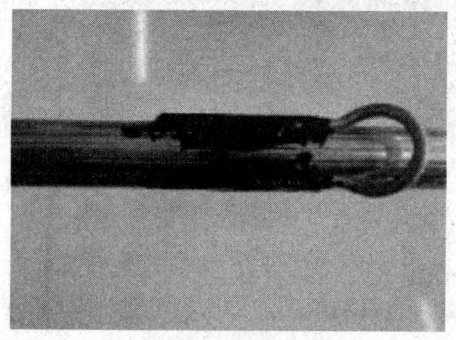

图 6.1.10　安装卡子

④ 将裁好并端头齐整紧致的电连接线穿入电连接线夹上部的圆孔内，在另一端露出大约 10 mm，不大于 20 mm。用细铜丝缠绕 5 道并绑扎线头，防止压接时线头散开。绑扎好后去除干净线头上的塑料胶带，防止塑料胶带等绝缘物压入线夹穿线孔，影响电气连接性能。

⑤ 将带有电连接线的线夹本体顺导线方向滑动，使下部卡线口从已安装在接触线线槽中的螺纹卡子开口端移动到螺纹卡子的折弯端，通过螺纹卡子固定在接触线上。螺纹卡子开口端应在线夹外可见露头 2～3 mm，不允许不露头，也不宜露头过多，以免减少接合部分螺纹配合长度。安装好的线夹轻轻左右扳动应不会脱落，否则应检查卡子是否未装好，或线夹是否有一边未卡住螺纹卡子，然后按以上步骤重新安装及检查，直至确定线夹已稳固安装。如图 6.1.11 所示。

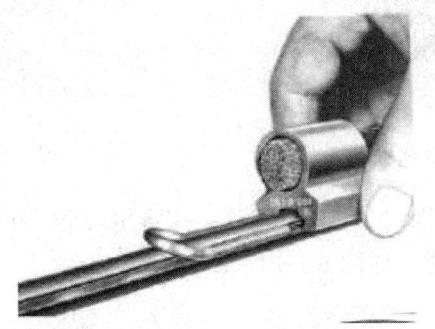 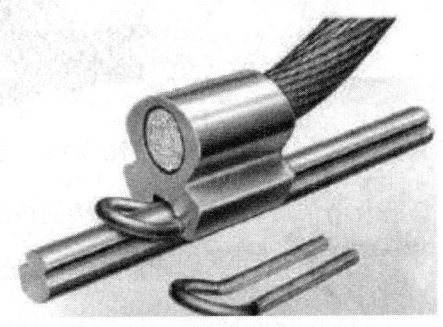

图 6.1.11　接触线电连接安装

⑥ 将组配好的线夹置于压接钳的模具中间，放好上模，穿上销钉固定上模。确认线夹组成、位置正确后，启动电动液压泵，开始加压压接，直至模具闭合，此时，压力达到最大（压力表指示约为 73 MPa），保压 5 s，然后卸压松开模具。如图 6.1.12 所示。

图 6.1.12　接触线电连接压接

⑦ 压接后应检查、确认压接效果。

与线槽契合的卡子必须保证平行压接于线槽内，不得出现一肢或者全部两肢跳出接触线的线槽。出现任一肢跳出接触线的线槽即为不合格，应予以更换。如图 6.1.13 所示。

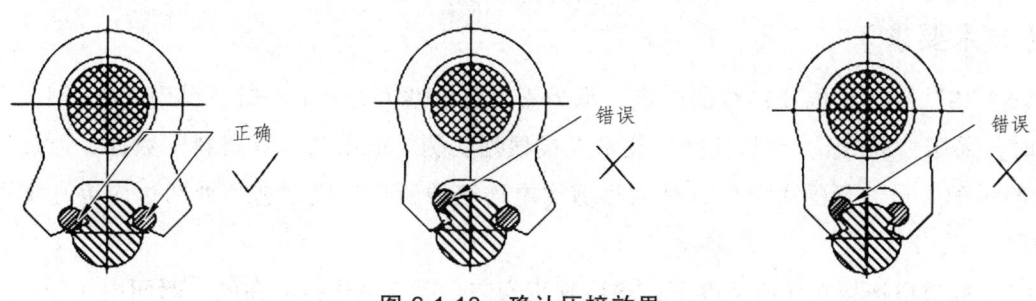

图 6.1.13　确认压接效果

每套电连接线夹的螺纹卡子均应保证卡子从一端插入后,在另一端露头 1~3 mm,但不得大于 3 mm。卡子不出头或插入过深(露头大于 3 mm)即为不合格,应予以更换。如图 6.1.14 所示。

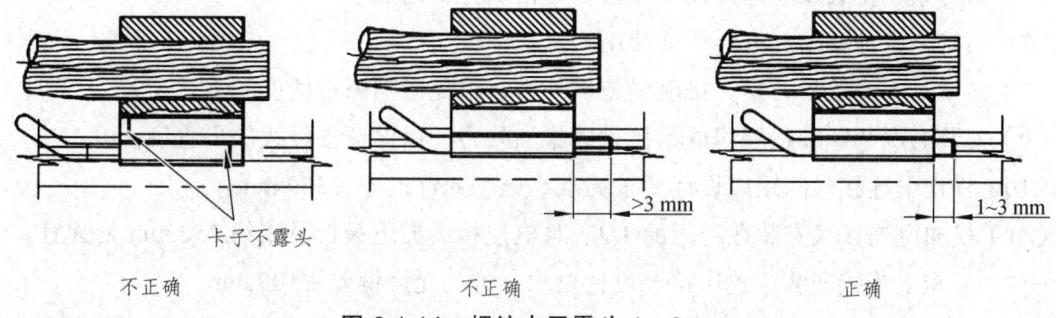

图 6.1.14　螺纹卡子露头 1~3 mm

压偏的电连接线夹在线夹底部会出现单侧窄小直面,此直面的高度不得大于 2 mm,大于 2 mm 的会影响线夹机械性能,应及时更换。如图 6.1.15 所示。

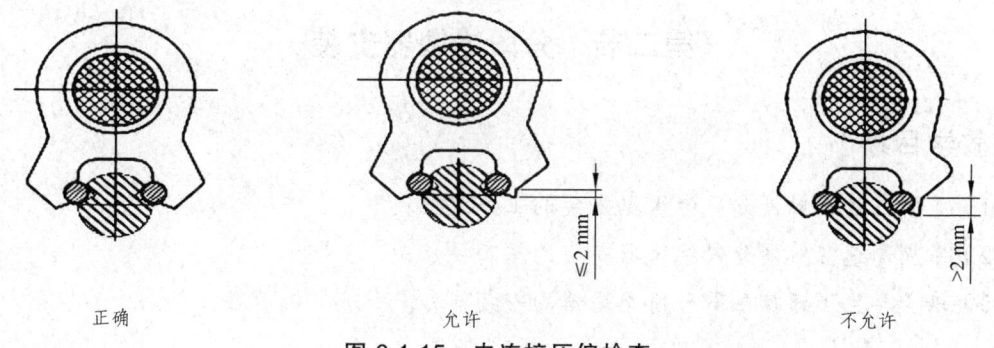

图 6.1.15　电连接压偏检查

压接后的线夹进行尺寸检查。高度:从接触线底面至线夹顶面的总高度尺寸,150 mm² 接触线时为 39~40 mm,120 mm² 接触线时为 37~38 mm,85 mm² 接触线时为 35~36 mm。宽度:压接后的线夹最大宽度为 26~27 mm。不符合尺寸的应予以更换。

压接后的电连接线夹不得出现裂纹,一旦发现有裂纹应立即更换。

电连接线与接触线电连接线夹压接孔内不允许存在塑料胶皮等影响电气性能的夹杂物。应确认压接孔内未压入(裹入)塑料胶皮,如果发现有塑料胶皮压入(裹入)线夹压接孔内,应立即组织予以更换。

【技术要求】

（1）"S""C"型电连接线的确定：承力索与接触线间距≤1 m时，采用"C"型；大于1 m时，采用"S"型。预制长度由技术人员根据实测（或吊弦计算资料）数据，通过计算提供给预配人员，预配人员依据其数据剪取电连接线所用长度，剪切处两边应绑扎牢固以防散股。

（2）股道电连接在任何温度下，均应垂直安装，股道电连接应在同一断面内。

（3）道岔电连接应安装在始触区以外。

（4）凡与线索接触面均应涂电力复合脂。

（5）承力索、接触线电连接线夹应垂直安装，且上、下行基本对齐。

（6）承力索、接触线电连接线夹压接应严格执行工艺要求。

（7）不符合设计要求的材料严禁使用。

（8）测量时不要给承力索、接触线施加外力，以免影响测量精度。

（9）安装时严禁踩踏接触线或给接触线施加外力，以保证接触线的平直度。

（10）横向电连接的间距以设计要求为准，施工允许偏差±300 mm。

（11）横向电连接线安装在跨距的1/3、且电连接线夹距最近吊弦约250 mm处为宜。

（12）股道电连接安装位置应符合设计要求，施工允许偏差±100 mm。

（13）接触线电连接线夹处导高应不低于最近吊弦处的导高（关节电连接以工作支导高），施工允许偏差0~3 mm。

第二节 分段绝缘器安装

【教学目标】

（1）了解高速接触网分段绝缘器安装的工序流程；
（2）掌握高速接触网分段绝缘器安装的施工要点；
（3）培养学生高速接触网分段绝缘器的安装能力。

【相关知识】

分段绝缘器又称分区绝缘器，它安装在各车站渡线、装卸线、机车整备线、电力机车库线、专用线等处。分段绝缘器起同相电分段的作用。

随着我国高速铁路的发展，需要灭弧效率高、运行速度高、寿命长、维护方便的分段绝缘装置，主要有从瑞士AF公司引进的AF分段绝缘器（我国引进国产化后称为XTK消弧分段绝缘器或通用型分段绝缘器）、法国西门子轻型分段绝缘器、德国Re200C型分段绝缘器和DXF-1.6（Ⅱ）型分段绝缘器。

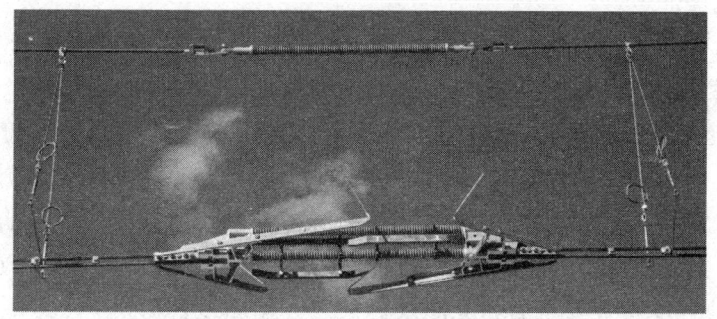

图 6.2.1　DXF-1.6（Ⅱ）型分段绝缘器

DXF-1.6（Ⅱ）型分段绝缘器结构如图 6.2.1 所示。主体采用三角结构，由三根合成绝缘子以三角形布置与两端金属构架通过高强度黏结而成整体，以增加整体的刚性，克服平面结构易产生挠度的缺点，且主绝缘棒与受电弓为非接触式，在主绝缘两侧有相对斜边对称的金属滑道和构成平面的辅助绝缘滑道使底面成为闭合平面，与电力机车受电弓接触，其本体通过接触线夹与接触线连接，同侧两金属滑道间有 300 mm 的空气间隙（消弧角隙），以便两端有电位差时进行消弧，防止主绝缘件的烧损，两侧相对的金属滑道间有一个重叠区，保证供电的连续性。

【施工要点】

1. 施工准备

（1）对操作人员进行技术交底和培训，使作业人员熟练掌握操作方法和技术标准，清楚安全注意事项，并进行样板安装，作业人员应通过考核，合格后方可上岗作业。

（2）提前向线路临管单位运输部门提报封闭要点施工计划。施工前应将作业车停放在需作业区间的邻近车站。

（3）根据施工计划，从库房领取所需安装材料，并进行外观质量及规格型号检查确认。

（4）将施工所需材料和工具提前装在安装作业车上。

2. 测量安装位置

（1）司机接到驻站联络员的线路封锁命令、接触网停电命令和车站调度室的发车指令后，起动接触网作业车到达施工作业地点。

（2）到达施工地点后，施工负责人派人验电、现场防护，确认停电后挂接地线。

（3）利用激光接触线参数测量仪找出接触线拉出值为"0"的位置，并在接触线上做标记，确认该点为分段绝缘器中心。同时确认承力索与接触线在一个垂面上，如果不在，应调整分段绝缘器相邻两个定位点的承力索与接触线的拉出值。

（4）利用线坠将接触线上的分段绝缘器中心点垂直投影到承力索上并做标记，该点为承力索绝缘棒中心点。

3. 测量安装高度

接触悬挂及吊弦安装后，利用激光接触网参数测量仪测量分段绝缘器两端和分段绝缘器两侧邻近定位点的接触线高度，做好记录。

4. 安装悬挂装置

（1）从承力索绝缘棒中心向两侧取承力索绝缘棒总长的一半，并划线。

（2）从划线处向承力索绝缘棒中心点量取承力索终端连接后的富余长度，并标记划线，该点为断线点。

（3）在距承力索绝缘棒中线点 2 500 mm 的位置，安装紧线器、手扳葫芦；一人摇动手扳葫芦开始紧线，安排两人，分别一人一端注意观察紧线器的状态，等手扳葫芦完全受力并稳定，承力索松弛程度符合要求后，从断线标记点开始断线。

（4）安装承力索终端线夹，并用力矩扳手对终端线夹按产品安装说明书和设计要求进行安装紧固。

（5）安装承力索绝缘棒，穿入销钉、开口销，并将开口销掰开不小于 120°，开口销两支腿均要掰开。

（6）确认连接可靠后，缓慢摇动手扳葫芦，注意观察承力索绝缘棒受力状态，使其完全受力并确认受力稳定后拆除手扳葫芦、紧线器。

5. 安装分段绝缘器

（1）DXF-（1.6）Ⅱ分段绝缘器在工厂内已经对金属滑道进行了调整和固化，确保了金属滑道、绝缘辅助滑道在同一平面上，现场安装好后仅需通过吊弦调整分段绝缘器本体水平且保证两端与接触线连接处过渡平滑即可。

（2）从已标记于接触线上的分段本体中心点向两侧分别量取 560 mm 划线标记。

（3）将分段绝缘器接触线接头线夹的梢轴中心安装于距分段绝缘器中心 560 mm 处，即划线标记处，并根据接触线规格安装于与接头线夹相对应的位置，同时将并沟线夹、辅助导线（辅助导线与接触线规格应相同）按图 6.2.2 所示位置安装，将接头线夹螺栓用力矩扳手按产品说明书和设计要求以先中间后两边的紧固顺序循环紧固到位。

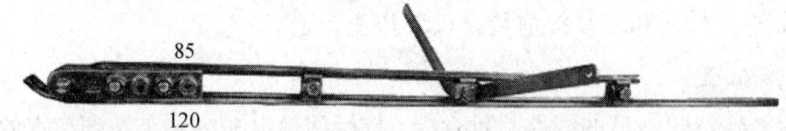

注：85、120 为接触线接头线夹卡槽的型号，安装中辅助导线与接触线的规格应相同。

图 6.2.2　接头安装示意图

（4）按图 6.2.3 所示间距，安装并沟线夹与吊弦支撑，两吊弦支撑应交叉安装，并按设计要求紧固螺栓。

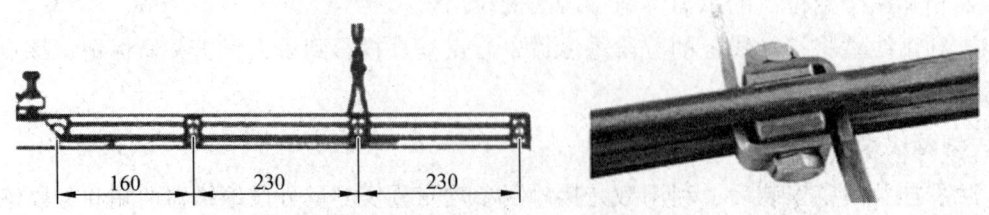

图 6.2.3　并沟线夹分布及吊弦支撑安装图（单位：mm）

（5）在分段绝缘器中心两侧 2 500 mm 处安装紧线器，连接手扳葫芦，一人缓慢摇动手扳葫芦，另两人观察紧线器状态，等手扳葫芦受力稳定，确认接触线松弛度符合断线要求后，在导线中部断线，用煨弯器使接触线接头线夹端部接触线尽量与线夹密贴向上弯曲 45°，并在线夹端部断线。

（6）让分段绝缘器本体上的沟槽套住接头线夹的轴，缓慢摇动手扳葫芦松线，同时观察紧线器及分段本体的受力情况，在松线过程中确保接头线夹的两个轴嵌入分段本体的 U 型沟槽内，确认分段本体受力稳定后，拆除手扳葫芦、紧线器。

（7）如图 6.2.4 所示，从滑板端部向分段中心量取 50 mm，把水平尺放在此处，用扳手紧固调整螺栓，直到水平尺处的接触线与滑板在同一水平面内，紧固调整螺栓的防松螺母。

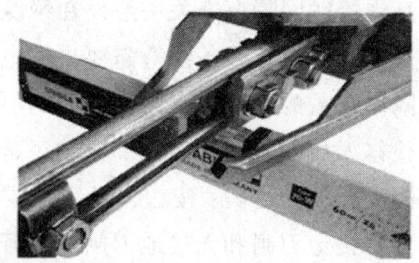

图 6.2.4　分段端部调整图

（8）安装分段绝缘器吊弦线，通过调整承力索的调节吊弦线夹，将分段本体粗略调平并保证其负弛度符合设计要求后，按产品说明书和设计标准紧固承力索调节吊弦线夹螺栓。

（9）利用激光接触网参数测量仪和水平尺，通过调节花篮螺丝保证分段绝缘器滑板所在平面与轨面平行，并再次检测分段负弛度、偏移量。

6. 模拟冷滑

确认全部参数符合要求后，用带模拟受电弓的作业车，以 40 km/h 车速对分段绝缘器进行正反方向的模拟冷滑检测，受电弓应平稳地通过分段绝缘器，不得有打弓现象，如有打弓点，应重新进行调整。

【技术要求】

（1）分段绝缘器安装位置应符合设计要求。

（2）分段绝缘器各部位连接螺栓紧固力矩应符合产品说明书和设计要求。

（3）分段绝缘器导流板与接触线接头处应平滑，与受电弓接触部分与轨面平行，不应产生硬点。

（4）分段绝缘器两端接触线高度严格按照产品说明书和设计要求进行安装。

（5）在有承力索绝缘子时，其中心与分段绝缘器中心在同一铅垂线上。

（6）分段绝缘器的放电间隙应符合设计和产品说明书的要求。

第三节　隔离开关安装

【教学目标】

（1）了解高速接触网隔离开关安装的工序流程；
（2）掌握高速接触网隔离开关安装的施工要点；
（3）培养学生高速接触网隔离开关的安装能力。

【相关知识】

高铁接触网隔离开关一般设在绝缘锚段关节、上网支柱处、上下行并联供电引线处、电力机车库线、机车整备线等需要进行电分段的地方。

隔离开关的用途：当需要接触网停电作业时，用它来实现接触网的电气隔离，以保证作业及检修人员的安全和运行部分的正常工作。

隔离开关的分类：按触头运动方式，可分为水平回转式和垂直回转式；按有无接地刀闸，可分为带接地刀闸和无接地刀闸隔离开关；按隔离开关的极数，可分为单极和双击隔离开关；按隔离开关的操作机构，可分为手动和电动两种。

从事隔离开关倒闸作业的人员，其安全等级应不低于三级。在进行隔离开关倒闸作业时，先由操作人向电力调度提出申请，经电调审查后发布倒闸作业命令，操作人受令复诵，电力调度员确认无误后，方可给命令编号和批准时间。倒闸人员必须戴好安全帽和绝缘手套，接到倒闸作业命令后，要迅速准确地进行倒闸，一次开闭到位，中途不得停留和发生冲击。

SBE27.5 kV/2000A 型双极隔离开关结构如图 6.3.1 所示。

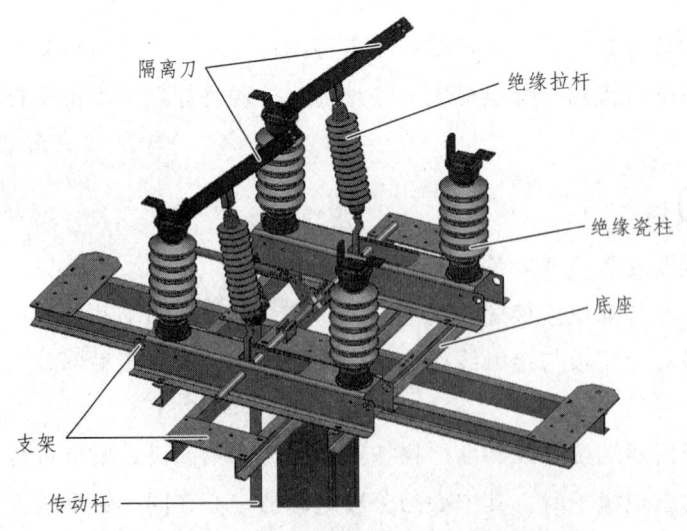

图 6.3.1　SBE27.5 kV/2000A 型双极隔离开关

【施工要点】

1. 施工准备

（1）提前向铁路运输部门提报施工计划，将接触网作业车（带作业吊）停放在作业区邻近车站。

（2）施工负责人在施工作业的前一天，对作业人员进行安全培训和技术交底，熟练掌握安装、调整操作方法和技术标准，清楚安全注意事项。

（3）确认安装开关支柱已经整正；开关已做交流耐压试验且符合设计要求；支架已经到货，经预配后确认其与安装开关及安装支柱型号规格相匹配，且符合设计要求；若传动杆非厂家提供，在料库内按设计要求和开关产品说明书预配传动杆。

（4）准备工器具，并检查数量、型号及质量，确保符合使用要求。

（5）依据施工计划，向料库领取所需的安装材料，并对开关进行开箱检查，按质量要求对开关外观及触头进行外观检查，并根据说明书中材料准备清单的要求核查所需材料的数目和质量。

（6）工器具、材料核查无误后提前装在安装作业车上。

（7）封闭施工当天，安装人员在封闭点前 20 min 到达车站并上作业车做好准备，驻站联络员到达指定地点，等待封锁命令。

2. 支架底座安装

（1）司机接到驻站联络员的线路封锁命令、接触网停电命令和车站调度室的发车指令后，起动接触网作业车到达施工作业地点。

（2）到达施工地点后，施工负责人派人验电、现场防护，确认停电后挂接地线。

（3）采用人工安装：

① 两人系安全带，带绳滑从支柱两侧攀登至开关安装位置，安装好绳滑。

② 地面一人配合系好开关支架底座零件，拉绳送至安装位置。

③ 杆上两人相互配合，按设计要求、开关的安装位置及方向将支架安装在设计高度或预留孔处，并用钢尺测量开关支架对角线，保证支架和安装空位的方正，用水平尺测量开关支架对角线，保证支架和安装空位的方正，用水平尺测量开关支架表面的水平度，如不满足要求，可以加垫片，保证支架的水平。

④ 支架调平后，按照设计标准，两人配合用力矩扳手将支架固定螺栓紧固达标。

（4）采用作业车安装：

① 施工负责人指挥作业车对位，待作业车停稳后，升作业平台并旋转靠近支柱开关安装位置。

② 作业车上人员相互配合，按设计要求、开关的安装位置及方向将支架安装在设计高度或预留孔处，并用钢尺测量开关支架对角线，保证支架和安装空位的方正，用水平尺测量开关支架表面的水平度，如不满足要求，可以加垫片，保证支架的水平。

③ 支架调平后，按照设计标准，两人配合用力矩扳手将支架固定螺栓紧固达标。

3. 开关装置安装

（1）打开开关运输箱，松掉开关固定螺栓，用尼龙绳穿过开关底座吊装孔，呈"人"字形捆绑隔离开关，保证尼龙绳不来回窜动。如图6.3.2所示。

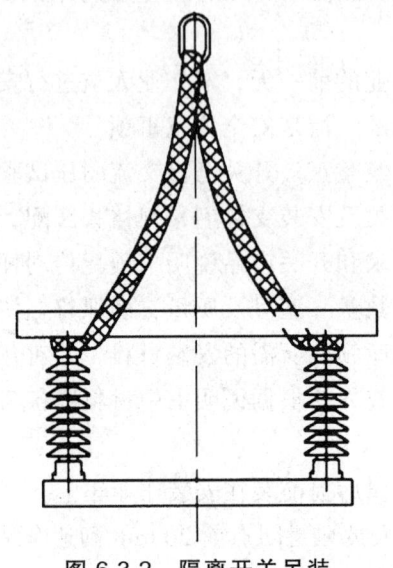

图 6.3.2　隔离开关吊装

（2）人工吊装开关本体：杆上人员将预制好的开关临时吊架固定在支柱顶端处，且保证定滑轮高度高于开关支架2 m以上。将开关与临时吊架的绳钩相连接，通过滑轮提升开关本体至高出支架上表面，将开关轻轻落在托架上，使开关底座螺栓预留孔与支架预留螺栓孔对齐，穿入螺栓进行预连接。

（3）作业车轨道吊装开关本体：施工负责人指挥吊车司机将开关按其安装方向吊至开关支架上落座，作业车上人员扶正对位，使开关底座螺栓预留孔与支架预留螺栓孔对齐，穿入螺栓进行预连接。

（4）用水平尺检查开关瓷柱是否垂直，否则在开关底座下方用垫片进行调整，调整完毕后，按设计标准紧固螺栓达标，固定开关。通过开关底座上的调节孔将两开关传动轴调节至同一水平轴线上，将各单极开关置于合闸位置，安装连轴器，如图6.3.3所示。

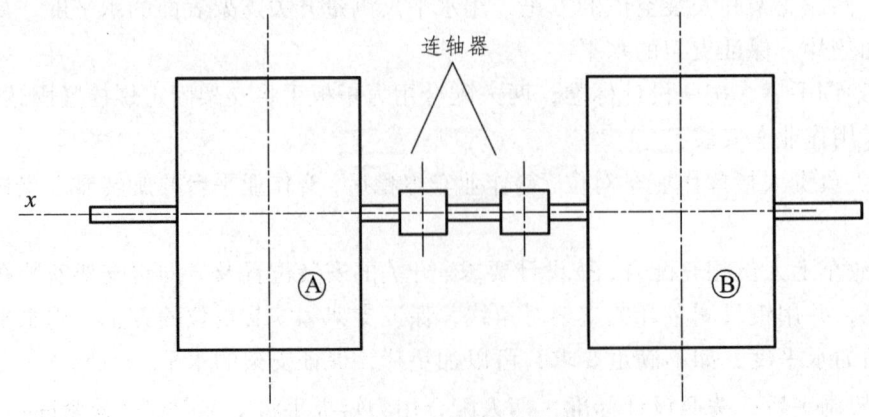

图 6.3.3　两开关传动轴连接

（5）地面两人配合，用钢卷尺测量出开关机构箱设计安装高度，在相应的预留孔位安装操作机构箱固定支架，并用水平尺调整至水平。两人配合将操作机构箱安放在固定角钢上，操作机构箱固定螺栓预受力，用水平尺调整操作机构箱的水平度，调平后，一人扶住操作机构箱，一人将固定螺栓用力矩扳手紧固达标。

（6）杆上两人和地面上两人配合，在相应的预留孔位安装传动杆轴承，并用水平尺调整至水平。

（7）杆上人员和地面人员相互配合，将传动杆穿入限制环内，传动杆底部与操作箱预留端口连接，传动杆与传动杆间用连接组件连接，如图 6.3.4 所示。

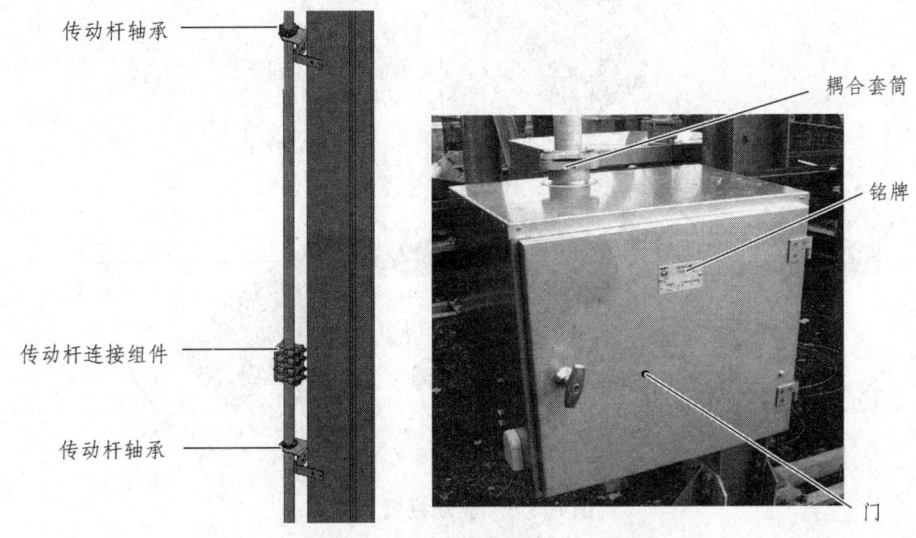

图 6.3.4　传动杆与操作机构箱

（8）连接传动杆与传动轴之间的驱动拐臂，如图 6.3.5 所示。驱动拐臂分闸时安装角度均为 45°，合闸时角度也为 45°，方向与图示相反。

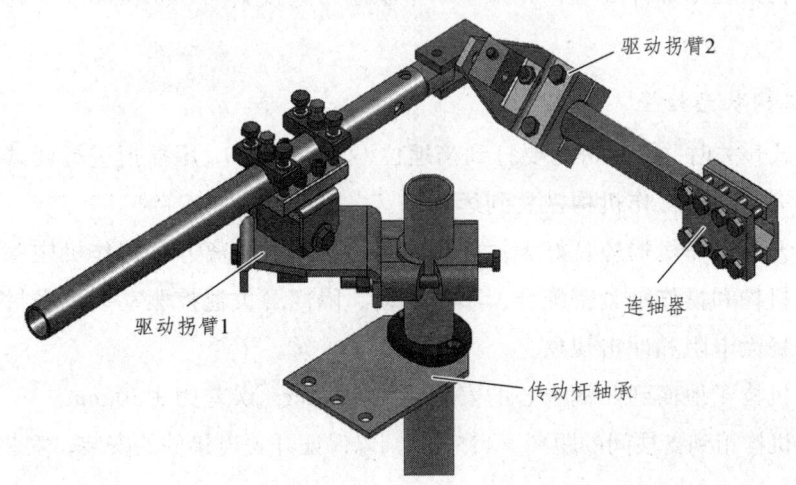

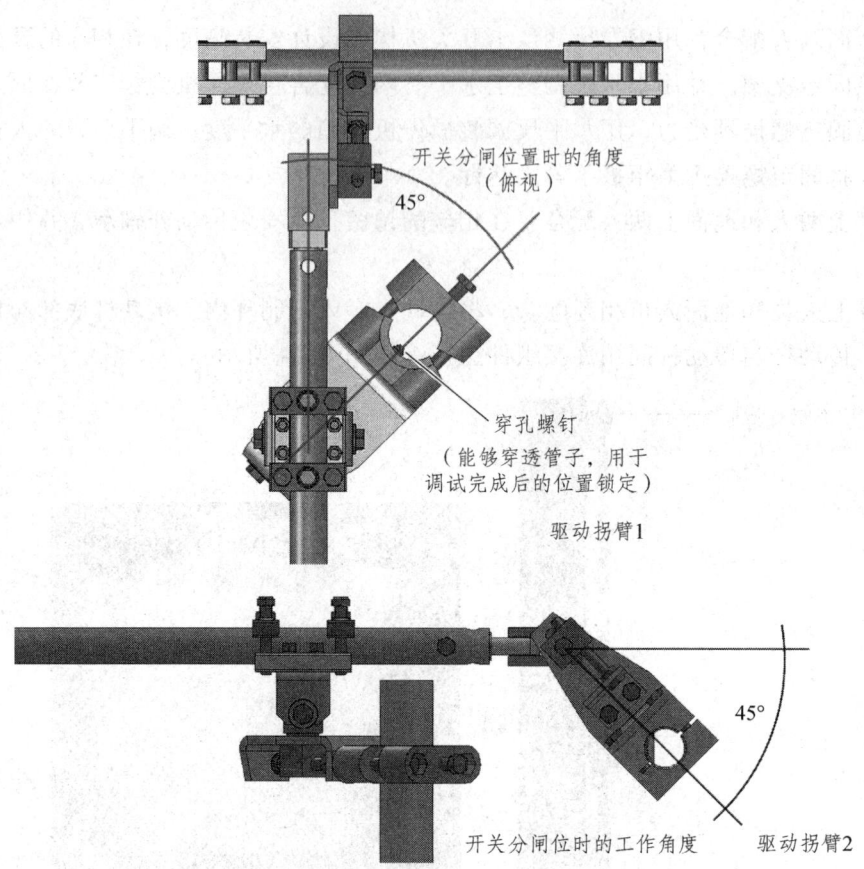

图 6.3.5 驱动拐臂安装

【技术要求】

1. 开关托架检查

隔离开关托架各零部件齐全,托架呈水平状态,连接牢固,无松动、变形、裂纹、锈蚀等现象。

2. 操作机构状态检查

(1)在调试开关时,操作机构要打到当地位(非远动位),用摇把进行调试时要打到手动位,调试作业完毕后,操作机构恢复到远方位。

(2)隔离开关操作机构应良好无损并加锁,传动杆与隔离开关操作机构保持顺直,不得歪斜,与操作机构和操作轴紧密配合,不得松动,隔离开关遥控驱动装置密封良好,盖帽齐全,操作时平稳无卡阻和冲击现象。

(3)操作机构箱地面到曲柄中心的安装为 1100 mm,误差为 ±50 mm。

(4)操作机构箱到支柱间的距离 ≥135 mm,以保证开关连接件的安装,安装误差为 +50～0 mm。

(5)电动隔离开关电动机转向正确;机械传动系统润滑良好、动作平稳、噪声小、无卡阻、冲击等异常情况；机构的分、合闸指示与开关的实际分、合闸位置相符。

3. 隔离开关本体状态检查

（1）隔离开关本体应动作可靠、转动灵活，合闸时触头接触良好。

（2）隔离开关的触头接触面应平整、光洁无损伤，涂以中性凡士林。

（3）分闸角度及合闸状态应符合产品的技术要求。静触头上部有一个导向的斜坡，从主刀闸的上沿合入斜坡以下（即有100%接触面积时），到压刀肩轴触碰合闸极限标志螺钉，之间大约有10 mm的区域，都属于合闸区域，能够满足导通额定电流的需要，可以视为合闸到位，如图6.3.6所示。开关"分"到位是指分闸角度符合产品设计说明要求，断口距离不小于510 mm，如图6.3.7所示。

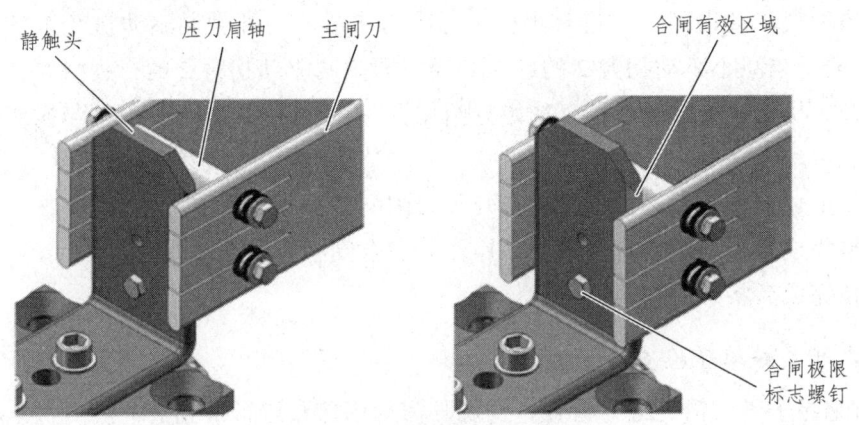

图 6.3.6　隔离开关合闸状态

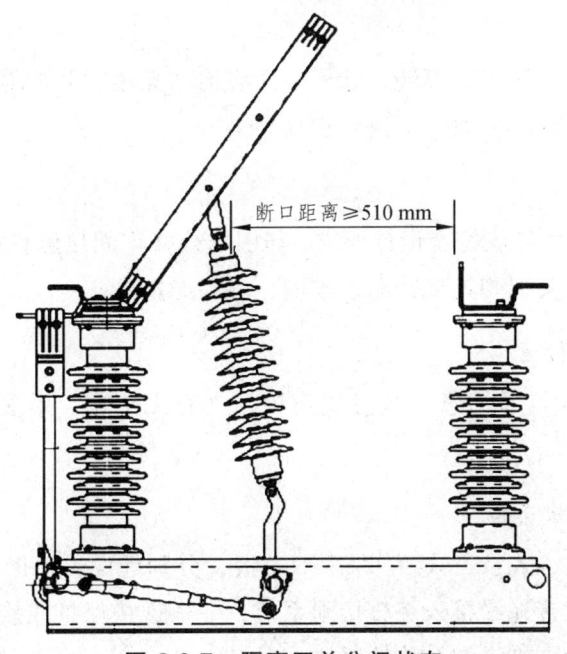

图 6.3.7　隔离开关分闸状态

若电动操作传动杆显示合闸到位,但开关合闸不到位,按下列步骤调整:
① 松开垂直传动杆与驱动拐臂 1 的连接螺栓。
② 重新将开关刀闸置于合闸位置。
③ 将操作机构箱内转换开关打至手动操作位,摇动操作手柄将操作机构置于合闸位置后微调回转几圈,进行适当调整使开关合闸到位。
④ 再次紧固垂直传动管与驱动拐臂 1 的连接螺栓。
⑤ 重复上述操作,直至操作机构与开关刀闸配合妥当。
⑥ 调整完成后将开关打至调整前位置。

若开关分闸不到位,但电动操作机构分闸到位,按下列步骤调整:
① 将开关操作机构手动置于半分合位置。
② 适当增大驱动拐臂 1 的旋转半径(每次约 5 mm),即微调驱动拐臂 1 的行程滑块,增大行程。或适当减小驱动拐臂 2 的旋转半径,即微调驱动拐臂 2 的行程滑块,增大行程。
③ 将开关操作机构手动操作至初始分闸位置,检查分闸状态下主刀闸与操作机构分闸位置是否一致。
④ 重复上述操作,直至操作机构与开关刀闸配合妥当。
⑤ 调整完成后,再次检查测试电动操作分、合闸状态是否正常。
⑥ 调整完成后将开关打至调整前位置。

4. 隔离开关绝缘子检查

(1)对绝缘子脏污情况进行检查,发现脏污利用抹布进行清扫。
(2)当开关绝缘子要求直立安装时,其倾斜度不得超过 2°,超过时松开绝缘子底座,添加适量垫片使其垂直。
(3)检查开关瓷柱绝缘子、翻转绝缘子表面应清洁无破损和放电痕迹;检查绝缘子表面破损面积达到或超过 $300~mm^2$ 时,应进行更换。

5. 设备线夹检查

(1)设备线夹规格型号应符合设计要求,与引线连接牢固接触良好,无破损和烧伤现象。
(2)设备线夹与开关铜牌连接密贴、牢固,并涂导电膏。

6. 隔离开关引线检查

检查隔离开关引线与承力索、接触线连接线夹有无烧伤、断裂;电连接线有无散股、断股。

7. 隔离开关接地状态检查

(1)隔离开关接地方式:方式 1:采取双接极,分别埋设单独接地极方式安装;方式 2:有保护线区段,则一根接地线接入综合接地系统,一根连接保护线接地;方式 3:无保护线区段,则两根接地线均应接入综合接地系统。

（2）检查接地电缆与各部螺栓连接是否紧密，有无松动现象；检查接地线、并沟线夹等表面是否锈蚀，接地电缆、并沟线夹内是否有放电痕迹。

8. 隔离开关调试

联系牵引所、分区所、AT所和电调端在隔离开关远方位状态进行开关操作状态进行调试。

第四节　非绝缘锚段关节调整

【教学目标】

（1）了解高速接触网非绝缘锚段关节调整的工序流程；
（2）掌握高速接触网非绝缘锚段关节调整的施工要点；
（3）培养学生高速接触网非绝缘锚段关节调整的能力。

【相关知识】

1. 锚段的概念

为满足供电和机械受力方面的需要，将接触网分成若干一定长度且相互独立的分段，这种独立的分段称为锚段。

2. 锚段的作用

（1）可以限制事故范围。
（2）便于设置补偿装置，以调整线索的弛度与张力。
（3）有利于供电分段，可实现一定范围内的停电检修作业。

3. 锚段关节

两个相邻锚段的衔接部分称锚段关节。锚段关节结构复杂，其工作状态的好坏直接影响接触网供电质量和电力机车取流。电力机车在通过锚段关节时，受电弓应能平滑、安全地由一个锚段过渡到另一个锚段，且弓网接触良好，取流正常。

4. 锚段关节的类型

按用途不同分为非绝缘锚段关节和绝缘锚段关节；按衔接长度不同分为三跨、四跨、五跨等锚段关节。

【施工要点】

1. 施工准备

（1）关节腕臂、吊弦及支持装置（定位管、定位器）均已安装，且基本到位。
（2）提前向线路临管单位运输部门提报封闭要点施工计划。施工前应将作业车停放在需作业区间的邻近车站。
（3）根据施工计划从库房领取施工所需材料，并对其进行外观检查。将施工所需材料和工具提前装在安装作业车上。司助人员维护保养好作业车,以确保其施工能力。

(4)对安装作业人员进行技术交底和安装培训,使其清楚安装技术标准和安全注意事项。

2. 检调腕臂顺线路方向偏移值

(1)封闭施工当天,安装人员在封闭点前 20 min 到达车站并上作业车做好准备。

(2)司机接到封闭线路命令后,听从车站值班人员指挥,启动作业车运行至施工地点。

(3)停车后,测量人员下车,用激光测量仪逐个测量关节处每个腕臂顺线路的偏移值,负责人做好记录,并根据环境温度和设计要求,通过计算,判定检测值是否符合设计要求。

(4)施工负责人根据判定结果,指挥作业车司机对位,升作业台,作业台上人员扶起作业凳,上凳,系好安全带,逐个松开承力索支撑线夹螺栓,将腕臂偏移值调整达标后,将螺栓用梅花扳手拧紧,并用力矩扳手检测达标。

3. 检调承力索高度及间距

(1)测量人员用激光测量仪检测关节处两转换柱和一中心柱腕臂上承力索距轨面的高度,尤其是抬高腕臂,施工负责人做好记录,并根据设计要求通过计算,判定需要调整的工作量。

(2)施工负责人根据调整工作量指挥作业车司机对位,升作业台,作业台上人员扶起作业凳,上凳,系好安全带,高腕臂承力索需降低时,先在水平腕臂与斜腕臂连接的套管单耳外,即平腕臂合适位置,先装好一个防滑的套管单耳,再将水平腕臂与斜腕臂连接的套管单耳的螺栓慢慢松动,其他人员配合,向上抬住线索和腕臂,将套管单耳线夹向支柱对侧移动(移动量应提前计算好),并在平腕臂上做上标记,到标准位置后,用梅花扳手将螺栓拧紧,再用力矩扳手检测达标。拆除防滑套管单耳。曲线段可采取挂滑轮,用大绳提吊承力索的方法配合移动。如低腕臂承力索需升高,可采用上述降低的方法,但套管单耳移动方向应相反(即向支柱侧)。

(3)双腕臂两承力索的间距调整可采用上述(2)的方法实现。

4. 检调接触线高度

(1)测量人员用激光测量仪对关节两接触线高度进行一次全面检测,并做好记录。施工负责人根据检测结果和设计标准,判定是否符合设计要求,确定精调项目和工作量。

(2)施工负责人根据确定精调项目,指挥作业车司机对位,升作业台,作业台上人员扶起作业凳,上凳,系好安全带,测量个别需更换既有吊弦的总长度(LH),地面人员根据 LH 再加减导高与标准的差值,制作新的吊弦,作业车人员拆除既有吊弦,按吊弦安装作业指导书工艺要求,在原位置安装新吊弦。安装后,作业车移出,检测人员应对新安装吊弦处的导高进行复测确认。

5. 检调拉出值及定位装置

(1)测量人员对关节拉出值全面检测一次,并做好记录。施工负责人根据测量结果与设计值比较，确定调整值。

（2）施工负责人指挥作业车司机对位，命令作业人员按确定的调整值，逐个调整达标。作业台作业人员系好安全带，松定位支座螺栓，将拉出值调整到位，同时将防风拉线也调到位。调整后，检测人员复检确认。

（3）作业人员听从施工负责人指挥，用异径塞尺检测限位定位器的限位间隙，并调整达标。并用钢尺检测两接触线水平、垂直距离，并调整达标。

6. 模拟冷滑

全部完成后，用带受电弓的作业车升弓，以 40 km/h 车速对关节进行来回两次模拟冷滑检测，如有缺陷，应立即克服达标。

7. 测量关节电连接预制安装尺寸

冷滑完成后，在安装关节电连接处，用钢尺测量出两悬挂承力索与接触线的间距尺寸和两承力索水平、垂直间距尺寸，并做出标记，如实做好记录，交技术人员为预制安装提供依据。

【技术要求】

（1）腕臂顺线路偏移值应符合设计要求，施工允许偏差为 ±50 mm（注意双腕臂的偏移值方向是相反的，不要调错）。

（2）悬挂点接触线高度的误差为 ±20 mm，结构高度的误差为 ±150 mm（如有误差时，两支悬挂的误差方向应相同）。

（3）悬挂点承力索与接触线应在同一垂直面上，施工允许偏差为 20 mm。

（4）拉出值应符合设计要求，施工允许偏差为 ±20 mm。

（5）转换柱处当非工作支接触线位于工作支定位管上面时，其间隙不应小于 30 mm。

（6）限位定位器的间隙应符合设计要求，施工允许偏差为 ±1 mm。

（7）四跨锚段关节转换柱处两接触线间垂直、水平距离应符合设计要求。垂直间距施工允许偏差为 ±5 mm，等高点（段）位置应符合设计要求；水平间距施工允许偏差为 ±20 mm。

（8）五跨锚段关节两接触线垂直面交叉处（屋脊处）的位置应符合设计要求，施工允许偏差为 0~40 mm，等高点（屋脊处）的导高应符合设计要求，施工允许偏差为 ±10 mm。

第五节　电分相（含绝缘锚段关节）调整

【教学目标】

（1）了解高速接触网电分相调整的工序流程；
（2）掌握高速接触网电分相调整的施工要点；
（3）培养学生高速接触网电分相调整的能力。

【相关知识】

绝缘锚段关节除了进行机械分段以外，主要用于电分段，多用于站场和区间的衔接处。这种锚段关节的特点是：相邻两个锚段的两组悬挂，其承力索之间、接触线之间在垂直方向和水平方向都彼此相距 500 mm，以保证其电气方面的绝缘。

在单相交流牵引供电系统中，电力机车是由单相电供电的，为了平衡电力系统的 A、B、C 各相负荷，一般实行的是 A、B、C 相轮流供电。所以任意两相之间要进行电气隔离，称为电分相。分相绝缘装置根据其实现方式分为分相绝缘器电分相和锚段关节式电分相。由于分相绝缘器存在明显的硬点、绝缘部件表面容易出现烧伤（甚至烧断）、停电检修困难等问题，对于高速铁路，电分相多采用锚段关节式电分相，满足受电弓在分相处的平稳过渡。

我国高速铁路接触网通常采用的锚段关节式电分相有六跨式（短分相）和十二跨式（长分相），其基本结构由两个绝缘锚段关节和一个分相（中性）锚段组成。

目前京津城际铁路采用的是十二跨的长分相设计模式，即电分相无电区长度大于双弓间距。按照重联动车组受电弓前后车都升前弓或前后车都升后弓的运行方式，双弓间距为 200 ~ 215 m，无电区长度约为 220 m。动车组断电过分相，地面信号采用点式应答器方式。双弓运行时动车组断电滑行距离在 800 m 以上，滑行时间约为 10 s（300 km/h 速度下），其分相示意图如图 6.5.1 所示。

十二跨长分相由于无电区过长，使动车在运行过程中速度损失严重，增加了机车停于无电区事件的发生概率，不能满足重联动车组前车升前弓 + 后车升后弓的运行方式（2 个受电弓的距离在 250 m 以上，有同时短接 2 个断口的可能）。长分相设计模式主要适用于不断电自动过分相技术。例如地面开关站切换方式，预留一个较长的中性段，以保证列车高速通过时能可靠地完成机车位置判定及电源切换等工作。该不断电自动过电分相技术目前在国内还不是很成熟，其所需投资庞大，技术较高，因此，长分相设计模式在京津城际铁路之后的其他高速铁路接触网设计中均未被再次采用。

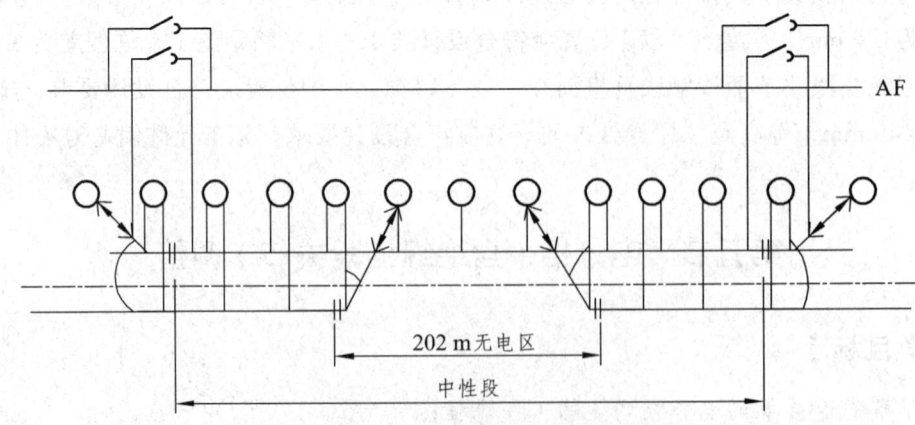

图 6.5.1　十二跨分相平面示意图

六跨式短分相是由两个四跨绝缘锚段关节重叠组成，如图 6.5.2 所示。

双断口六跨电分相是借鉴法国高速铁路的一种短分相设计模式,即双弓间距大于中性区的长度,在分相的 2 个断口装设 2 台网隔并进行电气闭锁,以利于越区供电的灵活性。中性区的距离小于 190 m。动车组断电过电分相,地面信号采用点式应答器方式,双弓运行时动车组断电滑行距离在 400 m 以上,滑行时间约 5 s(300 km/h 速度下),速度损失最小。目前在国内高速铁路上大量采用。该短分相模式的优点是:动车断电滑行距离短,速度损失小;无电区短,较少发生动车停于无电区故障;对动车组的升弓方式制约小。但由于其无电区较短,一旦发生动车带电过分相,则高速通过的受电弓将电弧拉长,可能通过电弧造成相间短路。

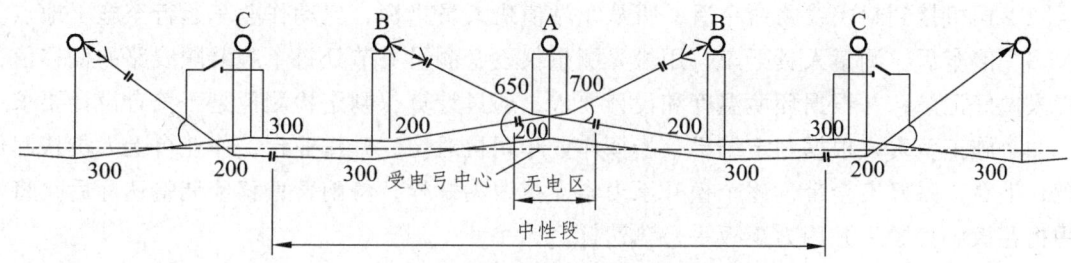

图 6.5.2 六跨分相平面示意图

【施工要点】

1. 施工准备

(1)关节腕臂、吊弦及支持装置(定位管、定位器)均已安装,且基本到位。

(2)提前向线路临管单位运输部门报提封闭要点施工计划。施工前应将作业车停放在需作业区间的邻近车站。

(3)根据施工计划从库房领取施工所需材料,并对其进行外观检查。将施工所需材料和工具提前装在安装作业车上。司助人员维护保养好作业车,以确保其施工能力。

(4)对安装作业人员进行技术交底和安装培训,使其清楚安装技术标准和安全注意事项。

2. 测量无电区及中性段长度

长分相:无电区长度 > 220 m;

短分相:中性段长度 < 190 m。

以上条件满足,即可进行下道工序,否则向技术上级主管反映,等候处理结果。

3. 安装关节复合绝缘子

(1)封闭线路施工当天,安装人员在封闭点前 20 min 到达车站并上作业车做好准备。

(2)司机接到封闭线路命令后,听从车站值班人员指挥,启动作业车运行至施工地点。

(3)施工负责人指挥作业车司机对位,升作业台,作业人员上作业台,扶起作业凳,一人上凳,系好安全带,用钢尺测量复合绝缘子安装位置,作业台人员配合,先测承力索,后测接触线,并做出标记。

(4)先在标记两端合适位置安装紧线器,连接链条葫芦,再紧链条葫芦,使两紧线器间承力索松弛,在标记位置绑扎铁线(缠胶带),用弧口断线钳断线。

(5)作业人员严格按《承力索锥套式终端锚固线夹安装(拆卸)》作业指导书工艺要求安装好承力索锥套式终端锚固线夹。

(6)将复合绝缘子吊上,用连接件连接上,松链条葫芦,拆紧线器和链条葫芦。

(7)按上述(4)~(6)程序和接触线锥套式终端锚固线夹安装工艺要求安装好接触线锥套式终端锚固线夹和复合绝缘子。

4. 检调腕臂顺线路方向偏移值

(1)封闭施工当天,安装人员在封闭点前 20 min 到达车站并上作业车做好准备。

(2)司机接到封闭线路命令后,听从车站值班人员指挥,启动作业车运行至施工地点。

(3)停车后,测量人员下车,用激光测量仪逐个测量关节处每个腕臂顺线路的偏移值,负责人做好记录,并根据环境温度和设计要求,通过计算,判定检测值是否符合设计要求。

(4)施工负责人根据判定结果,指挥作业车司机对位,升作业台,作业台上人员扶起作业凳,上凳,系好安全带,逐个松开承力索支撑线夹螺栓,将腕臂偏移值调整达标后,将螺栓用梅花扳手拧紧,并用力矩扳手检测达标。

5. 检调承力索高度及间距

(1)测量人员用激光测量仪检测关节处两转换柱和一中心柱腕臂上承力索距轨面的高度,尤其是抬高腕臂,施工负责人做好记录,并根据设计要求通过计算,判定需要调整的工作量。

(2)施工负责人根据调整工作量指挥作业车司机对位,升作业台,作业台上人员扶起作业凳,上凳,系好安全带,高腕臂承力索需降低时,先在水平腕臂与斜腕臂连接的套管单耳外,即平腕臂合适位置,先装好一个防滑的套管单耳,再将水平腕臂与斜腕臂连接的套管单耳的螺栓慢慢松动,其他人员配合,向上抬住线索和腕臂,将套管单耳线夹向支柱对侧移动(移动量应提前计算好),并在平腕臂上做上标记,到标准位置后,用梅花扳手将螺栓拧紧,再用力矩扳手检测达标。拆除防滑套管单耳。曲线段可采取挂滑轮,用大绳提吊承力索的方法配合移动。如低腕臂承力索需升高,可采用上述降低的方法,但套管单耳移动方向应相反(即向支柱侧)。

(3)双腕臂两承力索的间距调整可采用上述(2)的方法实现。

6. 检调接触线高度

(1)测量人员用激光测量仪对关节两接触线高度进行一次全面检测,并做好记录。施工负责人根据检测结果和设计标准,判定是否符合设计要求,确定精调项目和工作量。

(2)施工负责人根据确定精调项目,指挥作业车司机对位,升作业台,作业台上人员扶起作业凳,上凳,系好安全带,测量个别需更换既有吊弦的总长度(LH),地面人员根据 LH 再加减导高与标准的差值,制作新的吊弦,作业车人员拆除既有吊弦,按吊弦安装作业指导书工艺要求,在原位置安装新吊弦。安装后,作业车移出,检测人员应对新安装吊弦处的导高进行复测确认。

7. 检调拉出值及定位装置

（1）测量人员对关节拉出值全面检测一次，并做好记录。施工负责人根据测量结果与设计值比较，确定调整值。

（2）施工负责人指挥作业车司机对位，命令作业人员按确定的调整值，逐个调整达标。作业台作业人员系好安全带，松定位支座螺栓，将拉出值调整到位，同时将防风拉线也调到位。调整后，检测人员复检确认。

（3）作业人员听从施工负责人指挥，用异径塞尺检测限位定位器的限位间隙，并调整达标。接着用钢尺检测两接触线水平、垂直距离，并调整达标。

8. 模拟冷滑

全部完成后，用带受电弓的作业车升弓，以 40 km/h 车速对关节进行来回两次模拟冷滑检测，如有缺陷，应立即克服达标。

9. 测量关节电连接预制安装尺寸

冷滑完成后，在安装关节电连接处，用钢尺测量出两悬挂承力索与接触线的间距尺寸和两承力索水平、垂直间距尺寸，并做出标记，如实做好记录，交技术人员为预制安装提供依据。

【技术要求】

（1）腕臂顺线路偏移值应符合设计要求，施工允许偏差为 ±50 mm（注意双腕臂的偏移值方向是相反的，不要调错）。

（2）悬挂点接触线高度的误差为 ±20 mm，结构高度的误差为 ±150 mm（如有误差时，两支悬挂的误差方向应相同）。

（3）悬挂点承力索与接触线应在同一垂直面上，施工允许偏差为 20 mm。

（4）拉出值应符合设计要求，施工允许偏差为 ±20 mm。

（5）转换柱处当非工作支接触线位于工作支定位管上面时，其间隙不应小于 30 mm。

（6）限位定位器的间隙应符合设计要求，施工允许偏差为 ±1 mm。

（7）四跨锚段关节转换柱处两接触线间垂直、水平距离应符合设计要求。垂直间距施工允许偏差为 ±5 mm，等高点（段）位置应符合设计要求；水平间距施工允许偏差为 ±20 mm。

（8）五跨锚段关节两接触线垂直面交叉处（屋脊处）的位置应符合设计要求，施工允许偏差为 0~40 mm，等高点（屋脊处）的导高应符合设计要求，施工允许偏差为 ±10 mm。

（9）长分相：无电区长度 >220 m；短分相：中性段长度 <190 m。

第六节　无交叉线岔安装调整

【教学目标】

（1）了解高速接触网无交叉线岔安装调整的工序流程；

（2）掌握高速接触网无交叉线岔安装调整的施工要点；

（3）培养学生高速接触网无交叉线岔安装调整的能力。

【相关知识】

线岔的作用是保证电力机车受电弓安全平滑地由一条接触线过渡至另一条接触线，达到转换线路的目的。

传统的交叉线岔不管列车从正线通过还是在正线与侧线间过渡，受电弓都必须接触两支接触线，不可避免地存在相对硬点，造成受电弓振动，产生较大冲击，加剧线岔处接触线的局部磨耗，同时还存在钻弓、打弓的危险。高速铁路接触网，与正线形成的线岔一般采用无交叉线岔，无交叉线岔的主要特点是：当电力机车从正线上通过道岔时，其受电弓在任何情况下均不与侧线的接触线相接触（这在高速情况下尤为重要），避免了交叉线岔的不足（即产生打弓现象）。

【施工要点】

1. 施工准备

（1）道岔开口侧前方的接触网悬挂已安装完毕并达标。

（2）道岔处定位装置及吊弦已安装，且基本到位。

（3）提前向线路临管单位运输部门提报封闭要点施工计划。施工前应将作业车停放在需作业区间的邻近车站。

（4）根据施工计划从库房领取施工所需材料，并对其进行外观检查。

（5）将合格材料和工具装在安装作业车上。

（6）对安装作业人员进行技术交底和安装培训，使其清楚安装技术标准和安全注意事项。

（7）施工当天，安装人员在封闭点前 20 min 到达车站并上作业车做好准备。

2. 复检精调腕臂及承力索

（1）司机接到封闭线路命令后，听从车站值班人员指挥，启动作业车运行至施工地点。

（2）停车后，作业人员下车，用激光测量仪检查腕臂顺线路偏移是否符合设计要求。如未达标，作业车对位，升作业台，扶起作业凳，上凳，松开承力索支撑线夹螺栓，调整腕臂达标，达标后，将螺栓用梅花扳手拧紧，并用力矩扳手检测达标。

（3）作业车上作业人员检查工作支与非工作支承力索间距，检查装配处斜拉线、弹性吊索和非支线索是否有间隙过小、摩擦现象，并调整分开。

3. 复检精调导高和拉出值

作业车移出定位点，地面作业人员用激光测量仪检测定位柱两导线的导高和拉出值是否符合设计要求，并利用作业车精调达标。

4. 检查无线夹区、精调交叉吊弦

（1）用激光测量仪检测无线夹区是否符合设计要求，并调整达标。

（2）用激光测量仪检测交叉吊弦处的导高，并精调达标。个别不合适的吊弦先拆除，暂时用$\phi 2.0$ mm铁线调整到位，并测取吊弦长度，以便预制更换。

5. 模拟冷滑检测

（1）全部完成达标后，用带模拟受电弓的作业车升弓，以 30 km/h 车速在岔区模拟冷滑检测，如有缺陷，立即克服达标。

（2）接触悬挂安装调整完毕后，应根据设计给定的电力机车受电弓外形尺寸和受电弓最大限位抬升量（225 mm）及最大左右摆动量（直线区段 250 mm，曲线区段 350 mm）制作受电弓动态限界（包络线）检查尺，安装在作业车上，模拟受电弓检测定位装置、岔区接触悬挂。

【技术要求】

（1）采用交叉吊弦，交叉吊弦指正线承力索在此处悬吊侧线接触线、侧线承力索交叉悬吊正线接触线。交叉吊弦与其他吊弦的间距仍按正常取值，即 6~10 m。始触区前安装交叉吊弦 1 组，安装在 550~600 mm 处（到对侧线路中心距离）。正线与侧线上的两组吊弦的间距一般为 2 m。交叉吊弦的安装顺序应保证在受电弓从道岔开口方向进入时先接触到的吊弦为侧线承力索与正线接触线间的吊弦。交叉吊弦采用不带载流环的吊弦。

（2）腕臂、定位装置、锚段关节、岔区接触悬挂和线岔各部位均应在受电弓动态限界以外，不得有碰弓和钻弓等现象发生。

（3）安装时严禁踩踏接触线或给接触线施加外力，以保证接触线的平直度。

（4）测量关节电连接安装尺寸时，不要给承力索、接触线施加外力，以免影响测量精度。

（5）连接螺栓紧固应用梅花扳手或力矩扳手，严禁用活口扳手。

（6）腕臂顺线路偏移应符合设计要求，施工允许偏差为 ± 20 mm。

（7）斜拉线、弹吊、吊弦和悬挂等非接触间隙不应小于 80 mm。

（8）拉出值、导高应符合设计要求，拉出值施工允许偏差为 ± 20 mm，导高施工允许偏差为 5 mm。

（9）受电弓中心距相邻一支接触线的距离 600~1050 mm 范围为无线夹区（始触区），无线夹区不得安装任何线夹。

复习思考题

1. 接触线电连接线夹压接的注意事项是什么？
2. 分段绝缘器安装的技术要求有哪些？
3. 说明隔离开关安装的步骤。
4. 非绝缘锚段关节调整的内容有哪些？

第七章　高速铁路接触网检修

第一节　支柱、基础及拉线检修

【教学目标】

（1）了解支柱、基础及拉线的检修项目；
（2）掌握支柱、基础及拉线的检修标准；
（3）培养学生支柱、基础及拉线检修的能力。

【检修流程】

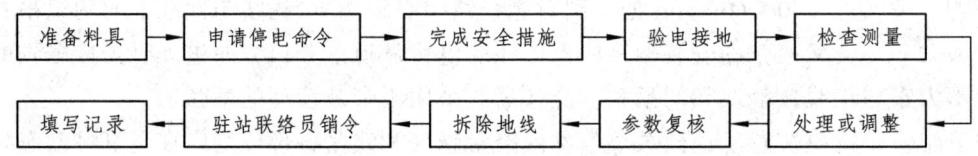

【工具材料】

工机具：皮尺、测量杆、角度仪、紧线器、钢丝套、滑轮、力矩扳手、钢丝刷。

材料：水泥、沙子、线索、楔形线夹、UT线夹、绑扎线、砂纸、防腐漆、黑漆等。

【检修项目】

轨面标准线：
（1）字迹检查。
（2）位置检查。
支柱外观：
（1）是否变形。
（2）防腐层检查。
地脚螺栓：
（1）螺母垫片情况。
（2）螺纹外露情况。
支柱倾斜率：
（1）横线路方向斜率。
（2）顺线路方向斜率。
拉线：
（1）拉线外观。

（2）拉线夹角。
（3）拉线受力情况。
（4）拉线 UT 线夹。
（5）拉线地锚杆。

【检修方法及标准】

1. 测量支柱限界及轨面标准线

（1）检查红线及字迹清晰度。

① 红线及字迹不清：重新标画。一人按支柱上既有红线位置，在接触网支柱的线路侧水平放置好轨面红线模板，另一人用喷漆进行标识。

② 当红线位置与实际线路轨面误差超过 30 mm；标明侧面限界与实际误差大于 30 mm；标明超高与实际超高误差大于 3 mm 时，应会同工务部门共同测量，重新标定。

（2）轨面标准线位置是否正确，标准线上缘在直线区段应与支柱邻轨顶面平齐，曲线区段与高轨顶面平齐，多股道区段与正线顶面平齐。将测量仪按照规定放置于基准轨面上，调至水平，使红光点打在支柱上，红光点下减去激光发射点至基准轨面距离，即为轨面标准线位置。

（3）当支柱限界不符合《铁路技术管理规程》要求时，与工务协调调整支柱限界，当无法调整限界时，应重新立柱，以保证支柱限界要求。

2. 支柱本体外观检查

如图 7.1.1 所示 H 型钢支柱本体不得弯曲、扭转、变形，各焊接部分不得有裂纹、开焊现象；表面防腐层剥落面积不得超过 5%；环形等径预应力混凝土支柱表面应光洁平整，无混凝土脱落和漏筋现象，合缝处不得漏浆，不得有横向裂纹，纵向裂纹宽度不大于 0.2 mm。

图 7.1.1　H 型接触网钢柱

（1）金属支柱锈蚀：局部锈蚀砂纸打磨至露出金属本色后喷锌。

（2）混凝土支柱裂纹、破损或露筋不符合标准：水泥砂浆修补或更换。

① 修补：制作水泥砂浆；处理支柱破损部位，清除薄弱和风化的混凝土，用钢丝刷清理表面并刷出新茬；清理露筋表面的裂纹、油污和铁锈；用清水冲刷修补部位残渣并使其周围湿透，如有必要，安装模型板；破损面风干到表面无水时，进行修补，浇灌水泥砂浆并用钢钎或其他工具捣实、压平；养护应以表面经常湿润为原则；拆模；修整。

② 更换混凝土支柱：在该支柱顺线路方向 2 m 处立同型号新支柱，将接触网悬挂倒在新支柱上，悬挂调整，拆除旧支柱。

3. 地脚螺栓

如图 7.1.2 所示，地脚螺栓螺母、垫片全部安装，并坚固，地脚螺栓螺纹外露≥5 mm。

图 7.1.2　H 型钢柱地脚螺栓

4. 支柱倾斜率测量

使用角度仪测量支柱顺线路方向及垂直线路方向的倾斜率。支柱倾斜率如下要求：

（1）支柱横线路面应垂直于线路中心线，允许偏差不应大于 2°。

（2）单腕臂、双腕臂和中心锚结支柱顺线路方向应直立，允许斜率为 ±2‰；横线路方向允许向受力反向的倾斜率 5‰。

（3）硬锚锚柱横线路方向，向受力反向的倾斜率为 0 ~ 5‰，顺线路方向，向下锚拉线侧倾斜率为 0 ~ 5‰。

（4）补偿下锚柱横线路方向，向受力反向的倾斜率为 0 ~ 5‰，顺线路向下锚拉线侧倾斜率为 0 ~ 10‰。

（5）曲线内侧的支柱、装设开关的支柱、双边悬挂的支柱、硬横跨支柱，均应直立，允许向受力的反向倾斜，其倾斜率不超过 5‰。

（6）接触网各种支柱，均不得向线路侧和受力方向倾斜。

5. 基础检查

支柱基础面应高出地面。如图 7.1.3 所示，基础帽完整无破损、无裂纹，支柱根部和基础周围应保持清洁，不得有积水和杂物。基础顶板与支柱底板间填充的砂浆应符合设计要求。填方地段的支柱外缘距路基边坡的距离小于 500 mm 时应培土，其坡度应与原路基相同。高填方地段培土困难、流失严重或土质强度不够者，应采用干砌片石或砂浆砌石加固，片石应挤压紧密、堆砌整齐，砂浆应饱满、标号符合规定。

图 7.1.3 H 型钢柱基础帽

6. 支柱防护检查

（1）检查道口两侧、经常有机动车辆运行的场所、装卸货物站台上等易被碰撞的支柱是否存在被撞风险。

（2）金属支柱不宜采用外围砖砌、内填石砟或砂土的封闭防护方式，否则，应保证防护桩的防水处理质量，避免人为的防护桩内支柱锈蚀。

7. 拉线检查

接触网拉线检查如图 7.1.4 所示。

图 7.1.4 接触网拉线

（1）拉线应位于接触悬挂下锚支的延长线上（附加导线单独下锚时，应位于下锚导线的延长线上），在任何情况下不得侵入限界。拉线与地面夹角一般情况下为 45°，最大不得超过 60°。拉线应有防腐措施，不得有断股、散股、接头及锈蚀的现象。

（2）拉线应绷紧，在同一支柱上的各拉线应受力均衡；锚板拉杆与拉线应成一条直线；拉线应采取防腐措施，埋入地下部分的地锚拉杆应涂防腐漆。拉线不得有断股、散股、接头及严重的锈蚀现象。

（3）各部连接件、螺栓紧固良好，拉线基础周围不得有积水。

（4）设在挡土墙、隧道口、桥墩、坚石地带及砂浆砌石护坡上等处打孔灌注的地锚杆，其埋入深度应符合规定。受力后其周围水泥灌注部分不得有裂纹、破损及脱落现象。禁止将地锚杆设在孤石、风化石、次坚石上。

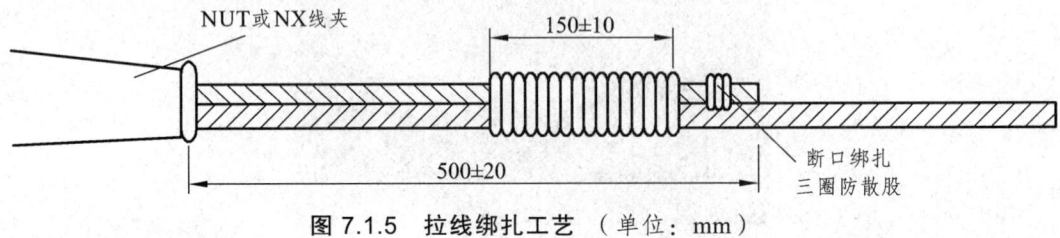

图 7.1.5　拉线绑扎工艺　（单位：mm）

（5）拉线在线夹内受力方向正确，回头绑扎密实、美观，绑扎自线夹侧开始，向回头附线断头侧开始缠绕，最后拧花 3 个，压在本线与附线的缝隙内。绑扎尺寸符合图 7.1.5 要求。

（6）拉线底板与拉线基础密切，没有缝隙，拉线基础螺栓螺母全部安装，并紧固。

【安全注意事项】

（1）对支柱进行的所有整正作业均须安排在天窗点内进行，严禁带电作业。

（2）支柱整正时，不得开挖太深，如果实在无法整正，则应考虑进行支柱的更换。任何情况下都不得强行进行，无法整正时要分析原因，找到恰当的方法后再进行，以免损坏支柱。

（3）支柱整正时须保证支柱的侧面限界符合设计标准。

（4）支柱调整后要相应调节拉线长度，用 UT 螺栓调节时，UT 螺栓外露长度 20 mm≤螺栓≤总长/2。

（5）拉线调整时必须使用手板葫芦卸载或受力，防止受力不均弹伤人。

第二节　支持、定位装置检修

【教学目标】

（1）了解支持、定位装置的检修项目；
（2）掌握支持、定位装置的检修标准；
（3）培养学生支持、定位装置检修的能力。

【检修流程】

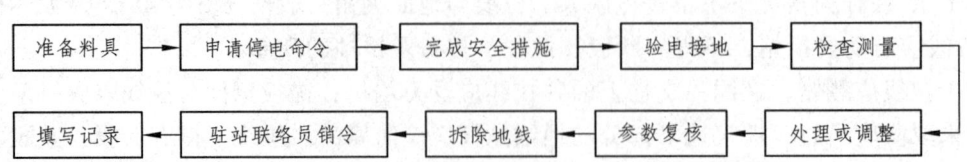

【工具材料】

工机具：车梯（或作业车）、大绳、吊绳、大扳手、管刀、力矩扳手、滑轮、钢丝套、顶杆、滑轮组、扭面扳手、接触网激光测距仪或 TR 测距仪等测量工具、工具包、手锤、温度计、安全工具、防护用具等。

材料：腕臂底座、绝缘子、腕臂、套管双耳、承力索座、定位线夹、定位环、$\phi 4\,mm$ 镀锌铁线、支持器、定位器、防风支撑、定位管卡子等。

【检修项目】

支持装置外观检查：

（1）用水平尺测量底座水平状态，线坠检查底座扭转状态；

（2）各部位零件是否有锈蚀、变形、裂纹、偏斜、缺少；

（3）接地跳线是否有烧伤、断股；

（4）棒式绝缘子是否有破损和放电痕迹，铁件松动、裂纹，瓷绝缘子釉面剥落情况，顶丝是否顶进、滴水孔是否朝下；

（5）腕臂支撑是否有锈蚀，缺少开口销、螺母情况。

腕臂偏移值：

测量腕臂偏移值是否符合标准规定。

承力索座：

（1）零部件的外观状态。

（2）零部件连接及顶丝、锁紧螺母状态。

（3）承力索座安装情况。

（4）承力索座平衡线及铜铝过渡套状态。

力矩检查：

力矩扳手检查各部位零件紧固力矩。

定位器支座：

（1）定位器底座外观状态。

（2）定位器支座安装状态。

定位器：

定位器外观状态。

定位线夹：

（1）螺母、止动垫片安装状态。

（2）线夹外观状态、落槽及 U 型插销密贴情况。对于隧道内全包覆式锚支线夹，检查受力方向、衬垫安装、螺栓紧固及开口销状态。

定位器尾部电连接线：

（1）等电位连接线本体。

（2）固定螺栓紧固力矩。

"U 型"螺栓防风拉线及固定环：

（1）防风拉线、固定环本体。
（2）连接状态。
吊钩定位环：
（1）吊钩定位环的螺栓、垫片的状态。
（2）定位管吊线固定钩，背向斜拉线安装状态。
定位管斜拉线：
（1）斜拉线外观状态；
（2）上下部压接管状态及露头情况。
（3）检查斜拉线与其他设备相磨情况。
双套筒连接器：
（1）零部件的外观状态；
（2）零部件连接及顶丝、锁紧螺母状态。
（2）连接器本体连接后，测量部件竖直面与轨面角度。
（3）各零部件划线及螺栓紧固情况。
"U 型"螺栓锚支定位卡子检查（仅锚段关节处）：
（1）锚支定位卡子的外观状态。
（2）垫片及螺帽状态。

【检修方法及标准】

1. 底座装设不水平、扭转

（1）调整上底座时可稍松动紧固螺栓，用手锤敲击，调整上底座水平和扭转状态。
（2）调整下底座时可在上下底座间搭 0.75T 手扳葫芦拉住下底座，稍松动紧固螺栓，用手锤敲击，调整下底座水平和扭转状态。
（3）紧固底座螺栓。

2. 腕臂上的部件与腕臂不在同一垂直面内

将与腕臂不在同一垂直面内的零部件螺栓稍松动，调整至同一垂直面内。

3. 零部件有锈蚀、变形、裂纹，开口销不齐全、锈蚀

（1）各零部件有锈蚀、变形、裂纹时，更换零部件。
（2）对缺少开口销进行补装，锈蚀开口销更换，开口销掰开角度不小于 60°。

4. 棒式绝缘子有破损和放电痕迹，铁件松动、裂纹，瓷绝缘子釉面剥落面积超过 300 mm^2。

用棒式绝缘子更换器将棒式绝缘子更换。

5. 棒式绝缘子滴水孔朝上

（1）用棒式绝缘子更换器将棒式绝缘子拆下。
（2）将棒式绝缘子转动 180°，滴水孔朝下重新安装。

6. 平腕臂棒式绝缘子顶丝（凸头压板）未顶进

（1）拆下承力索卸载，松开顶丝、铁模压板。

（2）松开平、斜腕臂连接处套管双耳，用管钳转动平腕臂使平腕臂尾部顶丝孔对准顶丝（凸头压板）。

（3）将顶丝（凸头压板）顶进，拧紧。

7. 接地跳线有烧蚀、断股需更换

接地跳线如图 7.2.1 所示。

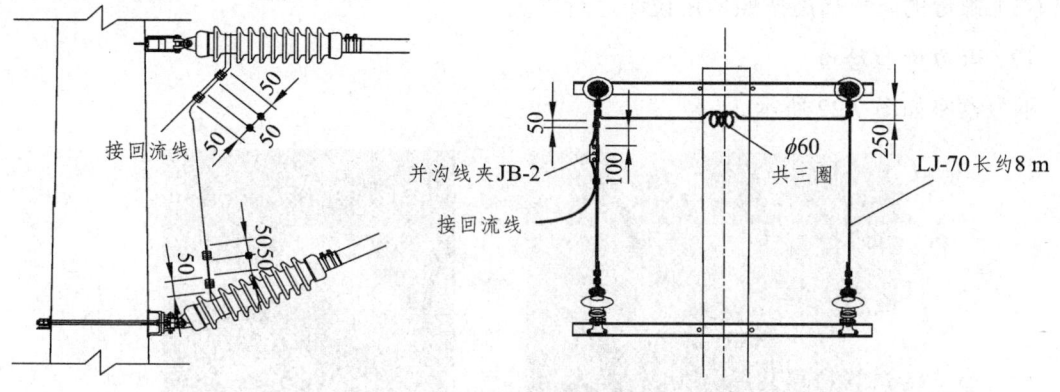

图 7.2.1 接地跳线

（1）测量平、斜腕臂之间棒式绝缘子上两接地跳线连接板的距离和接地跳线至回流线线连接点的径路尺寸。

（2）预制接地跳线：跳线长度 = 测量长度 + 400 mm（两端预留长度）+ 600 mm（3 个弹簧圈长度）。

（3）安装接地跳线：接地跳线两端各预留 200 mm 长留头与跳线连接板绑扎在一起，端头预留 50 mm 后绑扎 2 道，间距 50 mm；接地跳线在平腕臂跳线连接板绑扎后在跳线至跳线肩架中间处绕 3 个直径 60 mm 弹簧圈，在跳线肩架上固定后与回流线用线夹连接。

（4）双腕臂接地跳线呈门型，平、斜腕臂间同单腕臂，两腕臂间绕 3 个直径 60 mm 弹簧圈，与回流线连接一段跳线单独预制，两端用线夹与回流线、腕臂接地跳线连接。

8. 腕臂管有弯曲、变形、锈蚀，端口封堵不良

（1）腕臂管有弯曲、变形，更换腕臂管。

（2）对腕臂管锈蚀部分用砂纸打磨除锈后涂防腐漆、银粉漆。

（3）腕臂端口封堵不良时更换腕臂管帽。

9. 腕臂支撑有锈蚀、套管双耳缺螺母、开口销

（1）对腕臂支撑锈蚀部位用砂纸打磨除锈后涂防腐漆、银粉漆。

（2）对腕臂支撑套管双耳缺少开口销、螺母进行补装，螺母按标准力矩紧固，开口销掰开角度不小于 60°。

10. 腕臂顺线路的偏移值不符合规定

（1）根据现场温度，确定腕臂偏移值或通过腕臂偏移计算公式进行计算，确定腕臂偏移值。

（2）松开承力索座压板螺母，移动腕臂到规定偏移值处；小半径曲线时需在支柱顶部或腕臂顶部搭 0.75 T 手扳葫芦卸载承力索座所受曲线力。

（3）涂电力复合脂，拧紧承力索座压板螺母。

11. **螺栓未按标准力矩紧固**

（1）螺栓力矩按标准力矩进行紧固，螺纹外漏部分涂防腐油。

（2）螺母的防松措施按照使用说明进行安装。

12. **承力索座检查**

承力索座如图 7.2.2 所示。

图 7.2.2　承力索座

（1）承力索在承力索座内的安装位置正确，正定位时，承力索安装在靠近支柱的沟槽内，反定位时，承力索安装在远离支柱的沟槽内。承力索座相应的沟槽内应安装附线，附线两端露头均匀。

（2）铜铝过渡衬垫安装位置正确，无缺失。

（3）承力索座拉线定位钩开口在受力的反方向。

（4）承力索座两顶紧螺栓紧固力矩 75 N·m，锁紧螺螺母 50 N·m，承力索压紧螺栓紧固力矩 50 N·m。

13. **定位管斜拉线**

定位管斜接线如图 7.2.3 所示。

图 7.2.3　定位管斜拉线

(1)定位管斜拉线压接管无裂痕,每端压两个压接管。
(2)斜拉线尾线在定位管拉线定位钩及承力索座上的固定方式正确,定位钩开口在受力的反方向。

14. 电气连接跳线检查

电气连接跳线如图 7.2.4 所示。

图 7.2.4　电气连接跳线

(1)电气连接跳线安装在来车方向。
(2)铜铝过渡垫片位置正确,螺栓穿向符合要求,定位器端线鼻子角度不影响定位器抬升。
(3)螺栓紧固力矩 25 N·m,安装时涂抹锁固胶。

15. 定位器

定位器如图 7.2.5 所示。

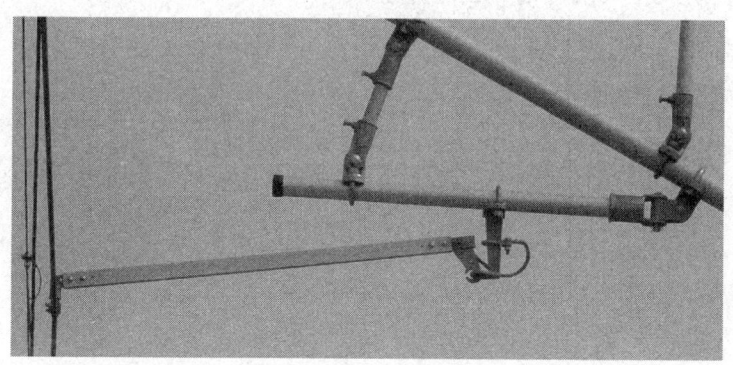

图 7.2.5　定位器

(1)外观检查定位器无破损、无烧伤痕迹。定位器不得存在受压情况。对于受压的情况通过调整拉出值进行处理,遇有特殊情况另做方案。
(2)定位支座无开裂(若存在开裂,详细记录外部环境情况,如曲线、附加设备等)。螺帽无缺失,螺栓紧固到位,垫片压平。定位支座必须垂直大地,不得顺线路偏斜。
(3)定位器坡度符合计算软件角度要求,限位间隙符合设计要求。
(4)定位器型号、长度符合计算软件要求。

（5）定位线夹受力方向符合要求，U型销子在定位器本体的反方向，向上折弯与水平线夹角为60°。

（6）定位器顺线路方向偏移与腕臂偏移量一致。

（7）定位支座U形螺栓螺母紧固力矩70 N·m，U型螺栓两端露头一致，不偏斜。

（8）定位线夹螺栓紧固力矩25 N·m。

16. 防风拉线

防风拉线如图7.2.6所示。

图7.2.6　防风拉线

（1）外观整体检查防风拉线定位环无开裂，检查防风拉线与固定环相磨程度，检查螺栓螺帽无缺失并紧固到位，垫片压紧。

（2）防风拉线安装在下锚方向。

（3）长环在定位管上的防风拉线定位环侧。

（4）定位环螺栓紧固力矩35 N·m。

（5）定位环在防风拉线长环的1/2位置处。

17. 开口销装配方法

开口销装配如图7.2.7所示。

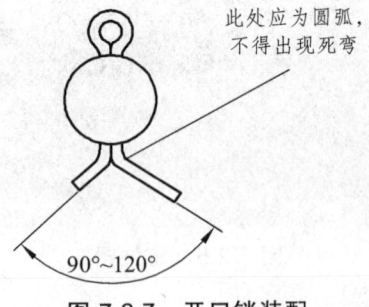

图7.2.7　开口销装配

（1）用手或钳子将开口销插入圆柱销内，不能用榔头将开口销打进去。

（2）用螺丝刀将开口销掰开。

（3）掰开开口销的角度，原则上不小于90°（两边对称）。

（4）开口销在打开时，注意使分开的部分平直、对称，不允许长短不齐。

第七章 高速铁路接触网检修

【安全注意事项】

根据作业现场实际情况落实好触电伤害、高空坠落、物体打击、车辆伤害、作业车运行安全、道路交通安全等风险项点的防控措施，对该设备检修过程中存在的关键安全风险提示如下：

（1）在接触网并行区段作业时，执行V形天窗作业相关安全措施。

（2）在高压电力线跨越接触网区段作业时，应在电力线跨越下方加挂接地线。

（3）在分相中性区段进行作业时，除在作业区段两端工作支接挂地线外，还应在中心区工作支上加挂一组地线，并对两断口加装短接封线。

（4）在电分段锚段关节、关节式电分相等开路作业时，必须用不小于 25 mm^2 的等位线先连接等位后再进行作业，防止穿越电流伤人。

（5）作业人员不宜位于线索受力方向的反侧，并采取防止线索滑脱的措施；在曲线区段进行接触网悬挂的调整工作时，要有防止线索滑脱的后备保护措施。

（6）曲线超高地段，使用车梯配合作业时，车梯要有防倾倒措施；作业车配合作业时，超高大于 120 mm 地段禁止使用平台检修。

第三节　软横跨、硬横梁检修

【教学目标】

（1）了解软横跨、硬横梁的检修项目；
（2）掌握软横梁、硬横梁的检修标准；
（3）培养学生软横跨、硬横梁检修的能力。

【检修流程】

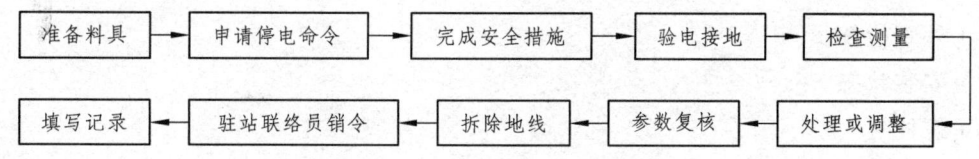

【工具材料】

工机具：车梯（或作业车）、硬挂梯、大绳、滑轮组、工具包、紧线器、接触网激光测距仪或 TR 测距仪等测量工具、力矩扳手、钢丝刷、管钳、活络扳手、油漆刷、450 扳手、安全工具、防护用具等。

材料：横向承力索线夹、球头挂环、悬吊滑轮、吊轮、定位环线夹、定位线夹、$\phi 4.0$ mm 铁线、$\phi 1.6$ mm 绑扎线、黄油、油漆等。

【检修项目】

横向承力索和上、下部固定绳：

（1）外观检查。

（2）安装状态。

（3）螺栓。

直吊弦：

（1）外观检查。

（2）安装状态。

（3）螺栓

软横跨绝缘子：

（1）外观检查。

（2）安装状态。

（3）清扫瓷瓶。

悬吊滑轮、防磨预绞丝：

（1）外观检查。

（2）安装状态。

硬横梁：

（1）外观检查。

（2）安装状态。

（3）连接螺栓。

门型架：

（1）外观检查。

（2）安装状态。

吊柱：

（1）外观检查。

（2）安装状态。

（3）螺栓。

硬横梁绝缘子：

（1）外观检查。

（2）安装状态。

（3）测量安全距离。

（4）清扫瓷瓶。

【检修方法及标准】

（1）检查横向承力索及上、下部固定绳及各受力件状态是否良好，各部零件是否锈蚀。

标准检修如下：

① 无接头、补强、断股、散股、烧伤，应布置在同一个铅垂面内。

② 双横承力索两条线的张力应相等，V形连接板应垂直于横向承力索，双横承力索线夹应垂直于横向承力索，上、下部固定绳处于拉紧状态。

③ 上、下部固定绳应水平，允许有平缓的负弛度，5 股道及以下负弛度不超过 100 mm，5 股道以上的不超过 200 mm。

④ 上、下部固定绳弹簧补偿器处于受力状态，张力符合设计规定。

（5）下部固定绳距接触线距离正线为 400 mm，侧线为 300 mm，允许偏差 ± 50 mm。

（2）检查直吊弦状态，直吊弦和斜拉线是否松弛；下部固定绳距接触线距离是否符合要求。如图 7.3.1 所示，软横跨直吊线一般采用直径不小于 6 mm 不锈钢丝绳压接制作。直吊线应保持铅垂状态，吊线呈拉紧状态，上端永久固定，无松弛，横向承力索与上部固定绳在最短吊线处距离为 400 ~ 600 mm。

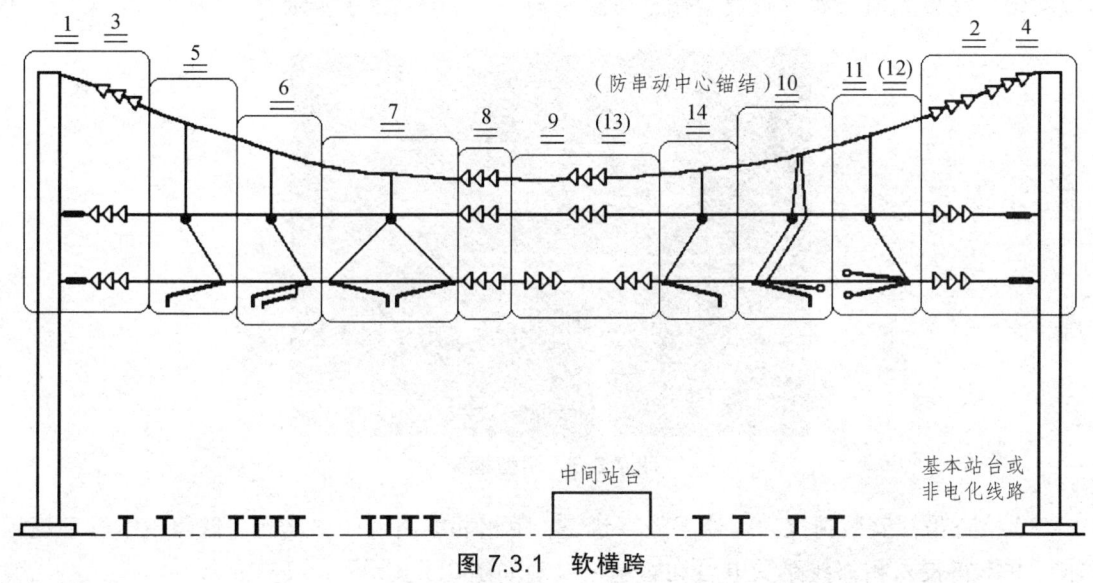

图 7.3.1　软横跨

（3）检查绝缘子，要求如下：

① 横向承力索和上、下部固定绳的电分段绝缘子串应在同一垂直面内。位于站台上方绝缘子带电裙边应尽量与站台边沿对齐，股道间横向电分段绝缘子应位于股道中间。

② 上、下部固定绳两端绝缘子串的瓷裙至支柱内缘的最小距离不小于 700 mm，带电侧绝缘子裙边距线路中心线不得小于 200 mm。

（4）检查悬吊滑轮及防磨预绞丝状态。

（5）作业人员通过车梯或登杆的方式检查硬横梁，首先进行外观检查，硬横梁表面镀锌应均匀，完整无损，如有破损生锈，应除锈喷锌，硬横梁锈蚀面积不超过 20%。硬横梁应呈水平状态，允许向上微拱，铰接硬横梁的挠度小于梁长的 0.5%，刚接硬横梁的挠度小于梁长的 1/360。钢柱及硬横梁角钢应无变形和弯曲。如图 7.3.2 所示。

图 7.3.2　硬横梁

（6）检查各段之间及其与支柱是否连接牢固，螺栓、螺母是否齐全，紧固力矩应符合设计要求。

（7）检查门型架安装垂直，连接部位螺栓、螺母齐全，紧固力矩应符合设计要求，表面锌应均匀，完整无损，如有破损生锈，应除锈喷锌。如图 7.3.3 所示。

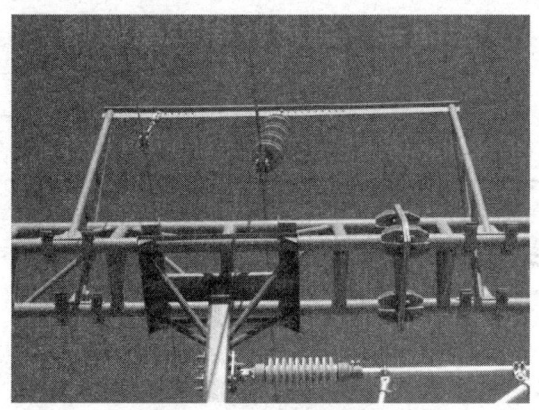

图 7.3.3　门型框架

（8）检查吊柱安装情况，应处于竖直状态，距相邻线路的限界满足《铁路技术管理规程》要求，并不得侵入相邻线路受电弓动态包络线。如图 7.3.4 所示。

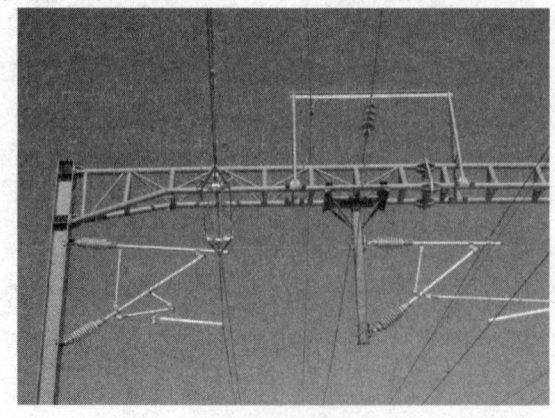

图 7.3.4　吊柱

（9）检查上下部固定绳和绝缘子，上、下部固定绳应布置在同一个铅垂面内，呈水平状态允许有平缓的负弛度，5 股道及以下者负弛度不超过 100 mm，5 股道以上者不超过 200 mm，不得有接头、断股和补强。下部固定绳距接触线距离：正线为 400 mm，侧线为 300 mm，允许偏差 ± 50 mm。

【安全注意事项】

根据作业现场实际情况落实好触电伤害、高空坠落、物体打击、车辆伤害、作业车运行安全、道路交通安全等风险项点的防控措施，对该设备检修过程中存在的关键安全风险提示如下：

（1）作业前必须确认好停电范围及停电设备，防止误攀、误碰带电设备。

（2）检修节点 8 分段绝缘子及附近设备时必须在垂直天窗内作业。

（3）V 型天窗作业时，应确认与相邻带电线路的安全距离，作业过程中人员机具与带电体保持规定的安全距离，禁止侵入邻线限界，并做好防感应电措施，同时人员不得在未停电线路上方横梁上进行作业。

（4）不同供电单元带电体间绝缘距离不满足 1 600 mm 的处所，须垂停方可作业。

第四节 棘轮补偿装置检修

【教学目标】

（1）了解棘轮补偿装置的检修项目；
（2）掌握棘轮补偿装置的检修标准；
（3）培养学生棘轮补偿装置检修的能力。

【检修流程】

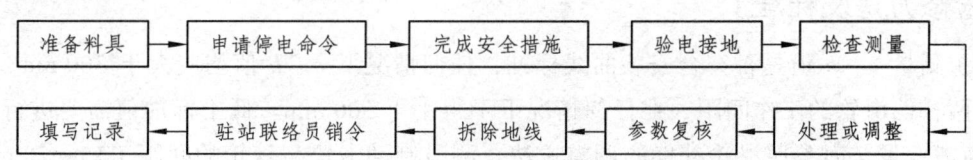

【工具材料】

工机具：手扳葫芦、紧线器、钢丝套子、温度计、手锤、锦纶绳、单滑轮、钢卷尺、扳手。

材料：双耳连接器线夹、销钉、双环杆、黄油、开口销、楔子、$\phi 1.6$ 绑线、补偿绳、钢线卡子。

【检修项目】

参数测量：

（1）补偿坠砣 a、b 值；

（2）制动卡块到棘轮的距离。

坠砣：

（1）坠砣数量。

（2）坠砣块标注。

（3）坠砣码放。

限制架及抱箍：

（1）外观检查。

（2）安装位置。

棘轮本体：

（1）外观检查。

（2）平衡轮。

（3）大、小轮补偿绳。

（4）导向轮。

补偿绳：

断股、散股检查。

下锚绝缘子：

（1）外观检查。

（2）安装位置。

连接部件：

（1）双耳楔形线夹。

（2）双环杆。

（3）终端锚固线夹。

（4）螺栓、开口销。

【检修方法及标准】

（1）测量 a、b 值是否符合安装曲线标准，任何情况下 a、b 值均应大于 300 mm。同一轮组的两补偿滑轮的工作间距，在任何情况下不得小于 500 mm。低于标准值需要进行调整。a、b 值需要调整时参照滑轮补偿的调整方法。测量制动卡块与棘轮的间距（15~20 mm），不符合时进行调整。

（2）检查坠砣块数量是否符合安装曲线的张力要求，坠砣应完整，坠砣块叠码整齐缺口相互错开 180°。坠砣串的重量（包括坠砣杆的重量）符合规定，允许误差不超过 2%。坠砣块自上而下按块编号，并标明重量。

（3）检查坠砣串中部抱箍、限制架、限制导管位置，使坠砣抱箍在限制导管上能无阻碍上下滑动，隧道内坠砣轮子有无脱出限制架槽。检查各零部件锈蚀情况并除锈涂漆，紧固螺栓并涂油。

图 7.4.1 制动卡块与棘轮间距

图 7.4.2 坠 砣

（4）检查棘轮及补偿绳工作状态。

① 检查补偿安装底座各部件、各连接螺栓是否紧固，棘轮底座紧固双螺帽是否齐全，检查棘轮槽是否铅垂（如出现偏斜可调整下底座的调节板中间孔使轮槽铅垂，上轮缘与下轮偏斜控制在 5 mm 以内）。

② 检查棘轮本体有无破损，检查棘轮是否转动灵活，有无卡滞现象，听轴体转动是否存在异常响声。检查平衡轮是否水平，偏斜不应超过 20°，螺栓销的螺母不许拧紧，以防影响平衡轮转动，导致小轮绳两边不平衡；开口销安装后一定要掰开，检查平衡轮处补偿绳有无交叉现象。隧内补偿检查导向轮安装是否牢固，是否偏磨。

（3）如图 7.4.3 所示，检查棘轮是否存在偏磨。一种情况是大轮补偿绳与自身轮齿摩擦，另一种情况轮补偿绳与大轮轮齿摩擦。产生棘轮偏磨的原因主要是棘轮底座安装棘轮底座角钢时，没有对上下角钢支架旋转轴安装孔进行调整，导致上下孔不铅垂。通过调整下底座的调节板中间孔使旋转轴铅垂安装，大轮上轮缘与下轮缘偏斜控制在 5 mm 以内。

图 7.4.3 检查棘轮是否存在偏磨

④ 检查棘轮大小轮上楔形线夹是否存在裂纹、断裂情况。如图 7.4.4 所示，检查补偿绳回头安装是否正确，是否充分缠绕楔子，有无抽脱痕迹；楔子是否存在异常情况。

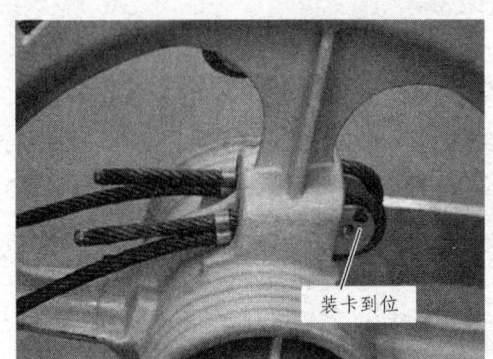
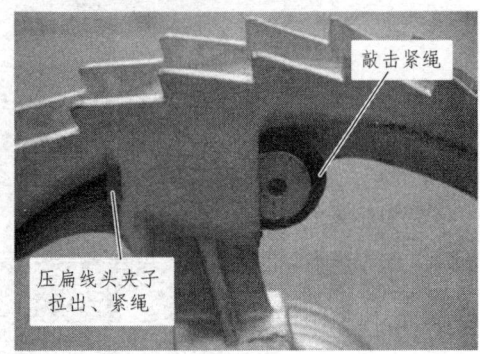

图 7.4.4 补偿绳固定

⑤ 如图 7.4.5 所示，观察棘轮上补偿绳排列是否整齐平顺，有无交叉情况。根据现场温度，对照安装曲线表，确认其缠绕圈数是否符合安装标准，一般大、小轮缠绕时最少缠绕半圈，最多 3.5 圈，小轮缠绕时必须两边对称，对不满足安装曲线的进行调整。

图 7.4.5 补偿绳排列平顺

⑥ 检查连接销钉状态是否良好，检查销钉有无裂纹、开裂痕迹。利用力矩扳手检查轮组与固定底座检查连接力矩是否符合力矩规定。

（5）检查下锚绝缘子状态。

① 检查下锚绝缘子表面是否清洁，有无裂纹和破损，有无放电痕迹，绝缘子瓷体及连接部件间的填充物有无辐射状裂纹，铁帽有无松动，绝缘子连接部件是否牢固可靠，铁件有无锈蚀，绝缘子上开口销安装是否符合标准。对脏污绝缘子进行清扫，绝缘子有裂纹或破损等其他缺陷时进行更换。

② 承力索和接触线下锚绝缘子应上下对齐，允许误差 ±150 mm，误差超过 150 mm 时需进行调整。

（6）检查各连接部件状态是否良好，划线有无滑移，螺栓力矩是否达标。双耳楔形线夹受力面装反连接部位松动、螺栓力矩不达标、部件锈蚀等须采取相应措施整改。

【安全注意事项】

（1）需要停电作业的项目必须在停电时间内进行，开具第一种工作票。

（2）使用作业车时，平台旋转要专人盯控，严防碰伤支柱。作业车要设置相应防倾倒措施。

（3）在调整、检修过程中要时刻注意支柱的受力情况，防止支柱受力过猛而发生变形或损坏。

（4）更换补偿绳等使补偿卸载的操作时，为防止紧线器滑脱，必须采取防脱措施，在紧线器下部加一个钢线卡子卡住。

第五节　滑轮补偿装置检修

【教学目标】

（1）了解滑轮补偿装置的检修项目；
（2）掌握滑轮补偿装置的检修标准；
（3）培养学生滑轮补偿装置检修的能力。

【检修流程】

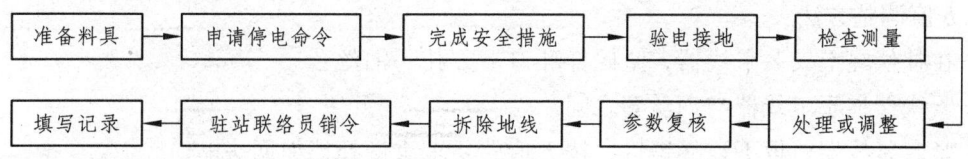

【检修工具】

手扳葫芦、紧线器、钢丝套子、温度计、手锤、锦纶绳、单滑轮、钢卷尺、扳手。

【检修项目】

参数测量：
（1）补偿坠砣 a、b 值。

（2）补偿滑轮组行程。

坠砣：

（1）坠砣数量。

（2）坠砣块标注。

（3）坠砣码放。

限制架及抱箍：

（1）外观检查。

（2）安装位置。

滑轮组：

（1）滑轮组。

（2）导向轮。

补偿绳：

外观检查。

绝缘子：

（1）外观检查。

（2）安装位置。

连接部件：

（1）双耳楔形线夹。

（2）双环杆。

（3）终端锚固线夹。

（4）螺栓、开口销。

【检修方法及标准】

（1）测量补偿坠砣 a、b 值是否符合安装曲线标准，任何情况下 a、b 值均应大于 300 mm。同一滑轮组的两补偿滑轮的工作间距，在任何情况下不得小于 500 mm。低于标准值需要进行调整。

a、b 值调整方法：

① 在补偿绳上安装卡线器，坠砣杆环口下方扎一钢丝套。

② 紧线器连于卡线器与钢丝套之间。

③ 紧起紧线器，取下连接销钉，按 b 值的要求重做补偿绳回头。

④ 将做好的补偿绳回头与坠砣杆连接，拆除所有工具，复查 b 值，绑扎回头。

（2）检查坠砣块数量是否符合安装曲线的张力要求，坠砣块有无破损、安放是否整齐、上下移动是否灵活，防风摆抱箍是否缺失，坠砣编号是否清晰正确。

① 坠砣破损时进行更换：用手扳葫芦、钢丝套子将承力索或导线硬锚在支柱上，卸下破损坠砣，换上新坠砣。

② 坠砣块数不足时补齐，并立即检查本锚段另一段下锚坠砣数量，使两端坠砣数量相等。

③ 坠陀叠码不规范时重新叠码整齐，其缺口互相交错 180°。

④ 坠砣上下移动不灵活时移动限制管上下部螺栓调节孔，将限制管与坠砣重心线调整至平行且距离适当。如果限制管与底座固定，则重新确定底座位置，重新固定限制管。

⑤ 对不清晰或缺失的坠砣编号进行重新印制，印制前对坠砣表面用钢丝刷清理，然后用毛巾将灰尘清理干净后再用模板进行印制。

（3）如图 7.5.1 所示，检查坠砣串中部抱箍、限制架、限制导管位置，使坠砣抱箍在限制导管上能无阻碍上下滑动，隧道内坠砣轮子有无脱出限制架槽。检查各零部件锈蚀情况并除锈涂漆，紧固螺栓并涂油。

图 7.5.1 坠砣检查

（4）检查滑轮组工作状态。如图 7.5.2 所示。

补偿滑轮完整无损、转动灵活（人力用手托动坠砣能上下自由移动），没有卡滞现象。对需要加注润滑油的补偿滑轮，应按产品说明书的期限加注润滑油，没有规定的至少 3 年 1 次。定滑轮槽应保持铅垂状态，动滑轮槽偏转角度不得大于 45°。隧内补偿检查导向轮安装是否牢固，是否偏磨。

图 7.5.2 滑轮转动检查

（5）检查补偿绳状态。

补偿绳不得有锈蚀、散股、断股、接头，异侧下锚补偿绳不得与下锚拉线相摩擦；同侧下锚补偿绳不得与接触线下锚双环杆相摩擦；双耳楔形线夹受力面正确。坠砣杆处补偿绳回头在双耳楔型线夹端面以上统一进行绑扎或盘圈。

① 承力索补偿绳摩擦定滑轮装置轮缘或跳槽处理。

为保证补偿绳与定滑轮的相对位置，可在定滑轮装置底座角钢处加装垫片直至符合要求。

② 补偿绳磨双环杆时进行调整。

用手扳葫芦、紧线器、钢丝套子连接补偿和支柱使补偿卸载，调节下锚角钢调节孔，使承力索或导线下锚双环杆错位，脱离摩擦。

③ 补偿绳断股、散股、锈蚀时进行更换：

a. 分别在下锚杆环杆和支柱（下锚角钢上方）安装紧线器和钢丝套，同时将坠砣串固定在支柱上。

b. 将紧线器连于紧线器与钢丝套之间。

c. 紧起紧线器使补偿绳卸载。

d. 拆除旧补偿绳，安装预制好的新补偿绳。

e. 松开紧线器，解开坠砣串，使补偿绳受力，观察受力情况无误后，撤除所有卸载工具，复查 b 值，补偿绳涂防腐油。

（6）检查下锚绝缘子状态。

① 检查下锚绝缘子表面是否清洁，有无裂纹和破损，有无放电痕迹，绝缘子瓷体及连接部件间的填充物有无辐射状裂纹，铁帽有无松动，绝缘子连接部件是否牢固可靠，铁件有无锈蚀，绝缘子上开口销安装是否符合标准。对脏污绝缘子进行清扫，绝缘子有裂纹或破损等其他缺陷时进行更换。

② 承力索和接触线下锚绝缘子应上下对齐，允许误差 ±150 mm，误差超过 150 mm 时需进行调整。

（7）检查各连接部件状态是否良好，划线有无滑移，螺栓力矩是否达标。双耳楔形线夹受力面装反、连接部位松动、螺栓力矩不达标、部件锈蚀等须采取相应措施整改。

【安全注意事项】

（1）需要停电作业的项目必须在停电时间内进行，开具第一种工作票。

（2）使用作业车时，平台旋转要专人盯控，严防碰伤支柱。作业车要设置相应防倾倒措施。

（3）在调整、检修过程中要时刻注意支柱的受力情况，防止支柱受力过猛而发生变形或损坏。

（4）更换补偿绳或调整滑轮间距等使补偿卸载的操作时，为防止紧线器滑脱，必须采取防脱措施，在紧线器下部加一个钢线卡子卡住。

（5）测量 b 值时，还要考虑坠砣抱箍与限制架角钢的距离；测量 a 值时，要考虑坠砣串上沿与双底座槽钢的关系。

第六节 附加导线检修

【教学目标】

(1) 了解附加导线的检修项目;
(2) 掌握附加导线的检修标准;
(3) 培养学生附加导线检修的能力。

【检修流程】

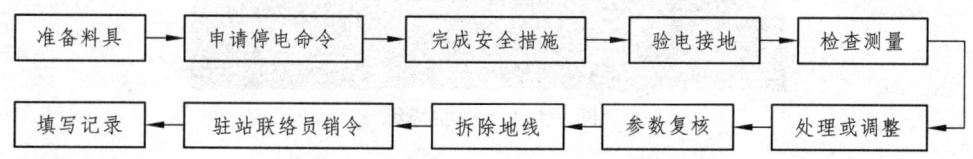

【工具材料】

工机具:皮尺、测量工具、紧线器、钢丝套、滑轮、力矩扳手、锉刀、砂纸、钢丝刷等。

材料:棉纱、丙酮或汽油、单股铝(铜)绞绑扎线、电力复合脂、电连接线夹、铝(铜)过渡线夹等。

【检修项目】

线索:

(1) 线索本体。
(2) 接头数量。

参数测量:

(1) 张力测量。
(2) 弛度测量。
(3) 绝缘距离测量。

绝缘件:

(1) 绝缘子外观检查。
(2) 安装绝缘护套。

其他部件:

(1) 肩架外观检查。
(2) 螺栓、开口销。

【检修方法及标准】

(1) 附加导线外观检查。如图 7.6.1 所示。

图 7.6.1 附加导线

① 附加导线的材质和截面面积应满足通过的最大电流,机械强度安全系数不小于 2.5。

② 跨越铁路和一、二级公路以及重要的通航河流时,导线不得有接头。不同金属、不同规格、不同绞制方向的导线严禁在跨距内做接头。

③ 一个跨距内一根导线的接头不得超过 1 个。一个耐张段内附加导线接头和补强线段的总数量不得超过 4 个,且接头距悬挂点的距离大于 500 mm。

④ 附加导线跨越建筑物时,且跨越的跨距内不得有接头、断股和补强。

⑤ 附加导线不得散股,安装牢固。导线采用钢芯铝绞线时,其钢芯不准折断。铝绞线和钢芯铝绞线的铝线断股、损伤截面积不得超过铝截面的 7%,且载流量和机械强度能满足要求时,可将断股处磨平用预绞丝套装,长度超出缺陷部分 30~50 mm;当断股损伤截面为 7%~25%时,应进行补强;当断股截面超过 25%时,应锯断做接头或更换。

使用预绞丝进行补强方法:

如图 7.6.2 所示,预绞丝接续条安装前将导线线股整理平整后用砂皮纸将导线打磨、刷理,使其光亮、干净,然后按产品安装要求进行安装。

 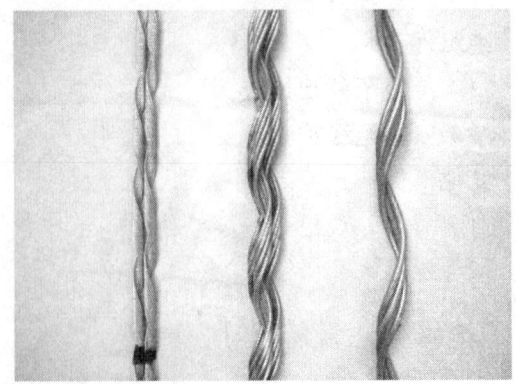

图 7.6.2 预绞丝接续条

首先选择一组接续条,将中心标记置于导线标识的中心(如断线接续时,导线侧中心为两断头处,两断头端大约相距 3 mm;如破损补强时,导线侧中心为破损范围内的中心)操作,并分别向中心两侧将接续条完全缠绕到导线上,第二组接续条置于中心标记处,紧贴一组,在中心向两侧各缠绕,由此类推。

(2)调整附加导线张力和弛度。

张力和弛度符合安全曲线的要求,误差在标准值±10%。支柱同一侧悬挂为不同线径材质的导线时,应以其中弛度较大的导线为准。

调整方法:

① 计算附加导线锚段的当量跨距,根据调整时的环境温度和所在锚段的当量跨距,查阅附加导线安装曲线,查出对应的张力和弛度。

② 松开该锚段附加导线悬挂点并挂上放线滑轮,线索放至滑轮内。

③ 在锚段一端附加导线下锚支柱上安装钢丝套子,锚段耐张线夹受力侧附加导线上装紧线器,紧线工具串接拉力表后连接到钢丝套子和紧线器上。

④ 松开预绞丝耐张线夹,调整紧线工具至张力表读数符合附加导线张力标准后,调整耐张线夹位置后,更换预绞丝耐张线夹。

⑤ 拆除各悬挂点放线滑轮,恢复原安装方式。检查肩架安装位置是否正确、安装是否牢固,水平状态。

(3)绝缘子检查。如图 7.6.3 所示。

图 7.6.3 绝缘子检查

绝缘子表面应清洁、光滑无脏污、完整无破损、无破碎性裂纹,瓷釉剥落面积不大于 300 mm^2。绝缘子烧伤、破损超过规定时要更换。

(4)绝缘距离测量。

① 附加导线对地面及相互间的距离在任何情况下不应小于表 7.6.1 中的数值。

表 7.6.1 附加导线对地面及相互间的距离要求

有 关 情 况		供电线 加强线 正馈线	保护线 回流线 架空地线
导线在最大弛度时距地面高度	居民区及车站站台	7 000	6 000
	非居民区	6 000	5 000
	车辆、农业机械不能到达的山坡、峭壁、挡土墙和岩石	5 000	4 000
导线距峭壁挡土墙和岩石	无风时	1 000	500
	计算最大风偏时	300	75
导线跨越铁路时	跨越非电化股道（对轨面）	7 500	7 500
	跨越不同回路电气化股道（对承力索或无承力索时对接触线）	3 000	2 000
不同相或不同分段两导线悬挂点间距	两线水平排列	2 400	—
	导线垂直排列，上方为供电线，下方为供电线或回流线	2 000	—
与建筑物间的最小距离	最大弛度时最小垂直距离	4 000	2 500
	边导线最大风时最小水平距离	3 000	1 000

② 正馈线与承力索等高压带电体最小距离≥550 mm，与接地体最小距离≥300 mm；保护线距接地体的最小距离≥150 mm，困难时≥75 mm。

③ 附加导线与接触网同杆合架时，正馈线、保护线安装位置应符合设计要求。正馈线带电部分与支柱边沿的距离应不小于 1 m。

④ 正馈线与保护线的水平距离、垂直距离必须大于 1 000 mm，距离不足又无法调整的，应加装绝缘护套，保证正馈线与保护线在最大风偏时，线索之间不发生闪络放电。

调整方法：

测量各种附加导线带电部分与地面、树木、建筑物、山坡、支柱及其他线带电设备的最小距离，如果安全距离不符合要求时，使用紧线工具使其线索卸载，然后将附加导线与固定接地体或其他带电设备的绝缘距离调整至标准，无法调整至标准时，可考虑变更线索的悬挂方式。

（5）正馈线绝缘护套发生松脱、破损、滑移等，要采取加固、更换、重新调整位置等措施。绝缘护套应包扎到桥、隧道边界位置两端各 5 m。

（6）肩架安装不水平、不正确，应调整至标准，肩架的误差为 + 50 mm。

（7）各部件有无裂纹、损伤、短缺，螺栓有无脱扣、锈蚀，各部位连接是否正确，发现有松、脱、断问题的立刻采取相应措施处理。

（8）附加导线下锚检查，如图 7.6.4 所示。

图 7.6.4 附加导线下锚检查

① 开口销不能用铁线或其他东西代替,开口销两支均应掰开,角度为 90°~120°。
② 各部分连接螺栓及螺母、垫片齐全,紧固力矩符合要求。
③ AF 线下锚并弓连接处与复合绝缘子接地端最近绝缘距离 ≥400 mm。

【安全注意事项】

根据作业现场实际情况落实好触电伤害、高空坠落、物体打击、车辆伤害、作业车运行安全、道路交通安全等风险项点的防控措施,对设备检修过程中存在的关键安全风险提示如下:

(1)登杆作业严格落实好监护制度,及时将安全带系到牢固、可靠位置。
(2)作业中不得抛掷工具材料,作业完毕现场必须工完料清。
(3)吸上线、回流线等在检修时不得断开回路,如必须进行断开回路的作业时,必须在断开前使用同等载流量的短接线先行短接后,方可进行作业。

第七节　吊弦与弹性吊索检修

【教学目标】

(1)了解吊弦与弹性吊索的检修项目;
(2)掌握吊弦与弹性吊索的检修标准;
(3)培养学生吊弦与弹性吊索检修的能力。

【检修流程】

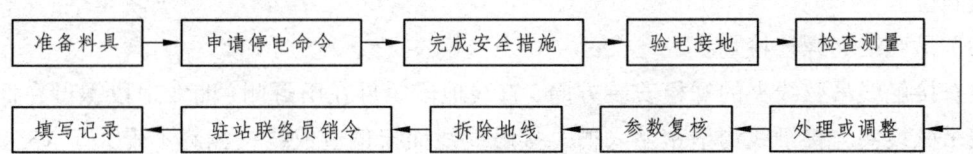

【工具材料】

工机具：车梯（或作业车）、接触网激光测距仪或 TR 测距仪等测量工具、温度计、力矩扳手、大绳、吊绳、扭面板手、工具包、安全用具、防护用具等。

材料：铁线、吊弦线夹、夹环、整体吊弦等。

【检修项目】

吊弦线夹：

（1）外观检查。

（2）止动垫片。

（3）线夹螺栓。

吊弦线：

（1）外观检查。

（2）与心形环密贴。

弹性吊索：

（1）结构检查。

（2）线夹位置检查。

（3）吊索张力检查。

【检修方法及标准】

（1）吊弦线夹检查，如图 7.7.1 所示。

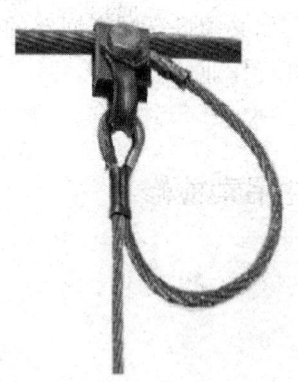 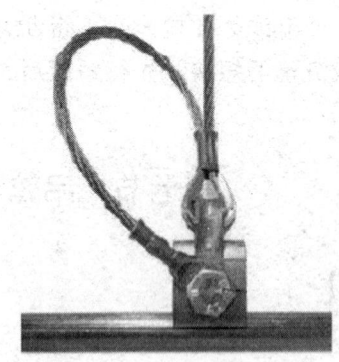

图 7.7.1　吊弦线夹

外观状态检查线夹本体及螺栓有无损伤、变形、裂纹、烧伤或其他不良状态，止动垫是否安装到位。

（2）吊弦线夹螺栓检查。

检查接触线吊弦线夹的螺栓安装方向，直线地段螺母在田野侧；曲线地段螺母在低轨侧。接触线吊弦线夹与接触线沟槽密贴入槽。接触线线面扭偏造成线夹偏斜不得大于 15°。

（3）吊弦线夹载流环检查，如图 7.7.2 所示。

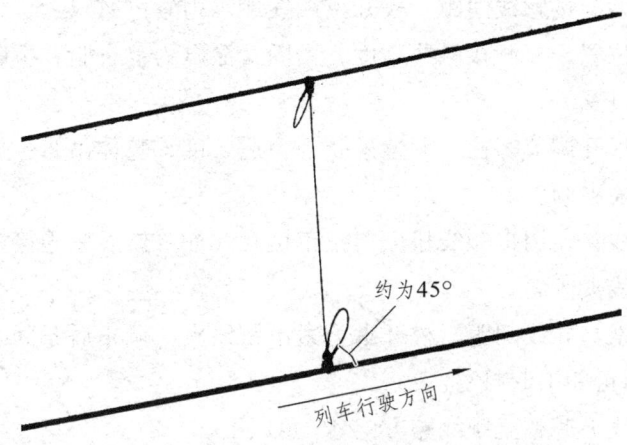

图 7.7.2　吊弦载流环检查

吊弦线夹的载流环是否固定在吊弦线夹的螺栓侧。承力索吊弦线夹与接触线吊弦线夹的螺栓安装方向相反，接触线吊弦线夹的载流环与列车前进方向相同。载流环角度 45°，严禁过低。

（4）吊弦压接检查，如图 7.7.3 所示。

外观状态检查，有无损伤、变形、断股、烧伤或其他不良状态；吊弦与鸡心环接触是否密贴；压接是否按要求本线及载流辅线一道压接成 W 型，且一个压槽在主线上，两个压槽在辅线上。吊弦承力索线夹 U 型卡环是否变形和超力矩紧固，吊弦螺栓是否安装止动垫片。

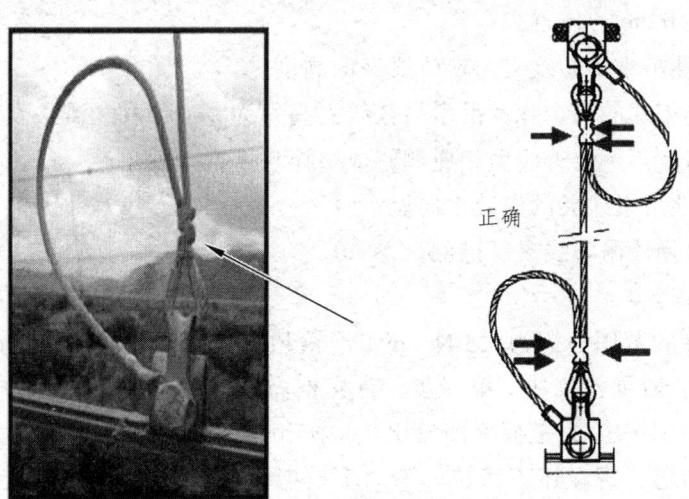

图 7.7.3　吊弦压接检查

（5）止动垫片。

止动垫片安装正确，止动垫片与本体及螺栓帽密贴，能有效发挥止动作用，并确保垫片安装到位后不会打弓。

（6）吊弦偏移超标。

用小绳固定承力索与接触线间距，松开接触线或承力索吊弦线夹，根据吊弦偏移值，调整吊弦到符合要求的位置，复测接触线高度，紧固后涂电力复合脂，拆除小绳。

（7）吊弦过松或过紧。

可调整体吊弦：松开调节螺栓，调整吊弦到合适长度，整体吊弦：更换。

（8）接触线吊弦线夹倾斜。

松开接触线吊弦线夹，用接触线扭面器扭正接触线面，然后紧固接触线吊弦线夹。

（9）承力索吊弦线夹倾斜。

用小绳固定承力索与导线间距，松开承力索吊弦线夹，调正后紧固。

（10）线鼻子倾斜可能引起打弓。

松开接触线吊弦线夹调整至顺线路方向45°角以上。

（11）弹性吊索结构检查。

首先根据当时的环境温度检查腕臂的偏移是否和当时温度一致。

检查弹性吊索的长度是否符合设计要求。调整工作必须从中心锚结处向两侧棘轮处展开。

如果检查发现定位器的偏移与当时的环境温度不符,则应按规定调整定位器的偏移角度。腕臂调整应包括承力索定位点和接触线定位点的整定。平腕臂与定位管垂直，承力索与接触线垂直。

（12）弹性吊索吊弦线夹与定位器定位线夹的距离检查。

承力索底座应位于整个长度的中心，两侧各 9 m。下锚方向的弹性吊索线夹以外应为吊索拉力计留出 8~10 cm 的位置。

（13）检查弹性吊索吊弦线夹与定位线夹的高度。

定位线夹与其相邻的两个弹性吊索吊弦线夹高差为零。如在检查中发现弹性吊索吊弦线夹与定位线夹的高度不一致，应做相应调整或更换长度合适的吊弦。

（14）检查弹性吊索线夹的安装方向。

弹性吊索应在弹性吊索线夹螺母侧。

（15）力矩检查。

弹性吊索线夹的紧固力矩为 23 N·m（严重超负荷会影响线夹本身的安全系数和使用寿命）。检查方法：阶梯检查法。第一步：首先把力矩扳手设定在23 N·m，检查紧固力矩是否达标。如果稍一用力，力矩扳手即发出"咔啦"声的达标提示，则表明力矩已达 23 N·m。但是否超出额定力矩，现在还不清楚。第二步：把力矩扳手设定在 33 N·m 并对同一螺栓进行检查，如果稍一用力（但螺栓本身未动），力矩扳手即发出"咔啦"声的达标提示，则表明力矩已超过额定值将近 50%。如上所述进行操作便可测出该线夹是否超出标准的力矩范围。吊弦线夹的紧固力矩为 25 N·m（严重超负荷会使线夹本体变形）检查方法：目测检查。在 25 N·m 力矩的情况下，线夹的外形应基本不变。如线夹本体明显变形，其力矩必超无疑。

（16）检查弹性吊索的张力。

弹性吊索的张力要保证定位点及两侧吊弦的等高，跨中不得出现正弛度与负弛度，确保接触线的平直度、平顺度。弹性吊索张力过大会造成跨中出现正弛度，弹性吊索张力过小会造成跨中出现负弛度。具体见图 7.7.4。

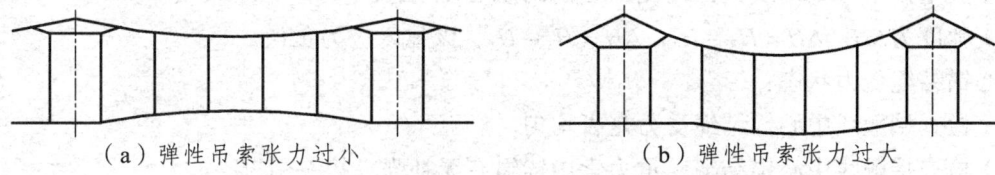

（a）弹性吊索张力过小　　　　　　　　（b）弹性吊索张力过大

图 7.7.4　弹性吊索张力对接触线高度的影响

【安全注意事项】

根据作业现场实际情况落实好触电伤害、高空坠落、物体打击、车辆伤害、作业车运行安全、道路交通安全等风险项点的防控措施，对该设备检修过程中存在的关键安全风险提示如下：

（1）在分相中性区段进行吊弦检修作业时，除在作业区段两端工作支接挂地线外，还应在中心区工作支上加挂一组地线，并对两断口加装短接封线。

（2）在绝缘锚段关节处吊弦检修作业时，需用短接封线将关节断口短接。

（3）严禁使用工、机具抬升接触线，防止接触线产生硬点。

吊弦检修

弹性吊弦检修

第八节　中心锚结检修

【教学目标】

（1）了解中心锚结的检修项目；
（2）掌握中心锚结的检修标准；
（3）培养学生中心锚结检修的能力。

【检修流程】

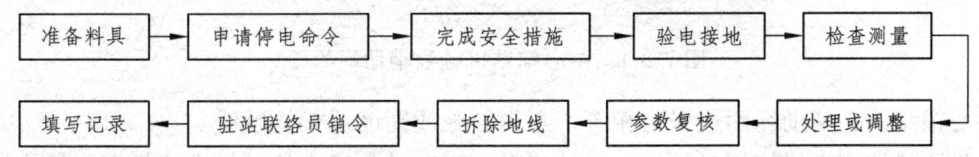

【工具材料】

工机具：作业车（或车梯）、接触网激光测量仪、钢卷尺、力矩扳手、验电器、地线、钢丝刷、直弯器、扭面器、大绳、小绳等。

材料：接触线中锚线夹、承力索中锚线夹、承力索中心锚结绳、接触线中心锚结绳、可调式整体吊弦、钢线卡子、铁线、电力复合脂等。

【检修项目】

参数测量：
（1）测量中心锚结线夹处接触线高度 H_1。
（2）测量该中心锚结线夹处两侧吊弦的高度 H_2，H_3。
（3）弛度为 ΔH。$\Delta H = H_2 - H_1$，$\Delta H = H_3 - H_1$，该弛度应为负值。

中心锚结绳受力状态：
（1）检查接触线中心锚结绳受力是否均匀。
（2）检查接触线中心锚结绳、承力索中锚绳有无补强、接头情况。

检查接触线中心锚结线夹状态：
（1）检查接触线中锚线夹有无偏斜。
（2）检查接触线中锚线夹内线索有无烧伤。

检查承力索中心锚结线夹状态：
检查中锚线夹安装状态，相互间距是否符合要求。

螺栓紧固力矩：
用力矩扳手对线夹螺栓进行复核检查。

【检修方法及标准】

1. 中心锚结绳状态

（1）中心锚结接触线辅助绳两侧弛度不均，如图 7.8.1 所示。

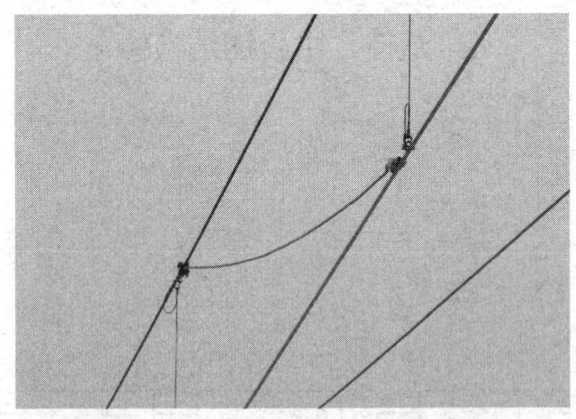

图 7.8.1 中心锚结接触线辅助绳松弛

中心锚结线夹辅助绳两边张力相等，不得松弛或高度低于接触线。

首先测量该中心锚结接触线线夹处的接触线高度是否符合技术标准。根据测量值，确定调整的位置。需调整时，将辅助绳松弛的中心锚结线夹打开，一人抽拉辅助绳头，当两侧辅助绳弛度达到一致时停止抽拉，另一人用扭矩扳手将承力索中心锚结线夹扭至设计要求力矩即可。对该处中心锚结接触线线夹处高度进行复测。

（2）接触线中心锚结绳存在断股或散股现象：更换接触线中心锚强绳。具体更换步骤如下：

① 在要更换的中心锚绳处，在承力索及接触线中锚线夹附近打上紧线器，并通过手扳葫芦将导链拉紧受上力，使接触线中锚绳松弛。

② 两边锚结绳充分松弛后，拆除中心锚结绳，并在承力索上与接触线中心锚结线夹相对位置做好标记。

③ 将预制好的中心锚结绳在相应做好的地方进行安装，并保证该处接触线的高度高于两侧吊弦 0~20 mm。

2. 中心锚结线夹处接触线高度超标

中心锚结线夹处的接触线高度比两侧吊弦点高出 0~20 mm。

（1）中心锚结线夹处接触线高度低于标准：

①用 ϕ4.0 mm 铁线将距接触线中心锚结线夹外侧 300 mm 的接触线吊起，使接触线中心锚结绳充分松弛，然后松开接触线中心锚结线夹。

②根据接触线中心锚结线夹处原导线高度值和悬挂点导线高度的差值向外移动接触线中心锚结线夹并紧固螺栓。

③测量接触线中心锚结线夹处导线高度，不符合要求时按以上步骤重新调整直至符合标准。最后拆除铁线。

（2）中心锚结线夹处接触线高度高于标准：

准备工作同上，根据接触线中心锚结线夹处原导线高度值和悬挂点导线高度的差值向内移动接触线中心锚结线夹并紧固螺栓。

3. 接触线中心锚结线夹偏斜

接触线中锚线夹安装应牢固、端正、不打弓。在直线上应保持铅垂状态，在曲线上应与接触线的倾斜度一致。如图 7.8.2 所示。

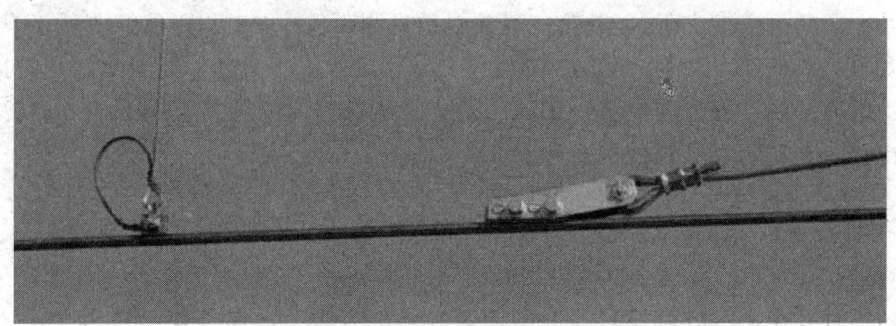

图 7.8.2　接触线中锚线夹

① 用一个扭面器首先卡在接触线偏磨起始位置。

② 用另一个扭面器卡在偏磨接触线的偏磨面上距第一个扭面器 200~300 mm 处。

③ 将第一个扭面器固定不动，根据接触线偏磨方向和偏磨程度旋转另一个扭面器 180°左右。

④ 松开两个扭面器使接触线处于无外力状态，观察接触线线面情况（如果一次调整不到位，重复动作③直至接触线面符合要求为止）。

⑤ 对接触线偏磨的另一端采取同样方法进行校正。

【安全注意事项】

（1）作业人员不宜位于线索受力方向的反侧，并采取防止线索滑脱的措施。

（2）中锚偏移较大的情况下，检查中锚处吊柱支持装置底座、定位管定位钩有无变形现象。

（3）承力索与承力索吊弦线夹接触部位涂抹适量电力复合脂。

中心锚结检查

第九节　锚段关节检修

【教学目标】

（1）了解锚段关节的检修项目；
（2）掌握锚段关节的检修标准；
（3）培养学生锚段关节检修的能力。

【检修流程】

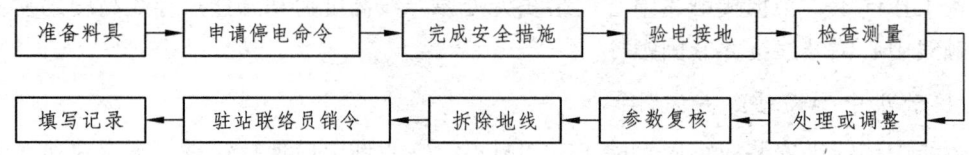

【工具材料】

工机具：车梯（或作业车）、滑轮、接触网激光测距仪或 TR 测距仪等测量工具、扭面板手、力矩扳手、水平尺、大绳、吊绳、紧线工具、温度计、工具包、安全工具、防护用具等。

材料：整体吊弦、限位定位器、吊弦（吊索）线夹、定位线夹、$\phi 4.0\,\mathrm{mm}$ 镀锌铁线、定位环、支持器、夹环、锚支定位卡子等。

【检修项目】

参数测量：

（1）转换柱及中心柱处两接触线、承力索的水平距离、垂直距离。

（2）接触线偏角。

绝缘子：

（1）外观检查。

（2）安装位置。

（3）终端锚固线夹。

电连接：

（1）外观检查。

（2）弛度。
（3）线夹。

接触悬挂：
（1）承力索、接触线。
（2）吊弦。
（3）弹性吊索。

附加悬挂：
（1）线索外观检查。
（2）接头、补强。
（3）弛度。
（4）肩架、绝缘子。

定位支撑装置：
（1）定位装置。
（2）支撑装置。

隔离开关：
（1）本体外观检查。
（2）引线。
（3）操作机构。
（4）接地。

【检修方法及标准】

1. 四跨绝缘锚段关节（见图7.9.1）

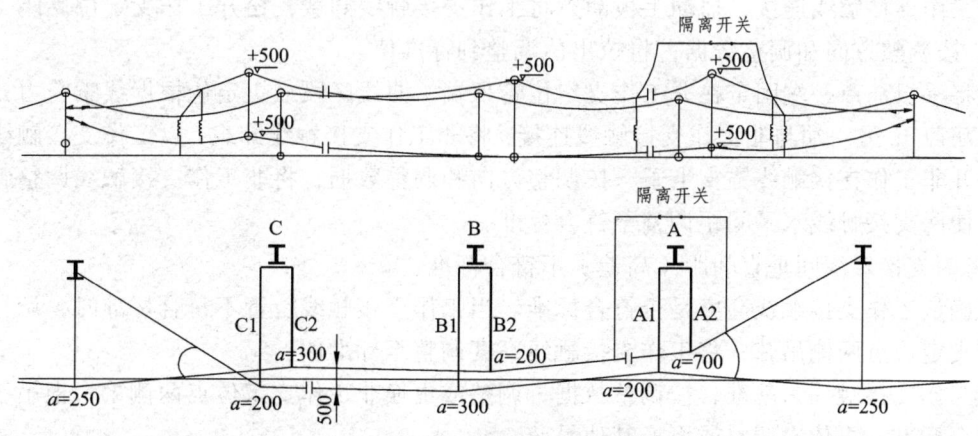

图7.9.1　四跨绝缘锚段关节

（1）两转换柱处承力索的垂直、水平间距不符合标准：
① 根据测量数据，确定非工作支承力索的调整方向和调整量。
② 两支承力索水平间距不符合标准：
先确认工作支承力索位置是否符合标准。当工作支承力索位置不符合标准时，将手扳葫

芦一端固定在工作支腕臂顶端（曲线区段根据线索受力方向固定手扳葫芦），另一端与工作支承力索连接，摇动手扳葫芦将工作支承力索卸载，按调整方向和数据，松开工作支承力索座（拉杆式腕臂可调整调节板），将工作支承力索位置调整到标准位置。

再将手扳葫芦一端固定在非工作支腕臂顶端（曲线区段根据线索受力方向固定手扳葫芦），另一端与非工作支承力索连接，摇动手扳葫芦将非工作支承力索卸载，以工作支承力索为基准，松开非工作支承力索座（拉杆式腕臂可调整调节板），按调整方向和数据，将非工作支承力索调整至符合标准。

③ 两支承力索垂直间距（高差）不符合标准：

先确认工作支承力索高度是否符合标准。当工作支承力索高度不符合标准时，将手扳葫芦一端固定在工作支腕臂顶端（曲线区段根据线索受力方向固定手扳葫芦），另一端与工作支承力索连接，摇动手扳葫芦将工作支承力索卸载，按调整方向和数据，松开工作支组合承力索线夹（拉杆式腕臂可调整调节板位置和孔距），将工作支承力索位置调整到标准位置。

再将手扳葫芦一端固定在非工作支腕臂顶端（曲线区段根据线索受力方向固定手扳葫芦），另一端与非工作支承力索连接，摇动手扳葫芦将非工作支承力索卸载，以工作支承力索为基准，松开非组合承力索线夹（拉杆式腕臂可调整调节板），按调整方向和数据，将非工作支承力索调整至符合标准。

④ 测量各数据符合规定后，按标准紧固各部螺栓，拆除手扳葫芦。

（2）两转换柱处接触线的垂直、水平间距不符合标准。

① 根据测量数据，确定调整方向和调整量。

② 两支接触线水平间距不符合标准：

先确认工作支接触线位置是否符合标准。当工作支接触线位置不符合标准时，将手扳葫芦一端固定在工作支定位管顶端（曲线区段或正定位可根据线索受力方向固定手扳葫芦），另一端与工作支接触线连接，摇动手板葫芦将工作支接触线卸载，松开工作支定位支座（或定位环），按调整方向和调整数据，将拉出值调整到标准值。

再将手扳葫芦一端固定在非工作支定位管顶端（曲线区段或正定位根据线索受力方向固定手扳葫芦），另一端与非工作支接触线连接，将非工作支接触线卸载，以工作支接触线为基准，松开非工作支接触线锚支卡子，按调整方向和调整数据，将非工作支接触线调整到标准位置，使两支接触线水平间距调整至符合标准。

③ 两支接触线间垂直间距（高差）不符合标准：

先确认工作支接触线高度是否符合标准。当工作支接触线位置不符合标准时，调整或更换工作支定位点两侧吊弦，将工作支接触线高度调整至标准值。

以工作支接触线为基准，按调整数据，调整或更换非工作支定位点两侧第一根吊弦，使高差符合标准，再依次调整或更换其他吊弦。

④ 测量各数据符合规定后，按标准紧固各部螺栓。

（3）中心柱处承力索的垂直、水平间距不符合标准。

参见两转换柱处承力索的垂直、水平间距不符合标准时，进行调整。

（4）中心柱处等高值、拉出值不符合标准。

① 两支接触线等高值不符合标准：适当调整或更换中心柱两侧吊弦。

先确认工作支接触线高度是否符合标准。当工作支接触线位置不符合标准时，调整或更换工作支定位点两侧吊弦，将工作支接触线高度调整至标准值。

以工作支接触线为基准，按调整数据，调整或更换非工作支定位点两侧第一根吊弦，使高差符合标准；再依次调整或更换其他吊弦。

③ 如拉出值不符合标准：

先确认工作支接触线位置是否符合标准。当工作支接触线位置不符合标准时，将手扳葫芦一端固定在工作支定位管顶端（曲线区段或正定位可根据线索受力方向固定手扳葫芦），另一端与工作支接触线连接，摇动手扳葫芦将工作支接触线卸载，松开工作支定位支座（或定位环），按调整方向和调整数据，将拉出值调整到标准值。

再将手扳葫芦一端固定在另一支定位管顶端（曲线区段或正定位根据线索受力方向固定手扳葫芦），另一端与接触线连接，摇动手扳葫芦将接触线卸载，以工作支接触线为基准，然后根据调整量，对另一支接触线的拉出值进行调整，使其符合设计要求。

（5）定位器坡度不符合标准。

用水平尺或接触网多功能检测仪测量定位器坡度，确定调整量，具体方法见定位装置检修工艺。

（6）锚段关节电连接状态。

按检查项目对电连接进行检查，根据发现缺陷确定补强或更换电连接，具体方法见电连接检修工艺。

（7）分段绝缘子。

① 分段绝缘子高度不符合标准：更换分段绝缘子附近的非工作支吊弦，使非支分段绝缘子下裙边距工支接触线不少于 200 mm。

② 分段绝缘子损坏、烧伤或接缝开胶时需更换。

在分段绝缘子两侧用紧线器连接手扳葫芦，适当紧起手扳葫芦，使分段绝缘子卸载，拔出连接销钉，拆下旧绝缘子，更换新绝缘子，松动手扳葫芦，检查受力情况。

③ 检查分段绝缘子是否对齐，安装位置是否符合标准。转换柱处绝缘子串距悬挂点的距离为 1000 mm，允许偏差为 ±50 mm。承力索、接触线两绝缘子串上下应对齐，允许偏差为 ±30 mm。

（8）隔离开关状态

检查隔离开关开合状态，详见隔离开关检修工艺。

（9）各零部件安装、紧固情况。

① 各部件有裂纹、损伤、短缺现象：更换、补齐。

② 各部螺栓紧固有脱扣、锈蚀，各部位连接不正确现象：按标准力矩进行紧固，按标准安装。

③ 两悬挂各部分（包括零部件）之间的距离在设计极限温度下符合标准值，否则重新调整。

④ 关节内工作支与非工作支交叉侧的吊弦相磨时：移动非工作支吊弦位置，保证距离在设计极限温度下应保持 50 mm 以上。

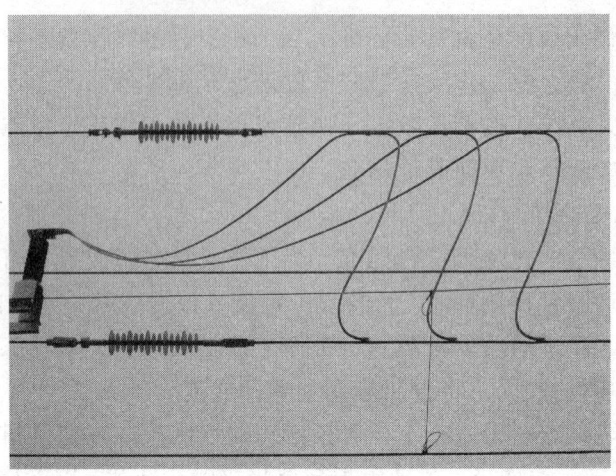

图 7.9.2 分段绝缘子

2. 五跨非绝缘锚段关节（见图 7.9.3）

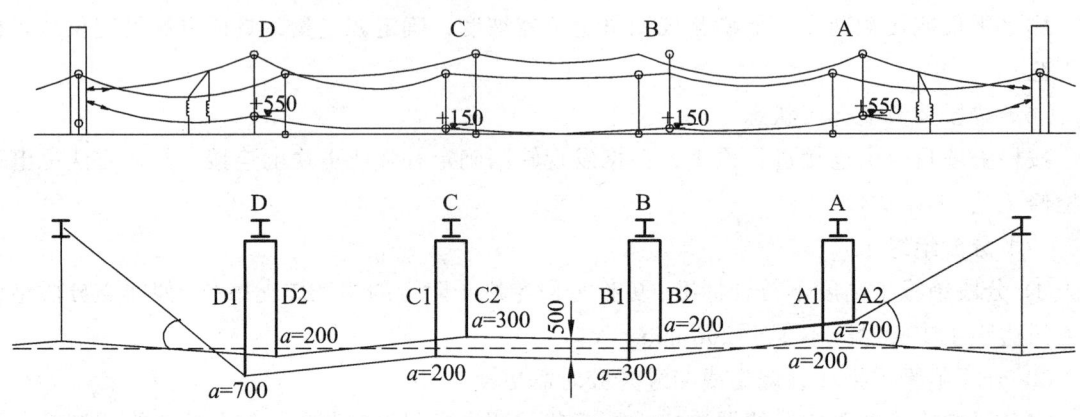

图 7.9.3 五跨非绝缘锚段关节

（1）转换柱、中心柱处承力索的垂直、水平间距不符合标准：

① 根据测量数据，确定非工作支承力索的调整方向和调整量。

② 两支承力索水平间距不符合标准：

先确认工作支承力索位置是否符合标准。当工作支承力索位置不符合标准时，将手扳葫芦一端固定在工作支腕臂顶端（曲线区段根据线索受力方向固定手扳葫芦），另一端与工作支承力索连接，摇动手扳葫芦将工作支承力索卸载，按调整方向和数据，松开工作支承力索座，将工作支承力索位置调整到标准位置。再将手扳葫芦一端固定在非工作支腕臂顶端（曲线区段根据线索受力方向固定手扳葫芦），另一端与非工作支承力索连接，摇动手扳葫芦将非工作支承力索卸载，以工作支承力索为基准，松开非工作支承力索座，按调整方向和数据，将非工作支承力索调整至符合标准。

③ 两支承力索垂直间距（高差）不符合标准：

先确认工作支承力索高度是否符合标准。当工作支承力索高度不符合标准时，将手扳葫芦一端固定在工作支腕臂顶端（曲线区段根据线索受力方向固定手扳葫芦），另一端与工作支承力索连接，摇动手扳葫芦将工作支承力索卸载，按调整方向和数据，松开工作支组合承力索线夹，将工作支承力索位置调整到标准位置。再将手扳葫芦一端固定在非工作支腕臂顶端（曲线区段根据线索受力方向固定手扳葫芦），另一端与非工作支承力索连接，摇动手扳葫芦将非工作支承力索卸载，以工作支承力索为基准，松开非组合承力索线夹，按调整方向和数据，将非工作支承力索调整至符合标准。

④ 测量各数据符合规定后，按标准紧固各部螺栓，拆除手扳葫芦。

（2）转换柱、中心柱处接触线的垂直、水平间距不符合标准：

① 根据测量数据，确定调整方向和调整量。

② 两支接触线水平间距不符合标准：

先确认工作支接触线位置是否符合标准。当工作支接触线位置不符合标准时，将手扳葫芦一端固定在工作支定位管顶端（曲线区段或正定位可根据线索受力方向固定手扳葫芦），另一端与工作支接触线连接，摇动手板葫芦将工作支接触线卸载，松开工作支定位支座（或定位环），按调整方向和调整数据，将拉出值调整到标准值。再将手扳葫芦一端固定在非工作支定位管顶端（曲线区段或正定位根据线索受力方向固定手扳葫芦），另一端与非工作支接触线连接，将非工作支接触线卸载，以工作支接触线为基准，松开非工作支接触线锚支卡子，按调整方向和调整数据，将非工作支接触线调整到标准位置，使两支接触线水平间距调整至符合标准。

③ 两支接触线间垂直间距（高差）不符合标准：

先确认工作支接触线高度是否符合标准。当工作支接触线位置不符合标准时，调整或更换工作支定位点两侧吊弦，将工作支接触线高度调整至标准值。以工作支接触线为基准，按调整数据，调整或更换非工作支定位点两侧第一根吊弦，使高差符合标准；再依次调整或更换其他吊弦。

④ 测量各数据符合规定后，按标准紧固各部螺栓。

（3）中心柱间等高位置、等高值、拉出值不符合标准。

① 两支接触线等高位置或等高值不符合标准：

根据测量出的跨中两接触线高差数据和实际等高点位置与跨中距离差，确定调整量和调整方向。适当调整或更换等高点两侧吊弦，使两接触线等高点位于跨中，且两线的弛度均匀，两线平滑升高。

② 偏移值不符合标准：

先确定中心柱处工作支接触线拉出值是否符合标准。如不符合标准，先对一中心柱处工作支接触线的拉出值调整到标准值，将手扳葫芦一端固定在工作支定位管顶端（曲线区段或正定位可根据线索受力方向固定手扳葫芦），另一端与接触线连接，摇动手扳葫芦将接触线卸载，松开定位支座（或定位环），按调整方向和调整数据，将拉出值调整到标准值。再将手扳葫芦一端固定在非工作支定位管顶端（曲线区段或正定位根据线索受力方向固定手扳葫芦），另一端与接触线连接，摇动手扳葫芦将接触线卸载，以工作支接触线为基准，然后根据调整量，对非工作支接触线的拉出值进行调整，使其符合设计要求。另一中心柱调整时，方法同上。

（4）定位器坡度不符合标准。

用水平尺或接触网多功能检测仪测量定位管坡度，确定调整量，具体方法见定位装置检修工艺。

（5）锚段关节电连接状态。

按检查项目对电连接进行检查，根据发现缺陷确定补强或更换电连接，具体方法见电连接检修工艺。

（6）各零部件安装、紧固情况。

① 各部件有裂纹、损伤、短缺现象：更换、补齐。

② 各部螺栓紧固有脱扣、锈蚀，各部位连接不正确现象：按标准力矩进行紧固，按标准安装。

③ 两悬挂各部分（包括零部件）之间的距离在设计极限温度下符合标准值，否则重新调整。

④ 关节内工作支与非工作支交叉侧的吊弦相磨时：移动非工作支吊弦位置，保证距离在设计极限温度下保持 50 mm 以上。

【安全注意事项】

根据作业现场实际情况落实好触电伤害、高空坠落、物体打击、车辆伤害、作业车运行安全、道路交通安全等风险项点的防控措施，对该设备检修过程中存在的关键安全风险提示如下：

（1）在接触网并行区段作业时，执行 V 形天窗作业相关安全措施。

（2）作业人员不宜位于线索受力方向的反侧，并采取防止线索滑脱的措施；在曲线区段进行接触网悬挂的调整工作时，要有防止线索滑脱的后备保护措施。

（3）曲线超高地段，使用车梯配合作业时，车梯要有防倾倒措施；作业车配合作业时，超高大于 20 mm 地段禁止使用平台检修。

（4）绝缘锚段关节须在断口处用短封线将断口短接，方能开始检修作业。

第十节　无交叉线岔检修

【教学目标】

（1）了解无交叉线岔的检修项目；

（2）掌握无交叉线岔的检修标准；

（3）培养学生无交叉线岔检修的能力。

【检修流程】

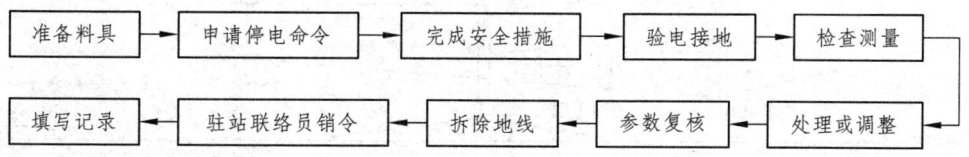

【工具材料】

工机具：车梯（作业车）、导线整正器、扭面板手、力矩扳手、水平尺、接触网激光测距仪或 TR 测距仪等测量工具、木榔头、垫块、温度计、工具包、紧线工具、吊绳、钢刷、安全工具、防护用具等。

材料：限制管、定位线夹、平头销钉、平垫片、开口销、防松垫片、吊弦、吊弦线夹、电连接线夹、绑扎线、$\phi 4.0$ mm 铁线等。

【检修项目】

地面测量：

（1）导高和拉出值。

（2）始触区。

接触悬挂：

（1）外观检查。

（2）安装状态。

定位支撑装置：

（1）外观检查。

（2）安装状态。

交叉吊弦：

（1）外观检查。

（2）安装状态。

（3）吊弦间距（始触区反侧）；

（4）螺栓及导流环。

【检修方法及标准】

无交叉线岔检修可分为地面测量和高空检修两个部分，地面测量部分主要负责测量 A 柱、B 柱、C 柱、始触区等技术参数并进行数据分析。高空检修主要负责无交叉线岔接触网设备的检修及 A 柱至 B 柱及始触区（正进侧、侧进正、正线通过三种情况）接触悬挂冷滑试验，检测线岔处受电弓与接触网匹配关系。无交叉线岔平面布置如图 7.10.1 所示。

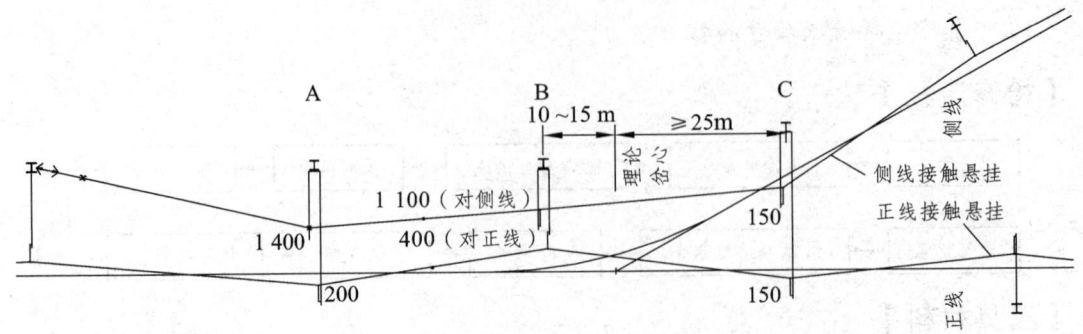

图 7.10.1　无交叉线岔平面布置图

（1）测量开始，首先找到线岔定位柱的 C 柱（线岔开口方向两线路中心线间距约 1.32 m 左右立杆定位的支柱即为 C 柱），测量定位点两工作支导高、拉出值并记录。C 柱定位点处侧线接触线抬高 20 mm。

（2）测量始触区：将激光测量仪摆在侧线股道上，测量线岔 C 柱至 B 柱方向的正线相对于侧线拉出值，拉出值 1 050 mm、600 mm 的两点，这两点之间的范围即为始触区。此时，还应记录 600 mm、1 050 mm 处的正、侧线导高值，以便于分析始触区内两支工作状态。正线通过无交叉线岔时，受电弓一般不与侧线接触，无始触区；侧线通过时则有始触区，始触区内不得安装除吊弦线夹以外的任何线夹。

（3）测量 B 柱：第二个道岔柱（C 柱下一根支柱）为 B 柱，测量 B 柱定位点导高、拉出值并记录。B 柱定位点处侧线导高比正线抬高 80～130 mm。测量 B 柱的某一支定位点时，可能会因道岔开向原因造成测量仪轨尺摆不下去，解决方法有两种：

方法一：在可以正常摆下的股道打另一支接触线，然后测量两线路中心间距，测量出来的拉出值加或者减两线路中心距离，就可以得出拉出值。

方法二：将激光测量仪基本边摆在不可动轨上，可动一边平摆在另一侧可动轨上，记录人用手推动激光测量仪可动边下的圆形可动块，推至轨距显示为 1 435 左右，此时测量拉出值，便可得出本线拉出值。测量导高时，只要轨尺放平，不受轨距影响。

（4）测量 A 柱：A 柱为 B 柱继续往闭口方向的下一根定位支柱，正侧两线已并轨。按正常测量方法即可测量 A 柱导高、拉出值。A 柱定位点处侧线导高比正线抬高 500 mm，允许偏差为 ±100 mm。

（5）使用车梯上网检查无交叉线岔网上状态。

① 检查接触悬挂状态，检查标准和方法参照《接触悬挂检修作业标准》和《电连接检修作业标准》。

② 检查定位支撑装置状态，检查标准和方法参照《定位支撑检修作业标准》。

③ 检查交叉吊弦，正确的安装顺序是，受电弓从侧线进入正线时（即从 C 柱往 B 柱方向），先接触到的第一根交叉吊弦应为侧线承力索悬吊正线接触线，这根交叉吊弦定义为第一交叉吊弦，另一根为第二交叉吊弦。

交叉吊弦应安装在正线接触线距侧线线路中心线、侧线接触线距正线线路中心线水平投影 550～600 mm 的范围内，正线与侧线上的两根吊弦的间距一般为 2 m。交叉吊弦与其他吊弦的间距（始触区反侧）为 6~8 m。交叉吊弦为载流式整体吊弦时，承力索端和接触线端均应安装有导流环；交叉吊弦为滑动式绝缘吊弦时，检查承力索端绝缘滑块位置和状态是否正常；检查交叉吊弦接触线线夹处，是否有刮痕，导流环安装位置是否正确（导流环装在线夹倾斜的反侧，如图 7.10.2 所示。图中只是显示导流环安装位置，对于导线面应尽可能满足水平状，最坏程度也不大于 15°）。

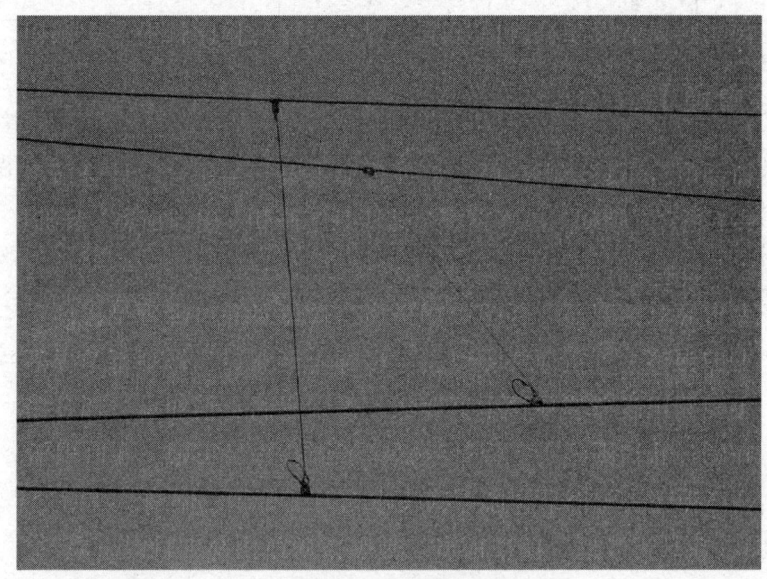

图 7.10.2　交叉吊弦

【安全注意事项】

根据作业现场实际情况落实好触电伤害、高空坠落、物体打击、车辆伤害、作业车运行安全、道路交通安全等风险项点的防控措施，对设备检修过程中存在的关键安全风险提示如下：

（1）作业人员不宜位于线索受力方向的反侧，并采取防止线索滑脱的措施；在曲线区段进行接触网悬挂的调整工作时，要有防止线索滑脱的后备保护措施。

（2）使用手扳葫芦作业时，要有防止滑脱的安全措施。

（3）作业结束后，认真清点工具、材料，做到工完料清，防止工具、材料遗留在线路上。

第十一节　交叉线岔检修

【教学目标】

（1）了解交叉线岔的检修项目；
（2）掌握交叉线岔的检修标准；

（3）培养学生交叉线岔检修的能力。

【检修流程】

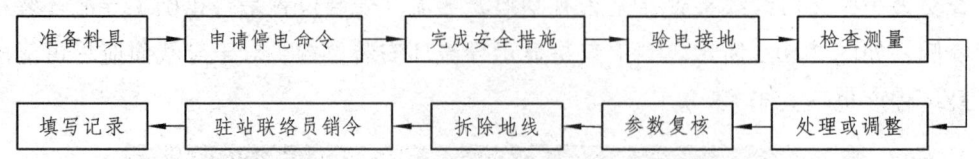

【工具材料】

工机具：车梯（作业车）、导线整正器、扭面板手、力矩扳手、水平尺、接触网激光测距仪或 TR 测距仪等测量工具、木榔头、垫块、温度计、工具包、紧线工具、吊绳、钢刷、安全工具、防护用具等。

材料：限制管、定位线夹、平头销钉、平垫片、开口销、防松垫片、吊弦、吊弦线夹、电连接线夹、绑扎线、ϕ4.0 mm 铁线等。

【检修项目】

参数测量：

（1）岔心位置。

（2）两侧 500 mm 处侧线抬高。

（3）两支承力索间隙。

线岔限制管：

（1）外观检查。

（2）间隙测量。

交叉吊弦：

（1）外观检查。

（2）安装位置。

始触区：

（1）外观检查。

（2）位置测量。

电连接：

（1）外观检查。

（2）弛度。

（3）线夹。

接触悬挂：

（1）承力索、接触线。

（2）吊弦。

定位支撑装置：

（1）定位装置。

（2）支撑装置。

【检修方法及标准】

交叉线岔主要分为高空检修及地面测量两部分，高空检修主要负责线岔接触网设备的检修，交叉线岔各定位点及始触区（正进侧、侧进正、正线通过三种情况）接触悬挂冷滑试验，检测线岔处受电弓与接触网匹配关系。地面测量部分主要负责测量 500 mm 处高差、中心偏移值、始触区等技术参数并进行数据分析。交叉线岔如图 7.11.1 所示。

图 7.11.1　交叉线岔

（1）两接触线交叉点纵向位置符合要求（即在道岔导曲线两内轨距 630 ~ 760 mm 内），但横向中心偏差超过规定（即超过 50 mm）时，应根据测量确定交叉投影所偏移的方向及偏移值，相应调整定位点的拉出值，直至交叉点投影位置符合要求。

（2）两接触线交叉点投影的横向位置符合要求（位于两内轨横向中心上），但纵向位置超过规定：当小于 630 mm 时，减少交叉角，即相应调整两定位拉出值；当大于 760 mm 时，增大交叉角，即相应调整两定位点拉出值（工作支拉出值一般不得超过 450 mm，而非工作支不受其限制，交叉角为两工作导线的夹角）。

（3）两交叉接触线相距 500 mm 处（见图 7.11.2）：当两支均为工作支时，两接触线应与轨面等高。当一支为非工作支时，非工作支接触线比工作支接触线高 50 ~ 100 mm，并按设计要求延长一跨抬高 350 ~ 500 mm 后下锚。两工作支水平和非工作支抬高不符合要求时，在保证正线接触线高度的情况下，调整邻近吊弦的长度直至达到要求为止。注意：非工作支接触线的抬高必须均匀。

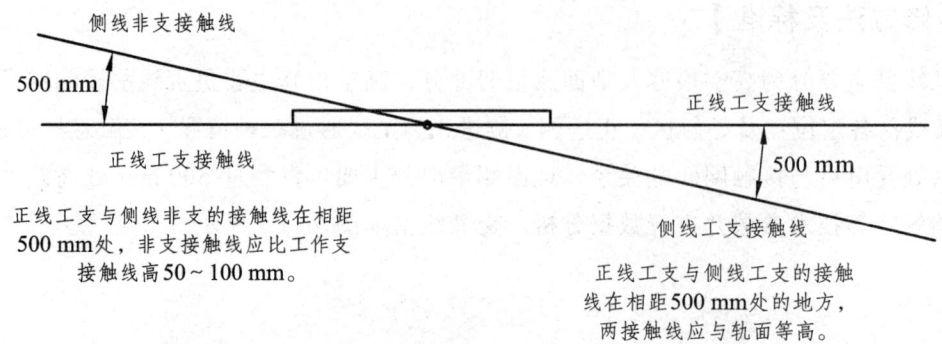

图 7.11.2　两交叉接触线相距 500 mm 处高度要求

（4）查线岔区域内，两支承力索间隙不应小于 60 mm，小于 60 mm 时需要进行调整。

（5）限制管应安装牢固，限制管长度符合设计要求，并使两接触线有一定的活动间隙，保证接触线自由伸缩。交叉点处两支接触线间活动间隙不符合要求时，则调整限制管，直至活动间隙符合要求。必要时，更换限制管。

（6）两组交叉吊弦的间距一般为 2 m。其安装位置应能保证在极限条件情况下，两吊弦间距不小于 60 mm。安装顺序应保证在受电弓从道岔开口方向进入时，先接触到的为侧线承力索与正线接触线间的吊弦。承力索端和接触线端均应安装有导流环，导流环装在线夹倾斜的反侧，接触线端吊弦线夹安装倾斜角度不大于 15°。交叉吊弦为滑动式绝缘吊弦时，检查承力索端绝缘滑块位置和状态是否正常；检查交叉吊弦接触线线夹处，是否有刮痕，导流环安装位置是否正确，装反时进行调整。

（7）对于宽 1 950 mm 的受电弓，在距受电弓中心 600～1 050 mm 的平面和受电弓最大动态抬升高度（最大 200 mm）构成的立体空间区域为始触区范围。该区域内不得安装除吊弦线夹（必需时）外的其他线夹或零件。

（8）检查线岔电连接状态，检查标准和方法参照"电连接检修"相关要求。

（9）检查各零部件，发现有松、脱、断问题的立刻采取相应措施处理。

（10）使用模拟受电弓进行冷滑试验，保证过渡平滑，无碰弓、打弓现象。

【安全注意事项】

根据作业现场实际情况落实好触电伤害、高空坠落、物体打击、车辆伤害、作业车运行安全、道路交通安全等风险项点的防控措施，对设备检修过程中存在的关键安全风险提示如下：

（1）作业人员不宜位于线索受力方向的反侧，并采取防止线索滑脱的措施；在曲线区段进行接触网悬挂的调整工作时，要有防止线索滑脱的后备保护措施。

（2）使用手扳葫芦作业时，要有防止滑脱的安全措施。

（3）作业结束后，认真清点工具、材料，做到工完料清，防止工具、材料遗留在线路上。

第十二节　分段绝缘器检修

【教学目标】

（1）了解分段绝缘器的检修项目；
（2）掌握分段绝缘器的检修标准；
（3）培养学生分段绝缘器检修的能力。

【检修流程】

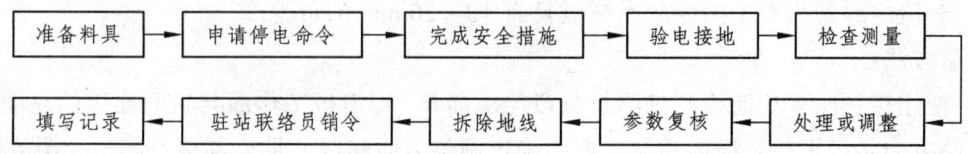

【工具材料】

工机具：车梯（或作业车）、紧线器工具、扭面扳手、大绳、吊绳、锉刀、钢锯、导线整正器、水平尺、接触网激光测距仪或 TR 测距仪等测量工具、手锤、安全工具、防护用具等。

材料：接头线夹、螺栓、钢线卡子、弹簧垫片、铁线、毛巾、清洁剂。

【检修项目】

参数测量：

（1）分段绝缘器与受电弓中心的距离。
（2）分段绝缘器平行于轨平面参数。
（3）分段绝缘器的负弛度。
（4）XTK 消弧分段绝缘器绝缘棒磨耗。

分段本体：

（1）绝缘滑板。
（2）导流滑板。
（3）接头线夹。
（4）主绝缘。
（5）绝缘清扫。

承力索绝缘子：

（1）外观检查。
（2）接头检查。

（3）绝缘清扫。

吊弦线：

（1）线索本体。

（2）调节装置。

（3）线夹。

【检修方法及标准】

（1）测量分段绝缘器拉出值，工作面与轨平面平行及相邻吊弦点的负弛度。

① 分段绝缘器应位于受电弓中心，一般情况下误差不超过 100 mm。

② 滑道组成的平面应平行于轨面，最大误差不超过 10 mm。

③ 分段绝缘器相对于两侧的吊弦点具有 10～20 mm 的负弛度。

测量方法：

① 使用接触网多功能检测仪测量分段绝缘器长、短滑板工作面与轨面连线的高度，检查垂直线路方向是否平行。根据测量数据，确定调整方向和调整量，调整一侧吊线调节螺栓，再调节另一侧吊线的调节螺栓，使分段绝缘器平面与其正下方的两轨顶连线平行。

② 使用接触网多功能检测仪测量分段绝缘器两侧接头线夹处的拉出值，是否符合标准。

③ 使用接触网多功能检测仪测量分段绝缘器两侧接头线夹处接触线高度，与两侧吊弦测量数据（取平均值）比较，查看分段绝缘器顺线路方向是否平行和相对于两侧吊弦是否存在一定的负弛度。

调整方法：

① XTK 消弧分段绝缘器水平调整（如图 7.12.1 所示）。

 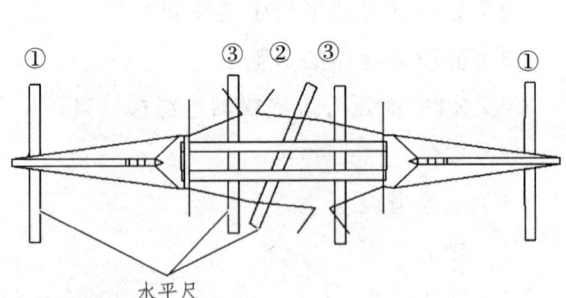

图 7.12.1　XTK 消弧分段绝缘器水平调整

用水平尺测量：滑道下表面和接触线的下表面在同一平面上并与轨道平面平行。

a. 根据测量的数据确定需调整的可调吊弦。

b. 解除锁紧钢丝，松开紧线器两端螺母。

c. 微调紧线器的调整螺栓，使绝缘器工作面达到标准。

d. 拧紧紧线器两端螺母，重新安装锁紧钢丝。

图 7.12.2　滑轨下缘调整

确认滑轨下缘，使其低于绝缘棒终端金具下缘 4 mm。用铅笔在长孔调节板的左右标记出其位置，旋松长孔调节板的螺栓并左右移动调节板。左右移动 1 mm 相当于滑轨下缘高度变化 0.46 mm。调整好后拧紧螺栓。如图 7.12.2 所示。

② 吴江天龙 DXF-（1.6）Ⅱ型分段绝缘器水平调整，如图 7.12.3 所示。

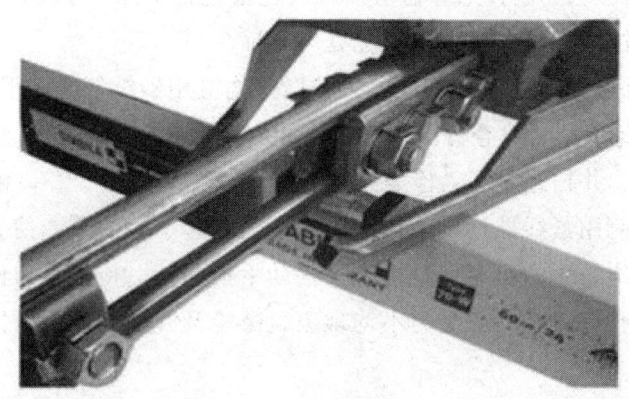

图 7.12.3　滑板端部水平调整

a. 从滑板端部向分段中心量取 50 mm，把水平尺放在此处，用扳手紧固调整螺栓，直到水平尺的导线与滑板在同一水平面内，随后紧固螺母。

b. 分段绝缘器本体应安装负弛度，一般对相邻定位点负弛度为 50～70 mm，对相邻吊弦点为 10～20 mm。

图 7.12.4　DXF-（1.6）Ⅱ型分段绝缘器水平调整

c. 用水平尺再次调平,使之与轨面平行,若水平尺指示倾斜,调整法兰螺丝。

d. 用水平尺第三次调平,沿导线与本体滑动,并通过本体,应保持同一水平度,不应有硬点,如连接处附近有硬点,应调整分段绝缘器的调整螺栓,进行微调,并用水平尺沿导线及本体全程滑动,确认水平后,再拧紧并沟线夹的螺栓。

e. 最后将所有的螺母再紧一遍,并检查花篮螺丝上的开口销掰开角度是否到位。

(2) 分段绝缘器本体检查。

① 检查并清扫绝缘部件。分段绝缘器的主绝缘应完好,其表面清洁,无破损、裂纹、老化现象,表面放电痕迹应不超过有效绝缘长度的20%,主绝缘严重磨损应及时更换。

② XTK 消弧分段绝缘器绝缘棒磨损大于 2.5 mm 时则必需转动绝缘棒 90°,可以转动 3 次。绝缘棒末端线夹力矩为 80 N·m。

③ 绝缘器接触线接头:检查绝缘器与接触线连接是否牢固、过渡是否平滑,各接头线夹有无裂纹和烧伤、腐蚀现象。若有则视情况处理。

④ 导流板的下部有无磨损、烧伤现象,轻微烧伤应用砂纸打磨平滑。

(3) 承力索分段绝缘子:检查分段绝缘子伞裙有无破损、撕裂、气泡、老化、脏污现象,接缝有无开胶等缺陷,并扫绝缘子,检查终端线夹型号是否正确,开口销掰开120°。更换方法:在分段绝缘子两侧用紧线器连接手扳葫芦,适当紧起手扳葫芦,使分段绝缘子卸载,拔出连接销钉,拆下旧绝缘子,更换新绝缘子,松动手扳葫芦,检查受力情况。

(4) 检查调节吊弦有无断股、受力不均现象,螺栓及开口销是否锈蚀、损坏,对锈蚀的部件进行更换。

(5) 各部件有无裂纹、损伤、短缺现象,螺栓有无脱扣、锈蚀现象,各部位连接是否正确。

(6) 使用模拟受电弓进行冷滑试验,保证过渡平滑,无碰弓、打弓现象。

【安全注意事项】

根据作业现场实际情况落实好触电伤害、高空坠落、物体打击、车辆伤害、作业车运行安全、道路交通安全等风险项点的防控措施,对该设备检修过程中存在的关键安全风险提示如下:

(1) 在检修分段绝缘器时,必须用不小于 $25\ mm^2$ 的等位线先连接断口,使分段绝缘器两端等电位后方能进行作业,防止穿越电流伤人。

(2) 检修时不得碰撞绝缘器和用脚踩踏绝缘器。

(3) 硅橡胶绝缘清扫时,严禁使用带溶剂的各种清洗剂,可使用中性的清洗液(粉)。

(4) 导流板不得有任何横纵向弯曲。

(5) 安装过程中注意防止紧线器滑动,断线前必须检查紧线器的受力状态。

(6) 调直接触线应用直弯器或用木锤敲打,严禁使用铁锤、铁管等硬物敲击。

第十三节　电连接检修

【教学目标】

（1）了解电连接的检修项目；
（2）掌握电连接的检修标准；
（3）培养学生电连接检修的能力。

【检修流程】

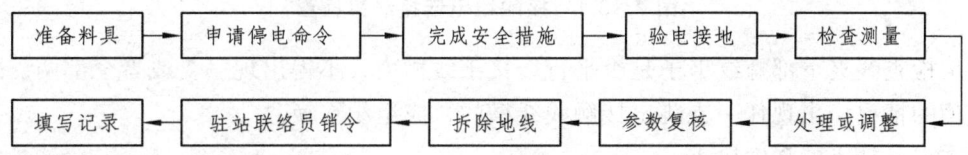

【工具材料】

工机具：车梯（或作业车）、扭面板手、力矩扳手、温度计、吊绳、钢刷子、砂布、安全工具、防护工具等。

材料：电连接线夹、电连接线、同材质绑扎线、导电介质等。

【检修项目】

接触线电连接线夹：
（1）外观检查。
（2）螺纹卡子。
（3）安装状态。

承力索电连接线夹：
（1）外观检查。
（2）内衬垫。
（3）安装状态。

电连接线：
（1）外观检查。
（2）弛度。

测温片：
（1）外观检查。
（2）安装状态。

【检修方法及标准】

1. 接触线电连接线夹检查（见图7.13.1）

（1）外观检查接触线电连接线夹是否有高温灼伤变色痕迹、是否落槽、压接是否密贴。

发现烧伤严重、未落槽、不够密贴的，应组织更换。

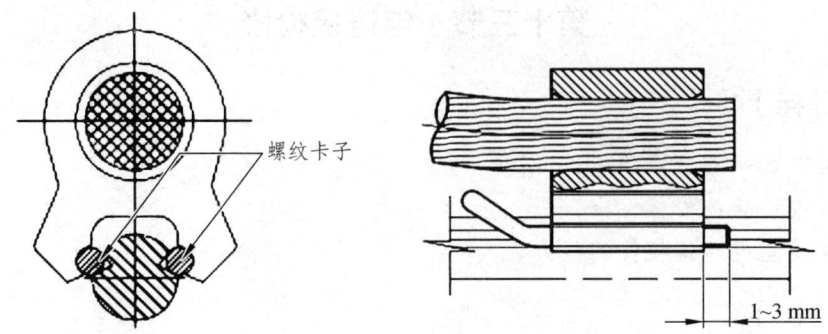

图 7.13.1 接触线电连接线夹检查

（2）检查线夹下部螺纹卡子是否平行压接于线槽内，不得出现一支或者全部两支跳出接触线线槽的情况。出现任一支跳出接触线线槽的，应组织更换。

（3）卡子插入的深度检查。

每套电连接线夹的螺纹卡子均应保证卡子从一端插入后，在另一端露头 1~3 mm，但不得大于 3 mm。卡子不出头或插入过深（露头大于 3 mm）的，应组织更换。

（4）裂纹检查。

压接后的电连接线夹不得出现裂纹。一旦发现有零件裂纹，应组织更换。

（5）接触线扭面情况。

检查接触线电连接线线夹与轨面是否水平，左右偏斜不得大于 15°，否则对导线进行扭面校正。

（6）压接牢靠程度检查。

用手顺线路轻拉电连接，用木锤或橡皮锤敲击电连接线夹，检查接触线电连接线夹是否松动，对敲击松动的电连接线夹全部更换或补压。

2. 承力索电连接线夹检查

（1）外观检查承力索电连接线夹压接情况，检查衬垫安装是否正确、有无缺失。对衬垫缺失的，应组织更换。

（2）承力索电连接线夹内衬垫的安装方向检查，观察线夹内衬垫的安装方向，衬垫刻有字样的一面朝外安装，没有刻有字样的一面朝线夹内方安装即为正确，否则为错误，应组织更换。

（3）承力索线夹放置位置检查。

检查线夹本体开口处是否有凹槽，有凹槽的一边即为安装承力索的一端，另一端安装电连接。发现安装错误的，应组织更换。

3. 电连接线

（1）外观检查软铜绞线是否有断股、散股及烧伤，是否低于接触线，压接是否紧固。

（2）电连接线预留弛度是否符合安装标准，对于电连接线弛度过大的通过绑扎铜扎丝进行处理；引线弛度过小的重新压接。

图 7.13.2　电连接线散股

4. 测温片的检查

对电连接接触线线夹、承力索线夹检查测温片情况，看是否缺失、是否变色、是否有黏性，对于缺少测温片的及时加装，并且贴温片要贴在巡视容易观察到的位置。

【安全注意事项】

根据作业现场实际情况落实好触电伤害、高空坠落、物体打击、车辆伤害、作业车运行安全、道路交通安全等风险项点的防控措施，对该设备检修过程中存在的关键安全风险提示如下：

（1）作业中应做好工具材料保管工作，不得抛掷工具材料，作业完毕必须工完料清，撤出栅栏外时对工具材料清点清楚。

（2）严格确认线岔电连接是否存在缺漏，电连接线夹力矩是否达标，防止电气烧蚀。

电连接检查

第十四节　隔离开关检修

【教学目标】

（1）了解隔离开关的检修项目；
（2）掌握隔离开关的检修标准；
（3）培养学生隔离开关检修的能力。

【检修流程】

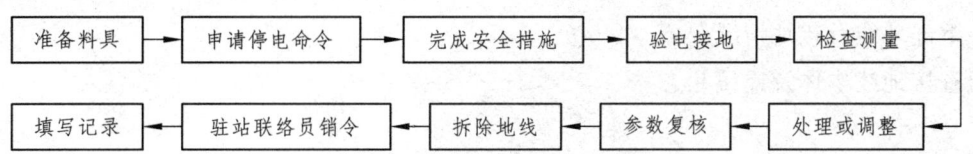

【工具材料】

工机具：接触网激光测距仪、校正扳手、液压钳、电连接线夹压（拆卸）接模具、力矩扳手、断线钳、塞尺、砂纸、水平尺、隔离开关操作棒、接地电阻测量仪等。

材料：铜绑线、承力索电连接线夹、接触线电连接线夹、电连接线、吊弦（根据需要选整体吊弦或环节吊弦）、吊弦线夹、各种型号螺帽、测温片、导电膏、黄油等。

【检修项目】

隔离开关底座：

（1）检查隔离开关底座水平状态。

（2）检查各螺栓螺母紧固情况。

开关引线、连接线及设备线夹：

（1）检查引线本体状态。

（2）检查引线连接状态。

（3）检查设备线夹与设备连接状态。

（4）检查电缆与明线连接处设备线夹状态。

（5）检查电连接线的弛度；

（6）测量引线摆动到极限位置时距接地体的距离及中间支柱引线在开关打开情况下最小绝缘间隙。

操作隔离开关，检查开关分、合闸情况：

（1）测量隔离开关的分闸角度。

（2）检查隔离开关的合闸状态。

（3）检查隔离开关的触头接触面状态。

检查支持绝缘子状态：

（1）检查支持绝缘子表面状态。

（2）测量绝缘子直立情况。

操作传动机构状态：

（1）检查隔离开关传动杆状态。

（2）检查操作机构状态。

（3）检查底座的状态。

（4）检查各部件螺栓状态。

上下部地线及接地情况：

检查接地线本体及连接状态。

第七章 高速铁路接触网检修

【检修方法及标准】

双极电动隔离开关检修如图 7.14.1 所示。

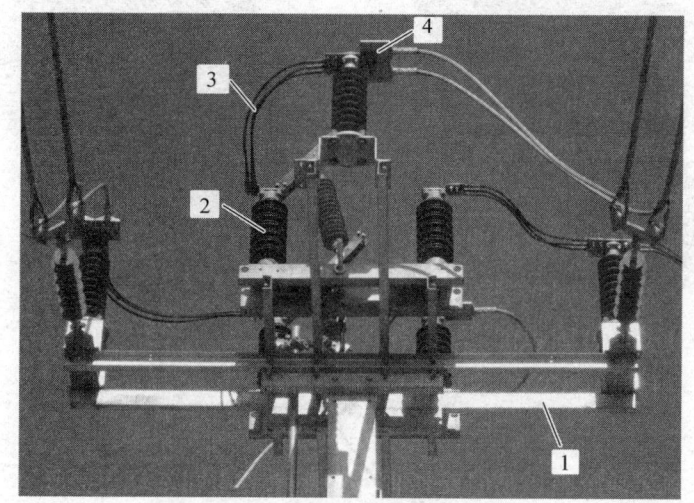

图 7.14.1 双极电动隔离开关检修

①—测量底座是否水平；②—检查绝缘子状态；③—检查开关引线状态；④—检查设备线夹状态

1. 检查隔离开关底座状态

（1）外观检查开关底座螺栓螺母是否紧固、有无缺失。

（2）将水平尺放在底座上观察，同时调整斜撑角钢与水平角钢连接处的位置，直至底座水平，然后将螺栓紧固。

2. 检查开关引线、连接线及设备线夹的状态

（1）外部检查引线及连接线状态，引线应连接牢固、接触良好，无断股、接头和烧伤。引线与设备线夹连接螺栓松动时，按标准力矩对螺栓进行紧固。

（2）检查设备线夹与设备连接是否稳固；接头及本体有无氧化、变色、灼伤、放电痕迹；螺丝、螺母是否齐全，有无松动并加装双螺母。使用扭力扳手紧固。如发现是对接式铜铝过渡设备线夹，则更换成面接式爆炸焊工艺铜铝过渡设备线夹，设备线夹有裂纹时，则需进行更换。

（3）操作开关，测量引线距接地体的最小距离，在任何情况下，引线摆动到极限位置时距接地体的距离不小于 350 mm；当小于 350 mm 时，把支持绝缘子上的铜母排加长 200 mm，且母排方向垂直线路进行整改。

3. 操作隔离开关，检查开关分、合闸情况

分闸角度及合闸状态应符合产品的技术要求。静触头上部有一个导向的斜坡，从主刀闸的上沿合入斜坡以下（即有 100%接触面积时）到压刀肩轴触碰合闸极限标志螺钉之间大约有 10 mm 的区域，都属于合闸区域，若能够满足导通额定电流的需要，可以视为合闸到位。如图 7.14.2 所示。开关"分"到位是指，分闸角度符合产品设计说明要求，断口距离不小于 510 mm，如图 7.14.3 所示。

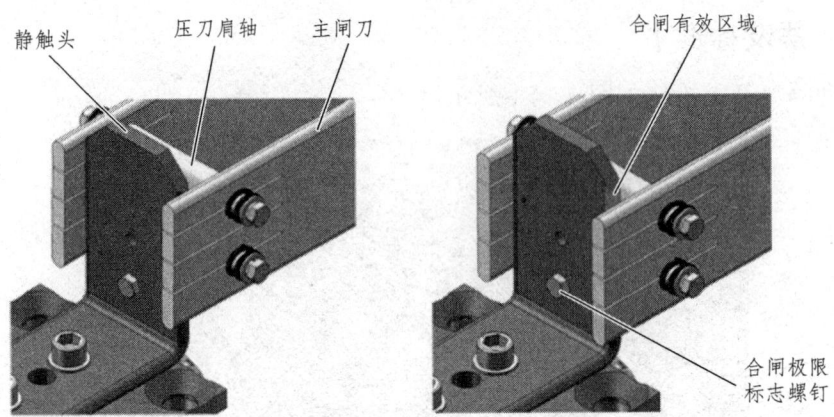

图 7.14.2　隔离开关合闸状态

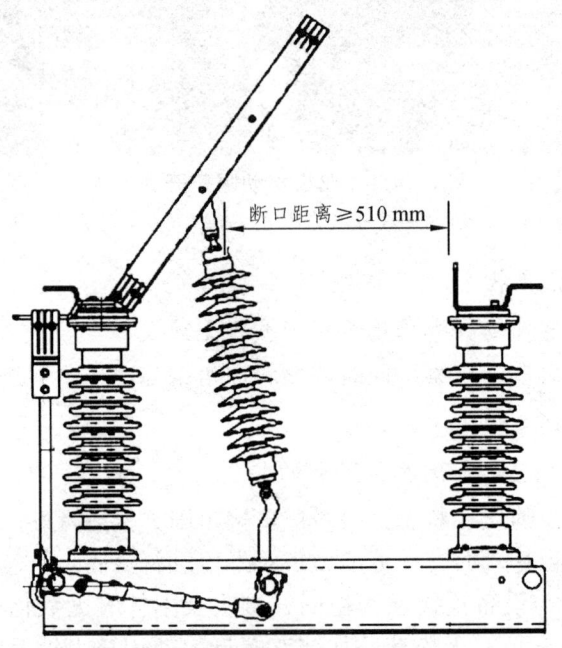

图 7.14.3　隔离开关分闸状态

若电动操作传动杆显示合闸到位,但开关合闸不到位,按下列步骤调整:

① 松开垂直传动杆与驱动拐臂 1 的连接螺栓。

② 重新将开关刀闸置于合闸位置。

③ 将操作机构箱内转换开关打至手动操作位,摇动操作手柄将操作机构置于合闸位置后微调回转几圈,进行适当调整使开关合闸到位。

④ 再次紧固垂直传动管与驱动拐臂 1 的连接螺栓。

⑤ 重复上述操作,直至操作机构与开关刀闸配合妥当。

⑥ 调整完成后将开关打至调整前位置。

若开关分闸不到位,但电动操作机构分闸到位,按下列步骤调整:

① 将开关操作机构手动置于半分合位置。

② 适当增大驱动拐臂 1 的旋转半径（每次约 5 mm），即微调驱动拐臂 1 的行程滑块，增大行程。或适当减小驱动拐臂 2 的旋转半径，即微调驱动拐臂 2 的行程滑块，增大行程。

③ 将开关操作机构手动操作至初始分闸位置，检查分闸状态下主刀闸与操作机构分闸位置是否一致。

④ 重复上述操作，直至操作机构与开关刀闸配合妥当。

⑤ 调整完成后，再次检查测试电动操作分、合闸状态是否正常。

⑥ 调整完成后将开关打至调整前位置。

（3）操作隔离开关，目视观察接地刀闸情况，接地刀闸合后不到位或合后过头，通过调整接地刀闸传动拐臂的角度及接地连杆的长度，使其接地符合要求；刀闸接触不密贴或过紧，通过调整螺头弹簧片的压力使其符合要求。

（4）隔离开关当地、远方操作及调试：对机构箱、远动箱进行电源检查，确认正常；对端子排进行紧固检查，确认端子无松动；与电调进行联系，分别进行机构箱、远动箱空气开关断合操作，核对遥信正常；与电调进行联系，操作手柄分别调当地位（L）、远方（R）位进行分合操作，确认遥信正常、分合到位。

（5）对于双极隔离开关，开合必须同步，刀闸位置必须一致。

4. 检查支持绝缘子状态

（1）目视检查绝缘子状态，支持绝缘子应表面清洁、无破损和放电痕迹（污垢或漆点面积不得超过 100 mm^2），釉面剥落不大于 300 mm^2，瓷柱转动灵活。

（2）利用水平尺测量开关绝缘子直立情况，其倾斜度不得超过 2°，当不符合要求时，超过时松开绝缘子底座，添加适量垫片使其垂直。

5. 检查操作传动机构状态

对操作机构及驱动拐臂（见图 7.14.4）进行全面检查，确保无锈蚀、松动和损伤。

（1）操作机构转动时有卡滞或冲击现象时，对转动部分注入润滑油。

（2）手动操作机构分合闸与标识不一致时，调整标识，重新安装。

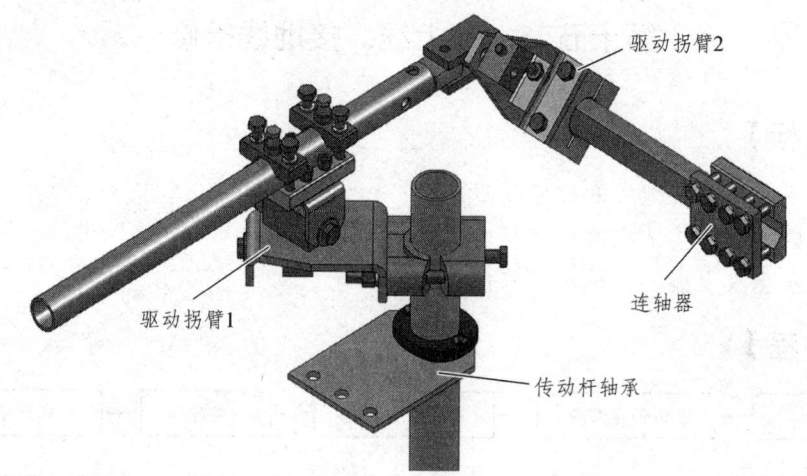

图 7.14.4 驱动拐臂

(3)传动杆与操作机构连接松动时，按照标准紧固法兰盘连接螺栓。

(4)传动杆安装不垂直时，调整操作机构安装位置，直至其垂直。

(5)传动机构检查重点：对转轴与驱动拐臂部位的紧固件进行检查并紧固。

6. 检查上下部地线状态

(1)利用力矩扳手紧固接地线与螺栓连接处，按标准紧固螺栓。

(2)目视检查接地线锈蚀情况，用砂纸对锈蚀地段除锈，然后涂防腐漆，锈蚀严重的进行更换。

7. 检查防水盖板

对于有防水盖板的开关操作箱，检查防水盖板雨雾锈蚀，是否有脱落可能，对有脱落可能的立即处理，可绑扎铁丝，严重的取掉防水盖板。

【安全注意事项】

根据作业现场实际情况落实好触电伤害、高空坠落、物体打击、车辆伤害、作业车运行安全、道路交通安全等风险项点的防控措施，对该设备检修过程中存在的关键安全风险提示如下：

(1)上部作业人员上杆作业前需将开关状态旋钮旋转至非远动位置，现场禁止操作隔离负荷开关。避免出现调度端误操作或就地端操作造成人身伤害。

(2)高空作业人员在上部检查、调整前应接挂短接等位线，确认安全措施采取完毕后，方可进行作业。

(3)下部开关分合人员应听从上部作业人员指挥；上部作业人员在开关分合时应集中注意力，与刀闸、拐臂等旋转运动零部件保持安全距离，避免造成人身伤害。

(4)调试结束后隔离开关应恢复原始分合状态，并将开关状态旋钮旋转至远动位置。

(5)用接地极与接地引线断开方式接地电阻测量时，需要采取旁路措施。

第十五节　吸上线、接地线检修

【教学目标】

(1)了解吸上线、接地线的检修项目；

(2)掌握吸上线、接地线的检修标准；

(3)培养学生吸上线、接地线检修的能力。

【检修流程】

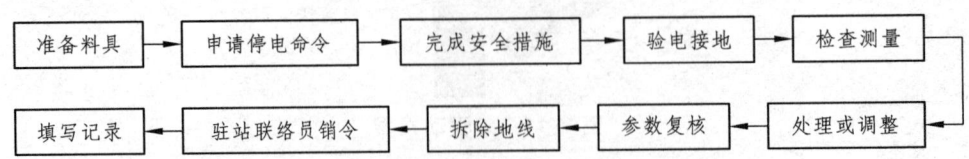

【工具材料】

工机具：接地电阻测试仪、手锤、铁锹、十字镐、钢丝刷、除锈刀、桩锚等、力矩扳手、断线钳、电工刀等。

材料：铝绑线、并钩线夹、套管、电力电缆线、吸上线固定U型螺栓、硬塑料管、钢管、设备线夹、红丹漆、调和漆、黄油、接地线夹、$\phi 10\,mm$ 和 $\phi 12\,mm$ 圆钢等。

【检修项目】

吸上线：

（1）外观检查。

（2）型号。

（3）安装位置。

电气连接：

（1）外观检查。

（2）安装状态。

固定部分：

（1）抱箍数量和安装状态。

（2）卡箍数量和安装状态。

【检修方法及标准】

1. 回流系统组成

牵引变电所处的接触网回流以变电专业提供的回流母排（JD02）为分界点，回流母排一般由变电专业安装，回流母排到扼流线圈、回流线及综合地线的连接构成接触网的回流系统。连接采用 $50\,mm^2$ 电缆，其中回流母排到扼流线圈连接由 8 根 $50\,mm^2$ 电缆组成（上行 4 根，下行 4 根）、回流线到回流母排连接由 4 根 $50\,mm^2$ 电缆组成（上行 2 根，下行 2 根），综合地线到回流母排连接由 2 根 $50\,mm^2$ 电缆组成（上行 1 根，下行 1 根）。高架桥区段，回流母排一般安装在上网电缆所在桥墩的上部。

（1）检查吸上线电缆本体外露部分电缆护管应无损伤。破损时进行包扎处理，严重时要求更换。

（2）检查吸上线电缆型号，电缆截面应满足回流要求。

（3）检查吸上线安装位置，记录杆号，安装位置应符合设计要求。

（4）检查吸上线的电气连接情况，要求吸上线电缆与回流线（保护线）、扼流变压器（或空心线圈 SVAC）连接处应连接牢固，接触良好，并涂电力复合脂。

① 检查吸上线电缆与扼流变压器连接紧固情况。吸上线与扼流变压器的连接板属电务段管理，连接板上的螺丝和吸上线属供电设备管理单位。吸上线与扼流变中性点连接点的检修，不得进行拆卸，防止造成回流回路开路。确需拆卸处理时，必须采取旁路措施，必要时请电务部门配合。吸上线与扼流变压器的连接如图 7.15.1 所示。

② 检查吸上线与保护线（PW）的并钩线夹状态，线夹有无氧化或烧伤，若有氧化时，

用砂纸进行打磨，露出金属本色后，涂中性凡士林紧固；若有烧伤视情况进行打磨或更换。连接螺栓有无松动、锈蚀，对锈蚀螺栓件除锈涂油或更换处理。吸上线与保护线连接如图 7.15.2 所示。

（5）检查吸上线在地面上和支柱上的固定情况。吸上线电缆沿地面、支柱的敷设是否密贴、牢固。吸上线在支柱上的固定抱箍有无锈蚀或松动，数量是否满足要求。吸上线在地面上的固定卡箍是否松动。吸上线埋入地下时，埋深应不少于 300 mm，穿过钢轨、桥台时要采取防护措施。

图 7.15.1 吸上线与扼流变压器连接

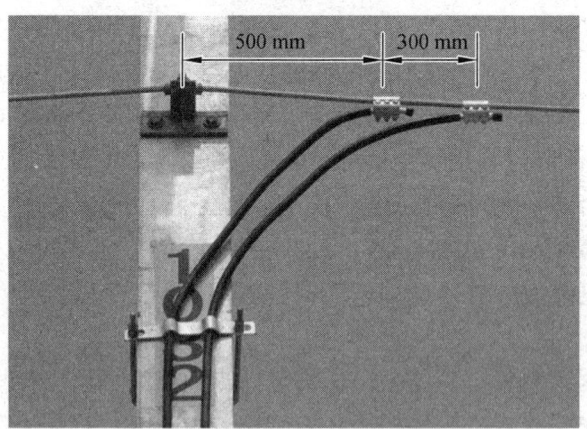

图 7.15.2 吸上线与保护线连接

2. 接触网支柱接地

正线接触网上下行设贯通回流线，回流线具有地线（GW）和保护线（PW）功能；回流线与支柱不绝缘，有回流线区段的接触网支柱，均与回流线连接；每个开关柱均与综合地线连接，采用双根接地线；枢纽车站考虑到景观，可取消回流线，增设综合地线，每个接触网支柱与综合地线连接。图 7.15.3 为 H 型钢柱接地。

图 7.15.3 H 型钢柱接地

3. 接触网基础接地

高架桥上接触网基础钢筋与桥梁内部钢筋桥梁连接到一起,通过桥梁上预留接地端子与综合地线连接,由桥梁专业实施。

地面段接触网基础内部钢筋及基础螺栓等金属体均设可靠电气连接,且在基础外侧设接地端子,内部与金属体电气连接在一起,外部与综合地线连接。

4. 其他接地

(1) 接触网支柱、设备底座、隧道埋入杆件及距接触网带电体 5 m 以内地金属结构均须接地。离铁路较远的独立供电线支柱按设计要求接地。

(2) 接触网接地线在无信号轨道回路区段可直接接钢轨;在有信号轨道回路区段应接扼流变压器中性点或串接火花间隙后接至钢轨。

(3) 架空地线下锚处、开关底座、站台或其他人员活动频繁处的钢柱、未架设架空地线的钢柱应做双接地。接地极安装正确,接地电阻符合规定。隔离开关、避雷器和站台附近经常有人通过的支柱处接地电阻不得大于 10 Ω,其他接地极接地电阻不得大于 30 Ω。

(4) 距接触网带电体 5 m 以内的桥栏杆各部分连接成整体,然后做接地极,两边栏杆均在 5 m 以内的,应分别做接地极。

(5) 支柱下部地线应紧贴地面,在行人较多的地方和旅客站台上,应埋入地下 100~300 mm。接触网支柱接地线平直、无弯曲。隧道内地线与隧道壁、拱顶应密贴。

(6) 接地线地面以上部分涂黑漆防腐,地下部分涂防腐油。接地线所有连接部分均应除锈,并涂一层电力复合脂,且连接牢固可靠。

(7) 火花间隙表面光洁、无裂纹、无破损、连接牢固,每年检测一次。

(8) 每 5 年测一次接地极接地电阻。

(9) 接地体的连接采用搭接焊时,应符合下列规定:

① 扁钢的搭接程度为宽度的 2 倍,四面施焊。

② 圆钢的搭接程度为直径的 6 倍,双面施焊。

③ 圆钢与扁钢连接时,其搭接程度为直径的 6 倍。

④ 扁钢与钢管、扁钢与角钢焊接时，除在其接触部位两侧焊接外，并应焊以由钢带弯成的弧形（或直角形）与钢管（或角钢）焊接。

（10）当接地电阻超出规定时，可以采用以下措施来降低接地电阻：

① 改变接地体网络：可接长接地体网络，每增加一垂直接地体角钢时，水平接地体扁钢相应加长 5 m，直至接地电阻达到要求为止。

② 增加接地体埋设深度：这种方法对含砂土壤最为有效。深埋可以不考虑土壤冻结和干燥所增加的电阻系数。

③ 对土壤进行人工处理：在接地体周围的土壤中适当加一些煤渣、木炭、炉灰等可以提高接地体周围土壤的导电率。

④ 采用外引接地体：将此接地体与邻近的接地体并接。

【安全注意事项】

根据作业现场实际情况落实好触电伤害、高空坠落、物体打击、车辆伤害、作业车运行安全、道路交通安全等风险项点的防控措施，对设备检修过程中存在的关键安全风险提示如下：

（1）V 型天窗检修吸上线时不得开路，如必须进行断开回路的作业，则必须在断开前使用不小于 25 mm² 铜质短接线先行短接后，方可进行作业。

（2）在变电所、分区所处进行吸上线检修时必须利用垂直天窗。

（3）吸上线与扼流变中性点连接点的检修，不得进行拆卸，防止造成回流回路开路。确需拆卸处理时，必须采取旁路措施，必要时请电务部门配合。

（4）半自动闭塞区段的吸上线必须连接到电务部门指定的非牵引轨上。

（5）检修地线，一般不得进行开路作业，开路作业时要使用短接线先行短接后方可进行作业。

（6）禁止雷、雨、雪、雾天气时对接地装置进行检测、检修。

（7）向土壤打入接地极之前，应进行地下电缆或管路的调查和探测。

第十六节　分相绝缘关节检修

【教学目标】

（1）了解分相绝缘关节的检修项目；

（2）掌握分相绝缘关节的检修标准；

（3）培养学生分相绝缘关节检修的能力。

【检修流程】

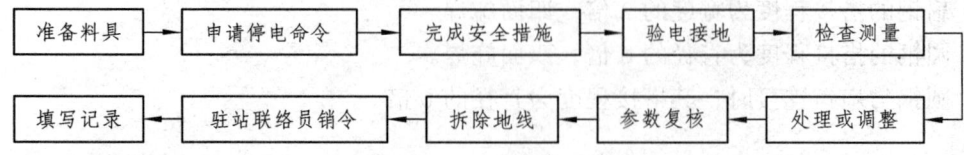

【工具材料】

工机具：车梯（或作业车）、紧线工具、扭面扳手、导线整正器、力矩扳手、棕绳、吊绳、滑轮、钢丝套、接触网激光测距仪或 TR 测距仪等测量工具、水平尺、安全工具、防护工具等。

材料：绝缘子、定位线夹、电连接线夹、铁线、吊弦，其他螺栓及连接部件等。

【检修项目】

接触悬挂：
（1）外观检查。
（2）各零部件螺栓、螺母。
（3）线索安装状态。

定位、支撑装置和附加悬挂：
（1）外观检查。
（2）各零部件螺栓、螺母。

参数测量：
（1）转换柱处水平距离和垂直距离。
（2）中心柱处水平距离和垂直距离。
（3）分段绝缘子串裙边和工作支接触线距离。

隔离开关及电连接：
（1）外观检查。
（2）安装状态。
（3）弛度、安全距离测量。

地感器：
（1）外观检查。
（2）护罩清扫。
（3）除锈涂漆。
（4）检查地感器安装情况。
（5）测量地感器的磁感强度。

【检修方法及标准】

六跨分相绝缘关节平面示意图如图 7.16.1 所示。

（1）当动车组没有正常进行断合操作时，受电弓极可能拉弧烧伤接触网设备。因此，应重点在分相"断""合"标前后跨距范围内近距离目视检查承力索、吊弦和接触线、电连接等有无烧伤痕迹，吊弦、承力索有无散股等异常情况。对存在问题的线索进行补强、更换处理。

（2）检查和测量转换柱和中心柱处两接触线、承力索的水平距离和垂直距离及各零部件间空气绝缘距离是否符合规定。

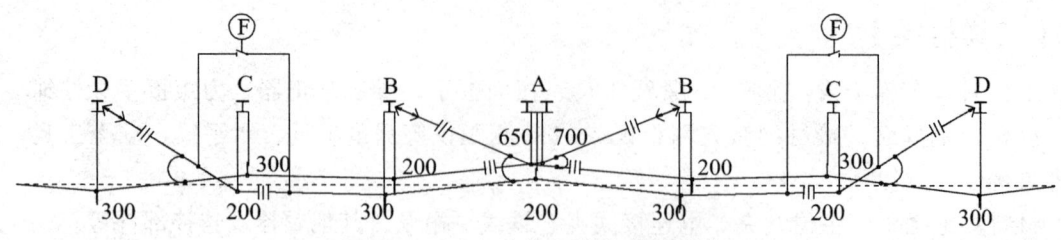

图 7.16.1 六跨分相绝缘锚段关节

① C 柱（转换柱，见图 7.16.2）。

利用水平尺、卷尺测量 C 柱处两支不同悬挂、定位间任何部件的空气绝缘距离不得小于 450 mm。检查非工作支定位往 B 柱方向 500 mm 处设置整体吊弦 1 根，确保分段绝缘子串裙边较工作支接触线抬高>300 mm。同时注意检查接触线终端锚固线夹、承力索终端锚固线夹。

图 7.16.2 六跨分相绝缘锚段关节 C 柱

② B 柱（见图 7.16.3）。

利用水平尺、卷尺测量 B 柱处两支不同悬挂、定位间任何部件的空气绝缘距离不得小于 450 mm。测量转换点处两工作支是否等高。

图 7.16.3 六跨分相绝缘锚段关节 B 柱

③ A柱（见图7.16.4）。

利用水平尺、卷尺测量A柱处三支不同悬挂、定位间任何部件的空气绝缘距离，检查两端分段绝缘子串抬高。

图7.16.4　六跨分相绝缘锚段关节A柱

（3）检查定位支撑装置和附加悬挂设备。

参照《定位支撑装置检修标准》《附加悬挂检修标准》进行检修作业。

（4）检查隔离开关、引线及分相关节内电连接

参照《隔离开关检修标准》《电连接接检修标准》进行检修作业。

（5）检查地感器，如图7.16.5所示。

图7.16.5　地感器检查

① 外观检查。

a. 检查地面感应器轨枕有无断裂、破损，磁性装置有无碰伤、刮伤和松动，有无锈蚀。

b. 清洁地感器护罩。用抹布对地感器护罩表面进行清洁，清除吸附在表面的铁屑、矿粉等异物。

c. 将地感器防护罩用黄色油漆涂成黄色,使地感器标识清晰,方便巡视检查。

② 位置及数量检查。

a. 使用 30～50 m 钢卷尺沿线路中心进行,允许最大偏差: +1/-0 m。

b. 地面感应器的安装位置应尽量避开信号机、钢轨接头及其他一些轨道上的装置。如果地面感应器的安装位置刚好在钢轨接头、两轨枕之间等处时,可以将地面感应器的安装位置在 +1/-0 m 的偏差范围内进行适当调整。

c. 地面感应器磁性装置的中心距相邻钢轨内侧工作边的水平距离为 335 mm,允许最大偏差为 ±10 mm。

d. 每一处分相点需安装 4 根信号轨枕。从来车方向计起,第一根磁性信号预告断主断,第二根磁性信号强迫断主断,第三根磁性信号合主断,第四根备用为机车反方向运行时预告断主断。4 根轨枕以此称为 1、2、3、4 号。地面感应器的安装位置如图 7.16.6 所示。

（3）磁场感应强度测量。

磁性装置的磁感应强度运行时不小于 36 GS,出厂时不小于 40 GS。

测量方法:测量前应将 HT20A 特斯拉计在无磁场干扰的环境下进行调零,并将量程调至"20 mT"档。测量时要把特斯拉计垂直竖立在地感器正上方,使特斯拉计的顶部与钢轨表面垂直距离为 110 mm,特拉斯计的中心与钢轨中心水平距离为 300 mm,读出的特拉斯计读数即为地感器的磁场,其中 1 MT = 10 GS。

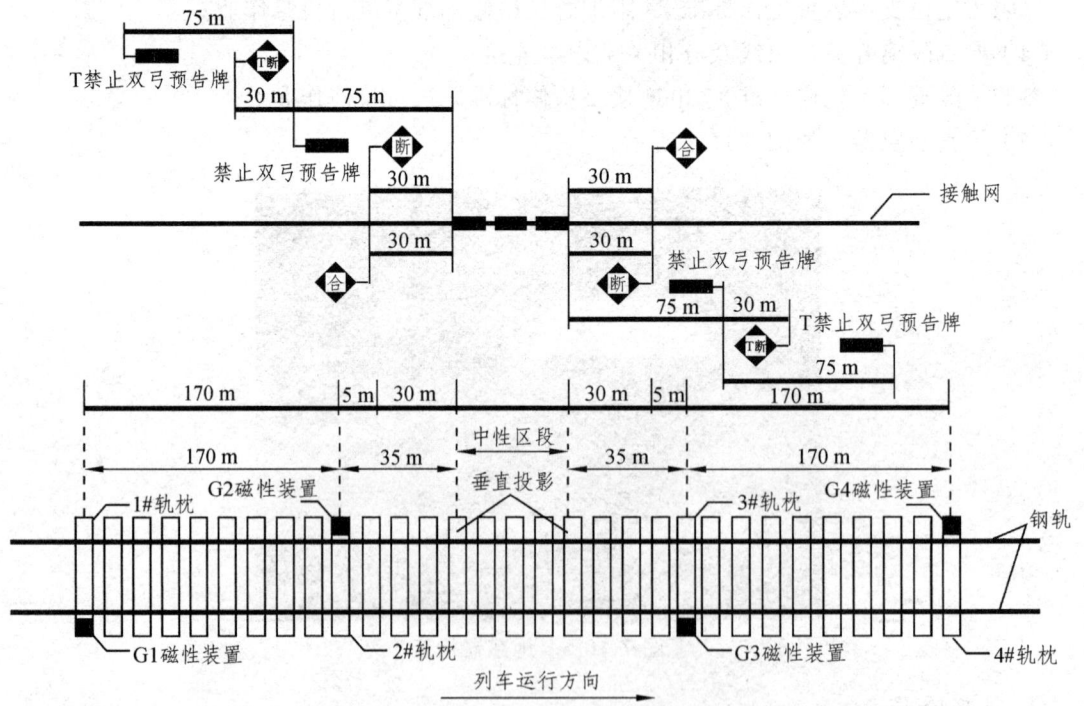

图 7.16.6　自动过分相地面磁感应装置示意图

【安全注意事项】

根据作业现场实际情况落实好触电伤害、高空坠落、物体打击、车辆伤害、作业车运行安

全、道路交通安全等风险项点的防控措施,对该设备检修过程中存在的关键安全风险提示如下:

(1) 在检修器件式分相时,必须用截面面积不小于 25 mm² 的等位线先连接断口等位后再进行作业,防止穿越电流伤人。

(2) 关节式电分相中性区段必须挂设接地线。

(3) 关节式分相作业时,断口处须加装短封线。

第十七节　接触网标志牌检修

【教学目标】

(1) 了解接触网标志牌的检修项目;

(2) 掌握接触网标志牌的检修标准;

(3) 培养学生接触网标志牌检修的能力。

【检修流程】

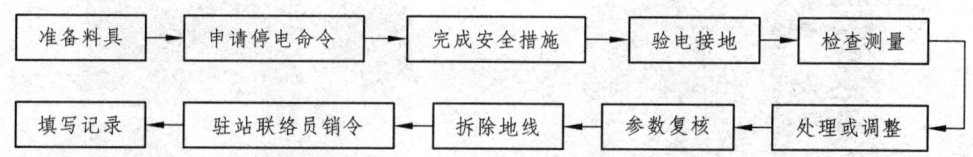

【工具材料】

工机具:8 磅锤、钢卷尺、皮尺、水平尺、毛刷、钢丝刷、毛笔、道尺、丁字尺、油漆、防锈漆等。

材料:$\phi 4.0$ mm 镀锌铁线、$\phi 2.0$ mm 镀锌铁线、环节吊弦及吊弦线夹等。

【检修项目】

标志牌:

(1) 外观检查。

(2) 安装状态。

安装标准:

测量安装位置。

连接件:

(1) 固定装置。

(2) 螺栓。

【检修方法及标准】

1. 外观检查

检查标志牌是否缺失,表面是否清洁,字迹是否清晰,地面标志牌还需检查其立柱状态。

（1）标志牌脏污时进行清洗。

（2）标志牌内容破损、模糊部分用同色油漆进行描画，无法修补的进行更换，缺失的进行补装。

（3）倾斜的标志牌立柱用铁锹对立柱基础开挖后整正立柱，并进行培土加固。

2. 安装标准检查

（1）支柱号码牌，如图 7.17.1 所示。

检查支柱号码牌安装位置，根据不同支柱有不同的安装方式。单线区段依次连续编号，双线区段下行线为单数，上行线为双数；不得有重号、漏号，供电线支柱单独编号，均在号码前冠以"G"字样；回流线单独悬挂的按顺序从北往南单独编号，均在号码前冠以"H"字样。

（a）混凝土支柱号码牌安装示意图　　（b）H 型钢柱号码牌安装示意图

图 7.17.1　支柱号码牌

（2）"高压危险"标志牌，如图 7.17.2 所示。

"高压危险"标设置于人员较多场所的钢柱上、防护栅栏，设置高度为距地面 1.6~2.0 m，固定在支柱上。"高压危险"由 2.0 mm 厚的铝板制成，采用反光膜，为白底、红字、黑框、红闪电、单面显示，其他支柱上用白反光漆喷底、黑油漆喷边框，红字、红闪电的"高压危险"标志。

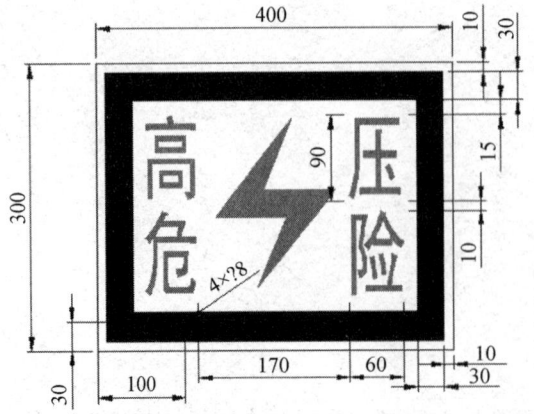 

图 7.17.2　高压危险标

（3）轨面红线，如图 7.17.3 所示。

轨面红线是指标画在接触网支柱内侧或隧道、站台边墙上，用于记录该处线路轨面标高的红色水平限制线，并用黑色油漆喷刷该支柱处的侧面限界、接触导线高度、拉出值和外轨超高值。

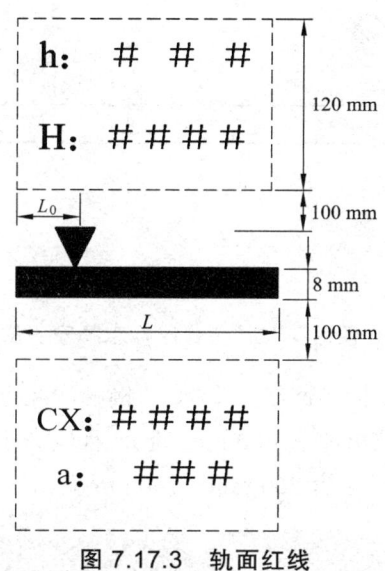

图 7.17.3　轨面红线

轨面红线的画法：

倒三角为边长 30 mm 的等边三角形，红线宽度 8 mm。对横腹钢筋混凝土支柱、H 型钢柱，标画在其内侧，长度与支柱宽度一致，倒三角顶点至轨面红线左侧距离 $L_0 = 50$ mm。对格构钢柱等支柱有效面较小的，标画在其内侧主角钢上，长度为主角钢宽度，倒三角顶点在轨面红线上居中。对等径钢筋混凝土柱、等径钢管柱或在隧道内、站台侧面等部位时应标画在线路侧的支柱表面或墙面上，长度 L 为 200 mm，倒三角顶点至轨面红线左侧距离 $L_0 = 50$ mm。

在直线区段，按照轨面连线在支柱上的延长线来确定"红线"标记位置。在曲线区段的外轨侧，由轨的水平线在支柱上的延长线下 1/2 超高值来确定"红线"标记位置。在曲线区段的内轨侧，由轨的水平线在支柱上的延长线上 1/2 超高值来确定"红线"标记位置。以白漆底、黑字在轨面红线上方 100 mm 处刷记实际外轨超高（h）、接触线高度（H）。以白漆底、黑字在轨面红线下方 100 mm 处刷记侧面限界（CX）、接触线拉出值（a）。

（4）"断""合""禁止双弓"标，如图 7.17.4 所示。

分相绝缘关节处设置"禁止双弓""断""合"标志牌。

图 7.17.4　"禁止双弓""断""合"标志牌

在双线电气化区段，在"合""断"电标背后，可分别加装"断""合"字标，作为反向行车的"断""合"电标使用。对于最高运行速度大于 120 km/h 的旅客列车运行的线路，在断电标前方 75 m 处增设特殊断电标"T 断"。标志的设置位置见图 7.17.5（单位：m）。

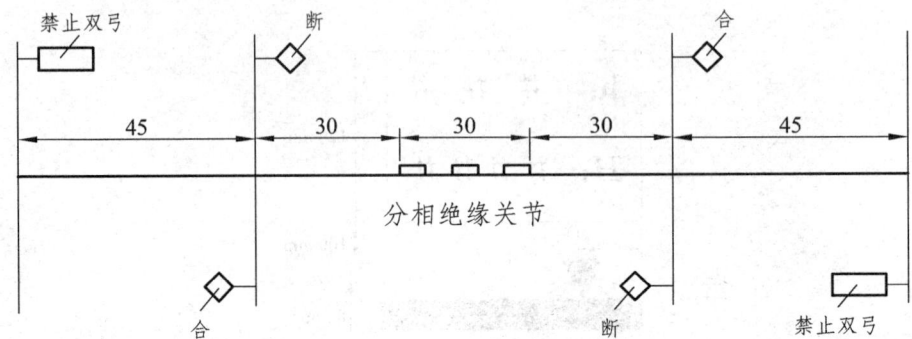

图 7.17.5　"禁止双弓""断""合"标志牌安装位置（单位：m）

（5）在接触网终端应装设"接触网终点"标。"接触网终点"标设在接触网锚支距受电弓中心线 400 mm 上方（即锚支拉出值为 400 mm 处），且应高于接触线 250 mm 以上的高度。标志牌为白底、黑字、黑框，尺寸为 260 mm×730 mm。如图 7.17.6 所示。

图 7.17.6　接触网终点标

【安全注意事项】

根据作业现场实际情况落实好触电伤害、高空坠落、物体打击、车辆伤害、作业车运行安全、道路交通安全等风险项点的防控措施，对该设备检修过程中存在的关键安全风险提示如下：

（1）使用梯子作业时，要时刻在场监护，扶梯人员不得少于 2 人。

（2）物体打击伤害。

（3）作业结束后，认真清点工具、材料，做到工完料清，防止工具、材料遗留在线路上。

第十八节 限界门检修

【教学目标】

（1）了解限界门的检修项目；
（2）掌握限界门的检修标准；
（3）培养学生限界门检修的能力。

【检修流程】

准备料具 → 申请停电命令 → 完成安全措施 → 验电接地 → 检查测量

填写记录 ← 驻站联络员销令 ← 拆除地线 ← 参数复核 ← 处理或调整

【工具材料】

工机具：钢丝套、紧线器、激光测量仪、角度仪、力矩扳手、脚扣、断线钳等。

材料：水泥、沙子、螺母、油漆、抹布、铁线等。

【检修项目】

上、下部拉索：
（1）水平度。
（2）安装高度。

限高牌：
（1）外观检查。
（2）安装状态。

支柱：
（1）外观检查。
（2）安装状态。
（3）漆条。

防护桩：
（1）外观检查。
（2）安装状态。
（3）数量。
（4）漆条。

【检修方法及标准】

接触网限界门如图 7.18.1 所示。

图 7.18.1　接触网限界门

（1）检查上、下部拉索。

① 检查上、下部拉索是否水平，不水平时调整开式螺旋扣使其水平，若调整开式螺旋扣无法使其水平时，在支柱抱箍上方打一个钢丝套，在上、下部拉索上合适位置打好紧线器，中部用拉链葫芦连接，松开开式螺旋扣外方钢绞线回头，将上、下部拉索拉至水平状态。调整上、下部拉索间吊链至受力，同步调整吊板吊链使其高度符合要求。

② 用接触网激光测量仪测量下拉锁距离地面高度，与规定高度有偏差时，松开下部拉索两端支柱抱箍，将其整体上、下移动使下部拉锁至规定高度后，重新紧固支柱抱箍后，调整标志牌吊链长度。

（2）检查限高牌状态。

① 检查限高牌状态，脏污时用抹布进行清扫，清扫后限高牌字迹仍不清楚或有破损时需更换。更换时，首先卸下损伤限高牌与上下拉索连接的卡子，拆除损伤限高牌，将新限高牌用固定卡子与上下拉索连接，并使限高牌以公路中心为准均匀分开，附加单股铝线固定卡子，铝线两端各绑扎 50 mm。

② 限高牌倾斜时进行调整。通过调整开式螺旋扣使上下拉索受力，从而调整限高牌端正，并使其分布均匀，高低一致。

（3）检查支柱状态。

① 检查支柱状态，混凝土框柱破损 400 mm^2 以上或者漏筋 2 根以下时需用水泥进行修复，漏筋超过 2 根时及时更换。

② 支柱倾斜超过规定角度时，应对其进行整正，整正时首先在支柱倾斜的反方向取土，保证其处于铅垂状态，在支柱合适位置打好大绳，将支柱拉正并及时培土，支柱整正后调整上下部拉索及吊链状态，使限高牌位置符合标准。

③ 支柱表面油漆剥落时，应按规定涂漆，若锈蚀面积超过要求危及安全时，应及时拆除后重新组立。

（4）检查防护桩状态。

① 检查防护桩状态，防护桩缺失时进行补装，破损时进行更换；防护桩倾斜时进行整正、培土。

② 检查防护桩油漆是否均匀，有无脱落现象，漆条太浅或无漆条时重新刷油漆。

【安全注意事项】

根据作业现场实际情况落实好触电伤害、高空坠落、物体打击、车辆伤害、作业车运行安全、道路交通安全等风险项点的防控措施，对该设备检修过程中存在的关键安全风险提示如下：

（1）使用梯子作业时，要时刻在场监护，扶梯人员不得少于2人。
（2）注意物体打击伤害。
（3）作业结束后，认真清点工具、材料，做到工完料清，防止工具、材料遗留在线路上。
（4）公路两端设专人防护。
（5）攀登梢径杆时，注意及时调整脚扣。

复习思考题

1. 高速铁路接触网检修的流程是什么？
2. 高速铁路接触网检修常用的工具有哪些？
3. 高速铁路接触网检修的安全注意事项有哪些？

第八章 高速铁路接触网运营管理

第一节 运营管理

【教学目标】

（1）了解高速接触网运行管理的任务；
（2）掌握高速接触网管理机构及职责；
（3）培养学生高速接触网运营管理的能力。

【相关知识】

一、运行管理的任务

高速铁路接触网设备运行管理的主要任务是通过对运行设备的监测、检查、检测、试验和诊断分析，准确掌握设备技术性能、特性、运行规律和安全状态，当不满足安全运行的接触网设备状态或接触网设备发生故障时，进行及时的必要修复，确保供电设备安全运行。

接触网运行维修应坚持"预防为主、重检慎修"的方针，按照"定期检测、状态维修、寿命管理"的原则，遵循专业化、机械化、集约化维修方式，依靠铁路供电安全检测监测系统（6C系统）等手段，建立信息资源共享平台，实行"运行、检测、维修"分开和集中修组织模式，确保接触网运行品质和安全可靠性。铁路供电安全检测监测系统（6C系统）包括：弓网综合检测装置（1C）、接触网安全巡检装置（2C）、车载接触网运行状态检测装置（3C）、接触网悬挂状态检测监测装置（4C）、受电弓滑板监测装置（5C）和接触网及供电设备地面监测装置（6C）等。

维修是指在接触网系统实际运行状态出现不允许的偏差或发生故障时，对接触网系统进行必要修复，恢复正常功能，以及通过精确检测、调整修理，恢复设备标准状态的过程。接触网维修分为一级修（临时修）、二级修（综合修）、三级修（精测精修）三级修程。

达到或超出限界值的一级缺陷纳入一级修（临时修），由运行工区及时组织修理；达到或超出警示值且在限界值以内的二级缺陷纳入二级修（综合修），由维修工区按计划修理；达到一定条件的开展三级修（精测精修），恢复设备标准状态。

供电段应设置接触网运行、检测、维修管理机构，配齐相关机具和材料，建立健全技术资料，实行维修成本预算管理，制定设备抢修预案及相关管理制度，定期组织接触网动态运行质量评价和设备整体技术状态质量鉴定，不断提高接触网运行管理水平。

二、管理机构及职责

高铁接触网运营管理工作实行统一领导、分级管理的原则，充分发挥各级管理组织的作用。

铁路总公司：贯彻执行国家有关法律、法规和行业标准；负责全路接触网运营管理工作，确定运行维修方针、原则；制定、批准有关标准、规范和规章；统一指导、规划接触网维修方式和手段；监督、检查铁路局和供电段接触网运行维修情况。

铁路局：贯彻执行上级有关规程、规范和标准；组织制定本局有关标准、制度和办法；制定供电段管理职责和范围；监督、检查、指导、协调全局接触网运营管理工作；审批局管新产品试运行和重要设备变更；定期开展设备运行质量评价，安排更新改造工程，增强供电能力，改善设备技术状态，适应运输发展需要。

供电段：贯彻执行上级有关规章、标准和制度；补充制定相关管理标准、工作标准；制定接触网作业指导书；制定生产计划并组织实施，定期检查、分析、鉴定设备运行状态，组织评比和考核；组织技术革新和职工培训，保证设备运行质量和安全可靠供电。

供电段供电车间、检测车间和维修车间及工区设备原则：

供电车间管辖运营里程为 200 km 左右，枢纽地区宜单独设置，有砟线路区段可适当缩短。供电车间下设运行工区。

运行工区管辖运营里程为 60 km 左右，有砟线路区段、站间距较小的城际铁路、山区、高原和严寒地区可适当缩短；枢纽站、动车段（所）宜单独设置。

检测车间一般设置在供电段所在地。检测车间可按照 6C 系统的运用、维护和数据分析等职能设置检测工区。

维修车间承担的维修任务以 1 200～1 500 延展条公里为宜。接触网维修车间下设维修工区，一般设在维修车间所在地，根据管辖范围可在异地增设。

供电车间、检测车间和维修车间主要职责：

（1）供电车间：负责日常运行管理和应急处置，组织接触网一级修（临时修），跟踪验收维修质量。

（2）检测车间：负责供电段 6C 系统综合数据处理中心工作，以及供电段 6C 系统检测装置的维护、运用、管理和检测数据分析。

（3）维修车间：负责接触网二级修（综合修）工作，采用集中修方式组织实施。

接触网运行工区、检测工区、维修工区主要职责：

（4）运行工区：负责接触网设备日常运行管理，主要是一级修（临时修）、巡视检查、单项检查、非常规检查、施工配合和应急处置等，对二级修（综合修）结果进行质量验收。

（5）检测工区：负责 6C 装置的运用、维护，并对 6C 系统检测数据进行分析，为设备维修提供依据。

（6）维修工区：按照月度维修计划，负责接触网设备全面检查、二级修（综合修）和专项整治。

第二节 设备接管与技术管理

【教学目标】

（1）了解高速接触网接管运行的条件；
（2）掌握高速接触网技术资料提交；
（3）培养学生高速接触网设备接管的能力。

【相关知识】

一、接管运行的条件

接触网设备开通运行前，应按规定进行检查验收，符合下列条件方可接管运行：

（1）接触网设备经过验收具备送电开通条件。

（2）危及供电安全的树木清理、35 kV 及以下跨越线迁改，以及侵限建筑物拆除均已完成，接触网设备已采取必要的防鸟措施。

（3）供电段、车间及工区（包括车站应急值守点）的房屋、水电、通信、道路和供暖等生产、生活设施已竣工，并交付使用。

（4）供电段、车间、工区开展检测、维修以及抢修工作所需的工机具、材料等配备齐全。车间、工区主要工机具配置标准见附录3、附录4、附录5。

（5）供电段应配备接触网抢修车列、绝缘子水冲洗车。运行和维修车间（或工区）应修建车辆停留线及配套车库。停留线具备车辆日常保养、维护、维修和随时出动抢修条件。

（6）铁路局、供电段收到开通所需的竣工文件和技术资料。

二、技术资料提交

接触网设备开通前，资产管理单位（或建设单位）应组织设计、施工、供应商等相关单位，向供电段提供下列书面和电子版技术资料：

（1）接触网竣工工程数量表。

（2）接触网竣工图纸。主要包括供电分段示意图，车站、区间接触网平面布置图，供电线路平面布置图，接触网装配图，设备零件图及安装曲线，接触线磨耗换算表等。

（3）工程施工记录。主要包括隐蔽工程记录，锚栓拉拔试验记录，轨面标准线记录（主要包括支柱侧面限界、外轨超高等），不同电压等级附加导线、引线、接触悬挂等线索交叉时的最小间距及对距离等。

（4）每根支柱装配图表（主要包括定位、支持装置、相邻跨距吊弦等）。

（5）各种线索、零部件、设备安装档案（主要包括生产厂家、批次、安装地点和安装时间等）。

（6）设备、零部件、金具、器材的技术规格、合格证、出厂试验记录和试验报告、安装维护手册（使用说明书），承力索、接触线、绝缘部件及接触网零部件等抽样检验报告，电缆相关资料（主要包括电缆及附件合格证、出厂试验报告、现场试验报告、电缆清册、电缆路径图等）。

（7）项目可行性研究、初步设计及其批复文件、施工设计（含变更设计）、图纸及审核意见资料。

（8）设备招标技术规格书、采购的产品供应合同以及施工单位工程质量保证合同。

（9）上跨接触网电线路（主要包括上跨电线路名称、位置、电压等级、上跨线高度、产权单位及联系方式等）、上跨接触网的构筑物（主要包括构筑物名称、位置，最近的构筑物墩距线路中心的距离，接触网带电部分距构筑物最小距离、产权单位及联系方式等）有关资料。

（10）开通前最后一次接触网几何参数静态测量数据、波形图，动态检测波形图及检测报告。

三、运行准备工作

接触网设备投入运行前，供电段要做好运行准备工作，配齐并培训运行维修人员，组织学习有关规章制度，熟悉即将接管的设备；配合有关部门共同做好电气化铁路安全知识的宣传教育工作。

为保证接触网设备可靠供电，禁止从接触网上引接非牵引负荷。

为保证接触网与线路的相对位置，应在接触网支柱的线路侧或站台侧墙、隧道一侧的边墙上标出轨面标准线。

在电气化铁路竣工时，由施工单位标出轨面标准线，开通前由供电、工务单位共同复查确认。有砟轨道每年复测一次，复测结果与原轨面标准线误差不得大于 ±30 mm。特殊情况需调整轨面标准线时，由供电、工务部门共同确认，并经铁路局批准。供电段负责轨面标准线日常管理，保持其清晰醒目。

位于轨道侧的回流装置维修分工规定：吸上线与扼流变压器连接时，连接板（端子）由电务段负责，连接板（端子）上的螺栓和吸上线由供电段负责。

接触网远动隔离开关维修分工规定：被控站的光纤配线盒（含）至通信机房的光缆及光纤配线盒由通信段负责。光纤配线盒至供电设备的跳纤、尾纤由供电段负责。

四、技术管理

（1）在接触网投入运行时，供电段应建立正常生产秩序，制定并落实各项制度，备齐技术文件和资料，建立各项原始记录，按时填报台账报表。供电段技术主管部门应有下列技术文件和资料：

① 国家铁路局、总公司、铁路局有关规章和制度。

② 接触网设备有关标准（企标、铁标和国标）和作业指导书。
③ 接触网零部件技术条件、试验方法及图册。
④ 一杆一档管理台账和设备技术履历。
⑤ 与相关单位设备分界协议，管内车间、工区之间设备分界及各专业分工规定。
⑥ 供电 LKJ 数据和设备建筑限界资料，自动过分相地面磁感应装置，电分相断电标、合电标的位置，关节式电分相无电区、中性段长度，电力机车、动车组禁停标位置资料。
⑦ 供电段有关制度、办法和措施。

（2）接触网车间、工区技术资料配备齐全。接触网车间、工区技术资料见附录2。

（3）接触网运行维护应根据环境、气候特点，针对风、洪（雨）、雷、冰、污（雾）闪、锈蚀、鸟害、异物、危树等影响供电安全的外部环境因素，建立有效机制，减少对接触网设备运行安全的影响。

（4）供电段技术主管部门、车间、工区相关人员应定期对技术资料进行检查，并不断修订完善，确保技术资料完整准确。

（5）接触网使用的工器具、仪器仪表，应由具有资质的机构按规定进行检定或校准。

（6）接触网设备统计项目包括运营里程、正线公里、接触网延展公里、接触网换算公里。
运营里程指线路起点至终点之间的距离，为起、终点公里标之差。单位：千米。
正线公里指正线线路的延展长度之和。单位：千米。
接触网延展公里指接触网接触导线长度之和。单位：条公里。
接触网换算公里指将接触网不同设备按照系数换算为线条公里的数量总和。单位：换算条公里。

（7）运行接触网有变更者，应按以下规定逐级报批：
① 属下列情况之一者，由铁路局报总公司审批：
a. 由于接触网变化而降低带电或停电通过超限货物列车的高度和宽度；
b. 变更接触网局界。
② 属下列情况之一者，由供电段报铁路局审批：
a. 变更悬挂类型。
b. 变更接触线、承力索、附加导线材质和截面。
c. 拆除或长期停用接触网。
d. 变更绝缘水平。
e. 变更接触网分段（相）位置和开关操作方式。
f. 非铁路产权专用线架设接触网的供电和开通方案。
g. 改变供电方式或供电单元。

第三节　检测与检查

【教学目标】

（1）了解高速接触网检测的内容；
（2）掌握高速接触网检查的内容；
（3）培养学生高速接触网检测与检查的能力。

【相关知识】

一、检　测

检测是指利用仪器、设备或人工等方式，对接触网进行检查测量，掌握设备质量及运行状态的过程，包含监测、静态与动态检测、检查、零部件检验四部分。检测后必须进行分析诊断，并以此作为编制维修计划的依据。

监测是对接触网外观、零部件状态、主导电回路、绝缘状况、外部环境和弓网配合等运行状态进行监视测量的过程，分为移动视频监测和定点监测两种方式。

移动视频监测。利用安装在检测车辆、机车或动车组上的监测设备对接触网进行外观检查。主要包括接触网安全巡检装置（2C）、车载接触网运行状态检测装置（3C）、接触网悬挂状态检测监测装置（4C）。

定点监测。利用安装在接触网关键处所、特殊地点的监测设备，监测列车通过时接触网或受电弓状态，接触网设备绝缘状态、温度、位移变化，以及外部环境是否存在异常。主要包括受电弓滑板监测装置（5C）、接触网及供电设备地面监测装置（6C）。

1. 接触网安全巡检装置（2C）

（1）周期：10天。
（2）主要内容：监测接触网设备有无明显脱、断、偏移及其他异常情况，有无鸟巢、危树等可能危及接触网供电的周边环境因素，有无侵入限界、妨碍机车车辆运行的障碍等。

2. 车载接触网运行状态检测装置（3C）

（1）周期：实时或定期。
（2）主要内容：监测接触网与受电弓运行状态、接触网温度等。

3. 接触网悬挂状态检测监测装置（4C）

（1）周期：3个月。
（2）主要内容：监测接触网设备零部件有无烧伤、缺失、断裂、松动及其他异常情况。

4. 受电弓滑板监测装置（5C）

（1）周期：实时或定期。

（2）主要内容：监测受电弓有无异常状态。

5. 接触网及供电设备地面监测装置（6C）

绝缘部件状态监测，Ⅲ、Ⅳ污秽等级区段应建立领示点，优先采用在线实时监测装置。

（1）周期：① 在线监测装置：实时。
　　　　　② 其他方式监测：6个月。

（2）主要内容：监测领示点绝缘部件附盐密度或泄漏电流。

主导电回路电气节点监测，优先采用在线实时监测装置。

（1）周期：① 在线监测装置：实时；
　　　　　② 示温贴片监测：利用全面检查、步行巡视等方式确认。
　　　　　③ 利用紫外成像仪监测电缆终端或中间接头状态（有条件时）：12个月。
　　　　　④ 利用红外热像仪测量电气节点接触状态（有条件时）：12个月。

（2）主要内容：监测供电线（加强线、捷接线、正馈线）接续点、电连接线夹、隔离开关设备线夹及触头、吸上线接续点、电缆终端或中间接头等有无过热现象。

注：① 利用红外热像仪监测电气节点状态，应选择在被测点有持续负荷电流时进行。
② 利用示温贴片监测电气节点状态时，示温贴片应保持清洁，粘贴位置应能够准确反映线夹温度变化并宜于地面观察。
③ 采用其他地面监测装置的周期和内容由各铁路局自定。

二、静态检测与动态检测

1. 静态检测

静态检测是指利用运行检测车辆在接触网静止状态下进行的非接触式测量，或人工使用仪器、工具测量接触网技术状态。

（1）周期：6个月。

　项目：① 线岔。
　　　　② 自动过分相地面磁感应器。

（2）周期：12个月。

　项目：① 接触线几何参数（接触线拉出值、跨中偏移值、接触线高度、接触线坡度）。
　　　　② 绝缘锚段关节、关节式电分相。
　　　　③ 轨面标准线。

（3）周期：36个月。

　项目：① 非绝缘锚段关节。
　　　　② 补偿装置。

（4）周期：60个月。

　项目：接地电阻。

（5）不定期检测项目：对动态检测超限处所进行静态复核、确认。

上述未明确的设备和项目，纳入检查内容。

2. 动态检测

动态检测是指利用弓网综合检测装置（1C）、车载接触网运行状态检测装置（3C）等手段，测量接触网技术状态及弓网接触取流状态。

（1）弓网综合检测装置（1C）。

周期：15天。

项目：① 接触线动态拉出值、高度。

② 硬点、一跨内接触线高差。

③ 弓网接触力、接触线抬升量、燃弧。

④ 接触网电压。

（2）车载接触网运行状态检测装置（3C）。

周期：实时或定期。

项目：① 接触线动态拉出值、高度、接触线的相互位置。

② 燃弧次数、燃弧时间、燃弧率。

③ 接触网温度。

三、检 查

检查分为巡视检查、全面检查、单项设备检查和非常规检查。

巡视检查是对接触网外观、绝缘部件状态、外部环境及电力机车、动车组取流情况进行目视检查，分为步行巡视检查和登乘巡视检查。

1. 步行巡视检查

周期：防护栏内区间一般不进行步行巡视。车站、动车所巡视周期为3个月，隧道内巡视周期为12个月，防护栏外巡视周期为3个月。

主要内容：

（1）有无侵入限界、妨碍列车运行的障碍。

（2）各种线索（包括供电线、正馈线、加强线、回流线、保护线、架空地线、吸上线和软横跨线索等）、零部件、各种供电附属设施有无烧损、松脱、偏移等情况。

（3）补偿装置有无损坏，动作是否灵活。

（4）绝缘部件（包括避雷器、电缆终端）有无破损和闪络。

（5）吸上线及各部地线的连接是否良好。

（6）支柱、拉线与基础有无破损、下陷、变形等异常。

（7）限界门、安全挡板或网栅、各种标识是否齐全、完整。

（8）自动过分相地面磁感应器有无缺损、破裂或丢失。

（9）有无因塌方、落石、山洪水害、施工作业及其他周边环境等危及接触网供电和行车安全的现象。

2. 登乘巡视检查

周期：需要时。

主要内容：接触网状态及外部环境，有无侵入限界、妨碍列车运行的障碍，有无因异物、落石、山洪水害、施工作业及其他周边环境等危及接触网供电和行车安全的现象。绝缘部件有无闪络放电现象以及电力机车、动车组受电弓取流情况。

供电车间主任每半年对管内设备至少巡视检查1次，供电段段长每年对管内关键设备至少巡视检查1次。

全面检查、单项设备检查具有检查、测量和试验等多重职能。针对无法或不易通过静态和动态检测、监测手段来掌握设备及零部件运行状态的所有项目，利用天窗在接触网作业车作业平台、车梯或支柱上进行近距离检查，并进行必要的测量和试验等。

全面检查是对所有设备进行检查：

周期：36个月。

主要内容：

（1）无法或不易通过监测、检测或其他检查手段来掌握设备运行状态的所有项目，如接触悬挂、定位支撑装置、支柱（含拉线）和基础、附加悬挂、接地装置、标识等螺栓是否齐全，有无松脱现象，零部件安装方式是否正确、有无裂纹、变形、烧伤，线索有无锈蚀、散股、断股、烧伤等。

（2）重点处所的附加导线对地距离及线索、引线、接触悬挂间距测量，接触线重点磨耗测量，高压电缆绝缘测试。

（3）利用接触网作业车检测受电弓检查动态包络线。

单项设备检查是对个别设备进行专项检查，并兼有维护保养职能。

周期和项目：

（1）6个月检查1次的项目：

① 分段绝缘器。

② 远动隔离开关及其操作机构。

（2）12个月检查1次的项目：

① 避雷装置（雷雨季节前，含接地电阻测量）。

② 非远动隔离开关。

③ 高压电缆及附件。

非常规检查是指在特殊情况下进行的状态检查。一般用于在接触网发生跳闸、故障或出现极端天气气候条件和灾害后，对相应接触网设备状态变化、损伤、损坏情况进行检查。非常规检查的范围和手段根据检查目的确定。

四、零部件检查

（1）零部件检验是指对拆卸送检的接触网零部件进行外观检查、补充特殊试验，确认其质量状态的过程。零部件性能下降、状态劣化，判断即将或基本达到寿命时，应进行更换。

（2）当接触网零部件接近预期寿命，或日常检查发现存在质量隐患、无法确认其能否在预期寿命周期内安全运行时，应对该类批零部件进行抽样质量检验。

(3)对满足下列情况之一,应根据分析结果进行专项或抽样质量检验。

① 发现同一处所或部位重复发生磨损、裂纹、腐蚀、烧损等异常现象时。

② 特殊环境(大风、严寒、沿海、潮湿、隧道、周边有严重污染源等)区段检查发现接触网零部件状态劣化,表面腐蚀或磨损明显,需确认其是否能够继续安全使用时。

③ 检测发现接触网参数与初始参数对比变化较大,经分析确认其与连接的零部件性能关联性较大时。

④ 区段内接触网零部件脱落、裂损、烧伤等故障多发时。

⑤ 需要检验判断确认零部件运行状态或预期残余寿命时。

(4)零部件检验应由获得国家计量认证和实验室认可的专业检验机构进行,并出具检验报告。

(5)零部件检验结果应纳入分析诊断和质量鉴定报告,作为接触网设备维修的依据。

(6)分析诊断是根据接触网检测结果,判断设备运行状态、判定缺陷等级,为维修提供依据的过程。分析诊断包括即时分析诊断、定期分析诊断。

(7)检测监测设备报警或发生危及行车信息时,应立即进行即时分析诊断。

① 当弓网综合检测装置(1C)、车载接触网运行状态检测装置(3C)、受电弓滑板监测装置(5C)和接触网及供电设备地面监测装置(6C)等设备出现报警、异常信息时,应立即分析原因并安排处理。

② 当接触网安全巡检装置(2C)、接触网悬挂状态检测监测装置(4C)及静态检测发现严重缺陷、状态异常时,检测工区应立即分析设备缺陷对接触网运行产生的影响,报供电车间安排处理。

第四节 接触网作业程序

【教学目标】

(1)了解接触网标准化作业流程;
(2)掌握接触网标准化作业注意事项;
(3)培养学生接触网标准化作业的能力。

【相关知识】

一、作业准备

(1)出工前准备。

① 材料员根据作业分工单准备工具材料,工作领导人和材料员共同检查工具材料是否齐全良好,通信工具是否良好,与地线监护人和地线操作人共同检查接地线、验电器、安全防护用品是否齐全良好。

② 出工前，工作领导人组织作业组成员进行点名。要求如下：
a. 列队有口令、队列整齐、着装统一整齐、佩戴统一规范，点名答"到"，声音洪亮。
b. 工作领导人与监控人员共同检查作业组成员着装、工具、劳保用品齐全合格。
（2）作业命令办理。
① 根据天窗时间，驻站联络员按规定着装，携带工作票、停送电作业命令票、供电分段示意图、驻站联络员记录、防护员上岗证（含胸卡）、安全等级证、录音笔、通信工具等，提前1小时到车站运转室，按规定填写《行车设备施工登记簿》（运统-46），办理作业车出入库、作业登记和停电命令申请手续，并向应车站值班员讲解供电示意图。
② 共用天窗时，由主体单位负责组织共用单位的施工与本项施工登记在一起，一并向列车调度员请点。
③ 涉及异地请、消令时，待命令下达后，由异地的驻站联络员通知作业工区的驻站联络员，最后由作业工区的驻站联络员通知工作领导人。
④ 驻站联络员登记、签认、销记"运统-46"时，均以CTC系统的时间为准。
（3）司机、学习司机和监控人员提前1小时到车库，对作业车状态进行检查、试验。司机与驻站联络员联系，根据命令，确认信号将接触网作业车运行至规定股道。
（4）工具材料准备齐全后，人员在站台排队等候，地线操作人员要对验电器在有电设备上进行试验，确保状态良好。
（5）发令前"三方控"。
在发布命令前，驻站联络员分别与作业现场的防护人员、工作领导人进行互控，确认人员是否上道。

二、现场作业

1. 到达现场后，人员按照分工立即进入各自工作岗位，进行作业前的准备；地线监护人要通知操作人对验电器进行声光试验检查，对绝缘手套进行状态检查和漏气试验，不得在线路上逗留。

2. 现场作业
（1）作业过程中使用标准化用语。
（2）工作领导人接到驻站联络员转达的停电封锁命令，并确认已停电后，逐个通知每组地线监护人进行验电接地。地线监护人员接到工作领导人通知后，通知地线操作人进行验电接地，操作人先接好接地端，带好绝缘手套，穿绝缘靴，再检查验电器的声、光信号自检正常后，方可在停电设备上验电接地，并做好防风摆措施，通知地线监护人验电接地完毕，监护人立即通知工作领导人，并做好现场行车防护。
（3）工作领导人接到所有地线监护人通知地线已装设完毕后，确认安全措施周密无误后，立即取下轨道车上"高压危险、禁止攀登"牌，通知作业组成员开始作业。
（4）作业过程中，工作领导人要坚守职责，作业组成员要服从指挥，按章作业，精检细修，保证质量，精力集中，忠于职守，积极配合。作业用语标准化，作业车移动及作业平台转动服从平台操作人员指挥。

（5）行车防护。

① 在区间或站内线路、道岔上封锁施工作业时，在车站运转室设置驻站联络员，施工地点设置现场防护员。驻站联络员和防护人员应由指定的、经过考试合格的人员担任。工作领导人指派驻站联络员负责在车站办理施工封锁手续，向工作领导人传达调度命令，通报列车运行情况，并向列车调度员申请开通线路请求。驻站联络员和防护人员在执行防护任务时，佩戴标志，携带通讯设备；防护人员还应携带必备的防护用品，随时观察施工现场和列车运行情况，发现异常情况时及时通报车站值班员和工作领导人。

② 驻站联络员要随时与防护人员保持联系，如联系中断，防护人员应立即通知工作领导人停止作业，必要时将线路恢复到准许放行列车的条件。

③ 在线间距小于 6.5 m 的施工地点邻线来车时，防护人员不得在两线间停留。放置路肩的机具设备应与列车保持安全距离，物料应堆码放置牢固。

3. 现场作业结束

（1）作业结束后，工作领导人确认作业组成员及工具、材料已全部撤到安全地带，作业车平台已复位，确认设备状态良好，具备送电和行车条件，通知验电接地人员、行车防护人员撤除地线及行车防护。

（2）地线监护人接到通知后，通知操作人撤除地线。操作人在地线监护人的监护下，迅速撤除地线。地线撤除后，由地线监护人通知工作领导人"XXX"号地线撤除完毕。

（3）工作领导人核对所有地线全部撤除，人员、工（器）具均撤离至安全地带后，清理作业现场，工作领导人确认人员和材料机具无遗后，人员、机具全部撤出安全地带，达到送电行车条件后，宣布作业结束，作业车返回到车站。

三、作业结束

（1）消除停电和封锁命令。

① 接触网作业车返回车站后，工作领导人通知驻站联络员消除作业命令。

② 驻站联络员接到工作领导人命令，在消令前"三方控"，确认人员是否下道。确认完毕后，在"运统-46"号登记簿上签字，并向车站值班请求消除封锁命令，向供电调度请求消除停电作业命令。

③ 驻站联络员消除命令后，将送电时间及命令编号报告工作领导人。

④ 驻站联络员与车站值班员联系接触网作业车返回车库，接到监控人员做好接触网作业车防溜措施的通知后，通知配合工区驻站联络员作业完毕，可以撤离。

（2）接触网作业车按照规定入库，监控人员要在接触网作业车做好防溜措施后，方可返回工区。

（3）作业组返回工区后，材料员及时清点工具材料入库。

四、收工会

天窗结束 24 小时内且下次施工例会前，工作领导人组织全体作业人员召开收工会，总结作业过程情况及安排下步工作。

（1）工作领导人总结作业任务完成情况、作业安全情况、违章作业情况、好人好事和本次作业中的经验及存在的问题，提出整改措施，安排填写收工会记录。

（2）技术员组织收集现场测量记录并填写有关检修记录。

（3）工作领导人在工作票上填写"工作票结束时间"。

复习思考题

1. 高铁接触网运行管理的任务是什么？
2. 铁路供电安全检测监测 6C 系统包括哪些？
3. 供电段的管理职责是什么？
4. 接触网设备开通运行前，按规定应进行检查验收的内容有哪些？
5. 接触网设备开通前，资产管理单位应向供电段提供哪些技术资料？
6. 什么是接触网的静态检测和动态检测？
7. 接触网检查分为哪几种方式？
8. 步行巡视检查的主要内容有哪些？
9. 接触网标准化作业的准备工作都有哪些？
10. 什么是接触网作业的"三方控"？

参考文献

[1] 于万聚. 高速电气化铁路接触网[M]. 成都：西南交通大学出版社，2003.

[2] TB 10758—2010，J1154—2011. 高速铁路电力牵引供电工程施工质量验收标准[S]. 北京：中国铁道出版社，2011.

[3] 中铁电气化局集团有限公司. 接触网工程（高速）施工作业操作手册[M]. 北京：中国铁道出版社，2014.

[4] 铁道部劳动和卫生司，铁道部运输局. 高速铁路接触网维修岗位[M]. 北京：中国铁道出版社，2012.

[5] 中国铁路总公司. 高速铁路接触网技术[M]. 北京：中国铁道出版社，2014.

[6] 徐富春. 接触网[M]. 成都：西南交通大学出版社，2015.

[7] 中国铁路总公司. 高速铁路接触网运行维修规则[M]. 北京：中国铁道出版社，2016.

附录1 高铁接触网零件紧固力矩列表

序号	零件名称	对应图号	紧固件名称	对应紧固力（N·m）
1	φ70铝合金承力索座	BJL0103C	顶紧螺丝M12	75
			背母M12	50
			压紧螺栓M12	50
2	铝合金套管座	BJL0104	顶紧螺丝M12	75
			连接螺栓M20	100
			背母M12	50
3	腕臂支撑	BJL0105	顶紧螺丝M12	50
			背母M12	50
4	55型套管单耳	BJL0106（55）	U螺栓M16	70
5	70型套管单耳	BJL0106（70）	U螺栓M16	70
6	拉线定位钩	BJL0316	U螺栓M16	70
		BJL0316D	U螺栓M16	35
7	φ55型防风拉线定位环	BJL0319	U螺栓M12	35
8	铝合金定位管	BJL0310	顶紧螺丝M12	75
			背母M12	50
9	锚支定位卡子	BJL0321B	U螺栓M12	35
			定位线夹螺栓M10	25
			定位线夹螺母M10	25
		BJL0321JW	U螺栓M12	35
			M12	44~56
10	定位支座	BJL030201C	U螺栓M16	70
11	电气连接跳线	BJL030203	M10螺栓	25
12	定位线夹	BJL0301D	M10螺母	25
			螺栓M10	25
13	接触线终端锚固线夹	BJL0801C	右螺纹楔套	80
14	承力索终端锚固线夹	BJL0803E	右螺纹楔套	80
15	接触线中心锚结线夹	BJL0502C	杯口螺栓	100
16	承力索中心锚结线夹	BJL0503	螺栓M10	46
17	弹性吊索线夹	BJL0601B	螺栓M8	23
18	可调式整体吊弦	BJL0408	吊弦固定螺栓M12	15
			螺栓M10	25
19	不可调式整体吊弦	BJL0406	螺栓M10	25
20	腕臂底座		螺栓M20	120
			螺栓M16	70

附录2 高铁接触网车间、工区应备有的技术资料列表

序号	技术资料名称	供电车间	运行工区	检测车间	检测工区	维修车间	维修工区
1	供电分段示意图	√	√	√	√	√	√
2	管辖范围内的接触网平面布置图、装配图、安装曲线	√	√	√	√	√	√
3	接触网"一杆一档"	√	√	√	√	√	√
4	作业指导书	√	√	√	√	√	√
5	电分段、电分相结构图	√	√	√	√	√	√
6	上跨接触网电线路、构筑物有关资料	√	√	√	√	√	√
7	隔离(负荷)开关、避雷装置、绝缘器等设备安装调试、使用说明等	√	√			√	√
8	设备和工具试验记录	√	√		√	√	√
9	有机绝缘部件寿命管理记录	√	√				
10	接触网外部环境有关资料(防洪重点处所、周边污染源、危树等)	√	√		√		√
11	接触线磨耗换算表	√	√	√	√	√	√
12	轨面标准线记录	√	√	√	√		
13	接触网隐蔽工程记录	√	√				
14	管内设备改造情况记录(包括时间、地点、改造内容、质量评定等)	√	√				
15	供电LKJ数据和设备建筑限界资料	√	√				
16	自动过分相地面磁感应器资料	√	√				
17	接触网几何参数静态测量数据、波形图	√	√	√	√	√	√
18	接触网设备履历	√					
19	作业门、可调用视频资料的探头位置	√	√	√	√	√	√

附录3　高铁接触网供电车间主要工机具配置表

序号	名　　称	规格	单位	数量	备注
1	生产抢修指挥车	乘坐5人	辆	1	
2	电力工程车		辆	1	
3	汽车升降车		辆	1	
4	接触网专用平车		辆	1	
5	通信工具		台	8	
6	红外热像仪		套	1	
7	扭力扳手校验仪		台	1	
8	强光巡检灯		个	每人1	
9	数码照相机		个	1	
10	望远镜		个	1	
11	小型绝缘部件冲洗设备		台	1	
12	牵引供电维护管理信息化系统（车间级）及检测数据存储、分析客户端		套	1	

附录4　高铁接触网维修车间主要工机具配置表

序号	名称	规格	单位	数量	备注
一、车辆及交通工具					
1	生产抢修指挥车	乘坐5人	辆	1	
2	电力工程车		辆	1	
3	接触网检修作业车列		组	1	
4	接触网检修作业车（多平台）		台	2	
二、工机具					
1	牵引供电维护管理信息化系统（车间级）及检测数据存储、分析客户端		套	1	
2	接触线正弯器		个	3	
3	充电液压绞线切割工具		套	各2	
4	充电液压接触线切割工具		套	各2	
5	充电液压电缆切割工具		套	各2	
6	充电液压压接工具		套	各2	吊弦、斜拉线、附加导线等线索
7	电连接液压工具		套	各2	含压接、破除功能
8	磁力钻		套	2	
9	紧线器		个	各6	各型号
10	手扳（链条）葫芦		个	各2	各型号
11	滑轮组		套	2	
12	弹性吊索安装工具		套	各2	根据需要配备
13	充电式螺帽粉碎器		套	2	
14	数显力矩扳手	各规格套筒	套	10	
15	力矩扳手	各规格套筒	套	15	
16	游标卡尺		个	4	
17	水平尺		个	2	
18	接触线平直度检测尺		个	2	
19	道尺		把	2	
20	定位器角度测量仪		个	5	

续表

序号	名称	规格	单位	数量	备注
21	接触网几何参数测量仪		套	4	
22	接触线磨耗测量仪		套	3	
23	线索张力测试仪		套	2	
24	激光测距仪		套	2	
25	全站仪		套	1	
26	兆欧表	500 V、2 500 V	块	各1	
27	绝缘电阻测试仪		套	3	
28	轻型车梯		套	2	
29	挂梯		套	2	
30	小型绝缘部件冲洗设备		套	5	
31	接地线		套	8	含接地杆等
32	等电位线		套	8	含等位线杆等
33	验电器		个	8	
34	绝缘手套、绝缘靴		双	各5	
35	安全带、安全帽		个	每人1	
36	微型防爆头灯		个	每人1	
37	强光巡检灯		个	每人1	
38	照明工具		套	各2	轻型升降泛光灯、防爆移动灯、轻便移动灯、轻便多功能强光灯含发电机
39	通信工具		台	20	
40	数码照相机		个	2	
41	望远镜		个	2	
42	绝缘工具干燥装置		套	1	

附录5 高铁接触网运行工区主要工机具配置表

序号	名　称	规格	单位	数量	备注
一、车辆及交通工具					
1	接触网作业车		辆	1	优先配置多平台接触网作业车
2	电力工程车		辆	1	
二、工机具					
1	牵引供电维护管理信息化系统（工区级）及检测数据存储、分析客户端		套	1	
2	接触线正弯器		个	1	
3	充电液压绞线切割工具		套	各1	
4	充电液压接触线切割工具		套	各1	
5	充电液压电缆切割工具		套	各1	
6	充电液压压接工具		套	各1	吊弦、斜拉线、附加导线等线索
7	电连接液压工具		套	各1	含压接、破除功能
8	磁力钻		套	1	
9	紧线器		个	各6	各型号
10	手扳（链条）葫芦		个	各2	各型号
11	滑轮组		套	2	
12	弹性吊索安装工具		套	各1	根据需要配备
13	充电式螺帽粉碎器		套	1	
14	数显力矩扳手	各规格套筒	套	2	
15	力矩扳手	各规格套筒	套	4	
16	游标卡尺		个	2	
17	水平尺		个	2	
18	接触线平直度检测尺		个	2	
19	道尺		把	2	
20	定位器角度测量仪		个	2	
21	接触网几何参数测量仪		套	2	
22	接触线磨耗测量仪		套	1	

续表

序号	名称	规格	单位	数量	备注
23	线索张力测试仪		套	1	
24	附盐密度检测仪		台	1	
25	绝缘子在线检测仪		台	1	
26	避雷器在线检测仪		台	1	
27	绝缘电阻测试仪		套	1	
28	激光测距仪		套	1	
29	兆欧表	500 V、2 500 V	块	各2	
30	高斯计		台	2	有磁感应器的工区配备
31	轻型车梯		套	2	
32	挂梯		套	1	
33	便携式绝缘部件冲洗设备		套	1	
34	打杂杆	绝缘杆	把	2	含杆头
35	高枝油锯		台	2	
36	油锯		台	2	
37	接地线		组	6	含接地杆等
38	等电位线		套	4	含等位线杆等
39	验电器		个	6	
40	绝缘手套、绝缘靴		双	各4	
41	安全带、安全带		个	每人1	
42	微型防爆头灯		个	每人1	
43	强光巡检灯		个	每人1	
44	照明工具		套	各1	轻型升降泛光灯、防爆移动灯、轻便移动灯、轻便多功能强光灯含发电机
45	通信工具		台	8	
46	数码照相机		个	1	
47	望远镜		个	1	
48	绝缘工具干燥装置		套	1	
49	接地电阻测试仪		套	1	